新版
記載例でわかる！
不動産鑑定評価書を
読みこなすための
基礎知識

不動産鑑定士
黒沢 泰〔著〕

清文社

改訂にあたって

　本書の初版を刊行してから4年余りが経過しました。
　初版では、「鑑定評価とはどのようなものか」に始まり、「これを実施する目的」「鑑定評価書には何が書かれているか」「鑑定評価書から読み取れる情報と詳細が読み取りにくい情報」について取り上げた後に、鑑定評価書の実際例を何種類か掲げ、その読み方や留意点、鑑定評価書の活用方法について解説しました。初版をこのような構成としたのは、本書の主な読者層を鑑定評価書の読み手（依頼者等）にターゲットを置き、これを読みこなすための基礎知識をできるだけ平易に解説することにありました。そのため、鑑定評価書の実際例についてもすべてのパターン（類型）を網羅したものではなく、代表的な事例で、しかも読者にとって最低限必要な知識に絞って執筆したという経緯があります。
　しかし、いざ実際に刊行してみると、「本書は鑑定評価書の利用者に限らず、これを作成する不動産鑑定士（これから不動産鑑定士資格を目指そうとしている人も含めて）にとってもテキストとして有用である」という声も耳にしました。
　そのため、今般の改訂にあたっては、このようなニーズを踏まえ、初版で扱わなかった案件のなかでも実際に鑑定評価の依頼が多く、かつ、実務経験をある程度積んだ不動産鑑定士にとっても判断要素を多く含み、解説が必要と思われる以下の3つの類型を追加することとしました。
　　○更地の鑑定評価書例（土壌汚染物質や地下埋設物を含む土地）
　　○借地権の鑑定評価書例
　　○継続地代の鑑定評価書例（借地の賃料改定の際に参考とされるもの）
　これらの鑑定評価書例について取り扱った書籍は他にも存在しますが、本書では専門的な手法そのものの解説だけにとどまらず、依頼者が鑑定評価書の内容を十分理解できるよう、また、これを作成する不動産鑑定士に

とっても、鑑定評価の結果を依頼者に分かりやすく説明する（＝説明責任を果たす）ことができるような記載を心がけました。

　本書が初版に引き続き、鑑定評価にかかわりのある方にとって、少しでも役立つことを願っております。

　なお、最後になり恐縮ですが、本書の刊行に当たり株式会社清文社東京編集部 立川佳奈様に大変お世話になりましたことを、紙上を借用しお礼申し上げます。

2025 年 4 月吉日

黒沢 泰

はしがき

　不動産の価格という場合、一般の人が最初に思い浮かべるのは、それが市場で実際にいくらで売買されるかということではないでしょうか。しかし、不動産の価格が問題となるのは、売買の場合だけに限りません。例えば、売買とは直接関係のない公的評価（公示価格、固定資産税や相続税課税のための評価）、金融機関の担保評価、企業会計における時価評価（賃貸等不動産、減損処理等）、個人の場合は遺産分割時の時価評価等に至るまで、様々な分野で問題とされます。さらに、不動産の賃料（地代、家賃）も日常生活や企業活動の上で関心事となることが多いといえるでしょう。

　不動産の価格は一般の商品と比べて高額で、しかも、それが客観性のあるものとしてつかみにくいという実情を踏まえれば、市場に成り代わってその価値を判定する役割を担う人が必要となります。不動産の鑑定評価という制度は、このような背景の下に創設され、不動産鑑定士が誕生し、不動産鑑定評価書が発行されて今日まで50年以上が経過しています。

　ところが、不動産鑑定評価書の中には専門用語が頻繁に登場し、不動産鑑定士以外の方々がこれを読みこなすことは容易ではありません。なかには、鑑定評価の世界だけに登場する用語や概念もあり、一般の不動産業界に身を置く方にとっても耳慣れない言葉で鑑定評価書が記載されているという話も聞くことがあります。まして、他の業務に従事されている方や個人であればなおさらのことでしょう。

　鑑定評価書には、鑑定評価額だけでなく、対象不動産の概要・特徴や近隣地域の状況、市場の動向等をはじめ様々な事項が記載されています。鑑定評価書を受け取った時、鑑定評価額だけを見て納得してしまう人も多くいますが、これは実に惜しいことです。鑑定評価書の記載を読めば、対象不動産の内容を的確に把握でき、鑑定評価額についても理解を深めることができるからです。

また、鑑定評価額は、依頼の目的と鑑定評価書の条件によって異なるということを理解せずに取引すると、思わぬ損害を受けるリスクがあります。

　そこで本書では、専門家以外の人が理解しにくい面を考慮しながら、それぞれの実際例に即して、基本的な概念、計算式や用語の意味、鑑定評価書の記載文の読み方・留意点を、イメージ写真や図表を交えながら、鑑定評価書を読むために必要な知識をわかりやすく解説しました。

　本書が、鑑定評価の依頼者及び関係者が鑑定評価書を読み解く時の参考に、そして不動産鑑定士が依頼者に鑑定評価書の内容を説明する際の参考になれば幸いです。

　なお、最後になり恐縮ですが、本書の刊行に当たり株式会社清文社編集第三部　立川佳奈様に大変お世話になりましたことを、紙上を借用しお礼申し上げます。

2020 年 11 月吉日

黒沢　泰

目次

第1章 鑑定評価とはどのようなものか
1. 本章の狙い …………………………………………………………… 3
2. 鑑定評価とはどのようなものであるか ……………………………… 4
3. 不動産鑑定評価基準にいう「鑑定評価」とは ……………………… 6
4. 鑑定評価額と固定資産税評価額等はどのように異なるのか …… 9
5. 鑑定評価額と公示価格、市場での取引価格はどのように異なるのか 14
   1 公示価格との相違　14
   2 市場での取引価格との相違　16

第2章 どのような場合に鑑定評価を実施するか
～鑑定評価の目的～
1. 鑑定評価書の利用者とは ……………………………………………… 23
2. 公的機関における鑑定評価書の利用 ………………………………… 25
3. 民間企業における鑑定評価書の利用 ………………………………… 26
4. 金融及び証券化目的での鑑定評価書の利用 ………………………… 27
5. 個人における鑑定評価書の利用 ……………………………………… 28

第3章 鑑定評価書には何が書かれているか
1. 鑑定評価書を読むための予備知識 …………………………………… 31
2. 鑑定評価の基本的事項 ………………………………………………… 31
3. 対象不動産の確認 ……………………………………………………… 36
   1 物的確認　39
   2 権利の態様の確認　42
4. 不動産の価格形成要因 ………………………………………………… 44
   1 一般的要因とは　45
   2 地域要因とは　46
   3 個別的要因とは　49

5 鑑定評価の方式（手法） ……………………………………… 50
　1 価格の三面性について　50
　2 各方式の基本的な考え方　52
　3 各方式と価格を求める手法、賃料を求める手法との関係　54
　4 各手法の留意点　54

第4章 鑑定評価書から読み取れる情報と詳細が読み取りにくい情報

1 本章の狙い ……………………………………………………… 63
2 鑑定評価書から読み取れる情報 ……………………………… 64
　1 対象不動産の表示　64
　2 鑑定評価の条件　68
　3 価格時点　68
　4 価格の種類　68
　5 対象不動産の確認　68
　6 鑑定評価額の決定の理由の要旨　69
3 鑑定評価書の記載だけでは詳細が読み取りにくい情報 ……… 73

第5章 不動産鑑定評価書の実際例と読み方・留意点 ～土地編～

1 本章の狙い ……………………………………………………… 77
2 更地の鑑定評価書例　～分譲マンション用地～ …………… 79
3 更地の鑑定評価書例　～戸建住宅用地～ …………………… 103
4 更地の鑑定評価書例　～隣接地併合の限定価格～ ………… 124
5 更地の鑑定評価書例　～土壌汚染物質や地下埋設物を含む土地～ … 146
6 借地権の鑑定評価書例　～商業地のケース～ ……………… 160
7 底地の鑑定評価書例　～住宅地のケース～ ………………… 181
8 土地残余法の適用例 …………………………………………… 200
　1 土地残余法の適用例　200
　2 土地残余法の適用過程　209

第6章 不動産鑑定評価書の実際例と読み方・留意点 〜土地及び建物編〜

1 本章の狙い …………………………………………………… 213
2 自用の建物及びその敷地の鑑定評価書例 ………………… 214
3 貸家及びその敷地の鑑定評価書例 ………………………… 245
4 区分所有建物及びその敷地の鑑定評価書例 ……………… 266

第7章 不動産鑑定評価書の実際例と読み方・留意点 〜賃料編〜

1 本章の狙い …………………………………………………… 291
　1 土地の賃料と建物（敷地を含む）の賃料　291
　2 新規賃料と継続賃料の相違　292
　3 継続賃料の評価をめぐって　294
2 建物及びその敷地の継続賃料（家賃の鑑定評価） ……… 297
　1 継続賃料（継続家賃）の評価手法　297
　2 継続賃料（継続家賃）の鑑定評価書例　305
3 継続賃料（継続家賃）の鑑定評価書例 …………………… 306
4 宅地の継続賃料（地代の鑑定評価） ……………………… 331
　1 継続賃料（継続地代）の評価手法　331
　2 継続賃料（継続地代）の鑑定評価書例　333
5 継続賃料（継続地代）の鑑定評価書例 …………………… 334

第8章 不動産鑑定評価書の活用方法

1 本章の狙い …………………………………………………… 351
2 利用者からみた鑑定評価書の活用の仕方 ………………… 352
　1 対象不動産の確認に用いた資料　352
　2 登記数量と実測数量の把握　352
　3 地域の状況や類似不動産の市場動向の把握　353

4 供給処理施設の整備状況　353
5 その他の環境条件　354
6 閉鎖登記簿謄本や古地図等の調査結果　355
7 都市計画法、建築基準法等による規制の内容　355
8 最有効使用について　356

索　引……………………………………………………………………… 358

※本書は、2025年3月1日現在の法令等に基づいています。

第1章

鑑定評価とは
どのようなものか

1 本章の狙い

　ある人（会社）が不動産鑑定士に鑑定評価を依頼する動機には様々なものがあると思われますが、そもそも「鑑定評価」とは、一体何を意味するのかを最初に明確にしておく必要があります。これが明確になっていなければ、例えば、鑑定評価と市町村が行っている固定資産税の評価（あるいは国税庁が発表している路線価）を全く同じものと誤解したり、市中で取引されている価額（売買価額）と鑑定評価はどのように異なるのかという素朴な疑問も生じかねません。

　そこで、本書では「鑑定評価書の読み方」について、
　① 鑑定評価とはどのようなものであるか
　② 鑑定評価の目的は何か
　③ 鑑定評価書には何が書かれているか
という基本的なところから紐解き、
　④ 鑑定評価書ではどこをどのように読めばよいか
　⑤ 鑑定評価書をどのように活用すればよいか
という流れで解説していきます。

鑑定評価とは
どのようなものであるか

　不動産鑑定評価制度の発足とともに「不動産の鑑定評価に関する法律」（昭和38年法律第152号）が制定され、以後、この法律が鑑定評価の活動を規制するものとして機能してきました。
　この法律は、不動産の鑑定評価に関し、不動産鑑定士及び不動産鑑定業について必要な事項を定め、土地等の適正な価格の形成に資することを目的として定められています（第1条）。
　それとともに、この法律では「不動産の鑑定評価」、「不動産鑑定業」及び「不動産鑑定業者」を次のとおり定義し、その対象を明確にしています。

> [不動産の鑑定評価に関する法律]
> （定義）
> 第2条　この法律において「不動産の鑑定評価」とは、不動産（土地若しくは建物又はこれらに関する所有権以外の権利をいう。以下同じ。）の経済価値を判定し、その結果を価額に表示することをいう。
> 　2　この法律において「不動産鑑定業」とは、自ら行うと他人を使用して行うとを問わず、他人の求めに応じ報酬を得て、不動産の鑑定評価を業として行うことをいう。
> 　3　この法律において「不動産鑑定業者」とは、第24条の規定による登録を受けた者をいう。

　このように、不動産の鑑定評価とは、その対象である不動産の経済価値を判定し、これを価額に表示する行為を指し、単に世間相場がいくらであるか、対象地の価格がいくらであるかといった結果のみを依頼者に伝えることを意味しているわけではありません。

このように、鑑定評価という行為が法律によって定義されている以上、そこには科学的根拠に基づいた価格を追求する姿勢が求められ、不動産鑑定士による合理的判断に裏付けられた鑑定評価額の決定があって、はじめてその目的に達するということになります。すなわち、このような過程を経て求められたものが「不動産の経済価値」であり、これを具体的な価額に表示することが鑑定評価の目的であるといえます（図表1-1）。

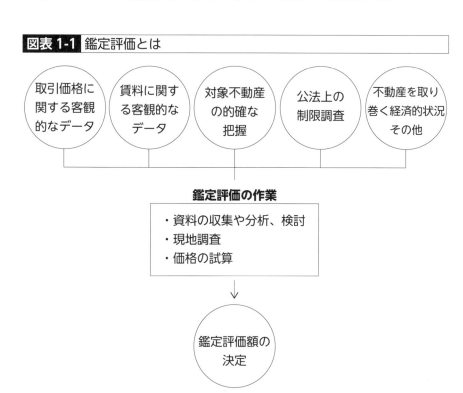

図表1-1 鑑定評価とは

不動産鑑定評価基準にいう「鑑定評価」とは

　前項に掲げた「不動産の鑑定評価に関する法律」とは別に、不動産鑑定士が鑑定評価を実施する際の指針として、「不動産鑑定評価基準」が定められています（所管：国土交通省）。そして、不動産鑑定士が作成し発行する「鑑定評価書」に記載されている鑑定評価額は、当該基準に則って作業を行った結果得られた各試算価格（＝費用面、市場面、収益面から試算したいくつかの価格）を分析・検討の上、最終的な結論として導かれた対象不動産の経済価値を表すものです（図表1-2）。

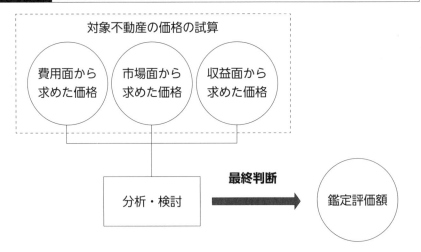

図表1-2 鑑定評価額へのアプローチ

　「不動産鑑定評価基準」では、「鑑定評価」の内容を次のように規定しています。以下、単に「基準」という場合には「不動産鑑定評価基準」を指します。

●不動産鑑定評価基準

　不動産の鑑定評価は、その対象である不動産の経済価値を判定し、これを貨幣額をもって表示することである。それは、この社会における一連の価格秩序の中で、その不動産の価格及び賃料がどのような所に位するかを指摘することであって、
（1）鑑定評価の対象となる不動産の的確な認識の上に、
（2）必要とする関連資料を十分に収集して、これを整理し、
（3）不動産の価格を形成する要因及び不動産の価格に関する諸原則についての十分な理解のもとに、
（4）鑑定評価の手法を駆使して、その間に、
（5）既に収集し、整理されている関連諸資料を具体的に分析して、対象不動産に及ぼす自然的、社会的、経済的及び行政的な要因の影響を判断し、
（6）対象不動産の経済価値に関する最終判断に到達し、これを貨幣額をもって表示するものである。

（総論第1章第3節）

　このように、不動産の鑑定評価とは、一般的・抽象的に価格に関する意見を述べることではなく、特定の不動産を対象に、その経済価値を具体的な貨幣額で表示することを意味します。そして、これらの作業を支える理論的な基盤として「不動産の価格に関する諸原則」というものが基準に規定されているのも大きな特徴となっています。

　鑑定評価の結論に至るまでには、**図表1-3**のとおり、相当の時間や費用が投入されます。ここに、「不動産の鑑定評価に関する法律」に定めがあるように、他人の求めに応じて報酬を得て、これを業として（＝不特定多数の人を対象に反復継続して）行う不動産鑑定業の存立基盤があるといえます。

　繰り返しとなりますが、鑑定評価といえるためには、基準に定められた手順を踏み、科学的・合理的な判断に基づいた作業が要求されます。したがって、鑑定評価により求められた経済価値は、単なる達観によるもので

はなく、客観的な資料に裏付けられて鑑定評価額が導かれたことを根拠付けるために、基準は図表 1-4 のような大枠の体系で評価の指針を定めているといえます。

図表 1-3　鑑定評価作業の大まかな流れ

❶ 鑑定評価の受付
⬇
❷ 事前調査（基本的事項の確定）
⬇
❸ 現地調査（対象不動産の確認）
⬇
❹ 資料の収集・整理
⬇
❺ 価格形成要因の分析
⬇
❻ 価格の試算（鑑定評価の手法の適用）
⬇
❼ 試算価格の調整及び鑑定評価額の決定

図表 1-4　不動産鑑定評価基準の構成

4 鑑定評価額と固定資産税評価額等はどのように異なるのか

鑑定評価と他の公的評価(固定資産税の評価、相続税の財産評価)には、それぞれ類似する側面と相違点があります。

まず、鑑定評価の作業の各過程には、不動産鑑定士による様々な判断が伴います。なぜなら、不動産鑑定評価基準は、鑑定評価に関する統一的なものの考え方を規定したものであり、画一的な数値を当てはめて評価額を求める方式とはなっていないためです。この点が、固定資産税の評価や相続税の財産評価など、課税目的で行われる画一的かつ簡便的な算定方式と大きく異なります(図表1-5)。

図表1-5 鑑定評価と課税評価の主な相違点

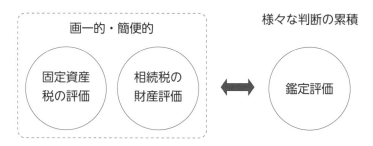

すなわち、課税目的で評価額を算定する際には、課税の公平性、中立性等の点から、むしろ評価担当者の判断の介入を極力回避すべく画一的な算定方式が適用されています。例えば、これらの公的な評価では、対象地の間口距離や奥行距離が把握できれば、それに対応する補正率(価値の減価割合)を一律の数値として定めています。

一方、今日では、課税目的の評価においても「適正な時価」が社会問題

として取り上げられる傾向にあることから、鑑定評価の考え方や手法が随所に応用されており、相互のつながりも見受けられます。

具体的には、地積規模の大きな土地の単価が低減傾向にあることを反映した補正率の設定、大規模工場用地の価格の格差率表、私道の評価割合（不特定多数の人が通行するか、限られた人のみが通行するかによる価値割合の相違）等です。

最後に、鑑定評価と固定資産税の評価、相続税の財産評価との主な類似点を**図表 1-6** に、主な相違点を**図表 1-7** に掲げます。表中の鑑定評価の専門用語については、後ほど解説します。

図表 1-6 鑑定評価と固定資産税の評価、相続税の財産評価との主な類似点

項目	鑑定評価	固定資産税の評価	相続税の財産評価
公示価格等	個別案件ごとに公示価格と規準する	標準宅地の価格として活用する	同左
地域要因	地域分析によって格差率等に反映させる	通常、路線価に反映させる	同左
個別的な特徴	個別的要因の分析を行った上で評価に反映させる	奥行価格補正率等の画一的な格差率表を適用しただけでは市町村の実情が反映されない場合は、所要の補正で対応する	奥行価格補正率等の画一的な格差率表を適用する
借地権価格の評価	財産評価基本通達に基づく路線価図等に記載されている借地権割合を一つの参考資料として活用する	評価の対象とせず	地域ごとに慣行的借地権割合を定めており、これを適用する（路線価図における割合 A：90％、B：80％、C：70％………）

第1章 鑑定評価とはどのようなものか

図表1-7 鑑定評価と固定資産税の評価、相続税の財産評価との主な相違点

項　目	鑑定評価	固定資産税の評価	相続税の財産評価
評価主体	不動産鑑定士	市町村の固定資産税課等の担当職員	相続税の申告者（評価額の算定は申告者が財産評価基本通達に基づいて行う）
評価にかかる資格の要否	あり	なし	なし
評価方法	専門的かつ判断を伴う	簡便的	簡便的
評価対象	土地建物の所有権をはじめ、借地権等の権利にも及ぶ	借地権等の権利は対象外（土地建物、償却資産の所有権のみ対象）	土地建物の所有権をはじめ、借地権等の権利にも及ぶ（有価証券、絵画、骨とう品等に至るまで幅広い）
評価目的	売買、賃貸借、担保、会社合併や現物出資時の資産評価、証券化等をはじめ、多様なニーズに応じて実施される	固定資産税の課税目的（評価額は公示価格の70％程度の水準）	相続税の課税目的（路線価は公示価格の80％程度の水準）
求める価格	目的に応じて 正常価格 限定価格 特定価格 特殊価格	正常価格に該当	正常価格に該当
価格時点	個別に依頼があった都度、前提を設ける（通常は依頼日または調査時点）	評価の基準年度が決められている（3年ごとの評価替えに対応）	相続の発生時点
評価条件	条件の設定が可能（例） ・建物の存在がないものとしての更地評価 ・建物は賃貸中であっても、これを前提としない（＝自用）評価	・条件設定はない ・現況課税であるが土地は更地を前提とし、建物は賃貸中であっても自用を前提とした評価	・条件設定はない ・現況に即した評価（例） ・土地を賃貸している場合は借地権の存在を前提とした評価 ・建物が賃貸中であれば、一定割合だけ評価額を減額

11

評価の考え方	原価法、取引事例比較法、収益還元法等の手法を個別に適用（不動産鑑定評価基準に定める方法）	市街地宅地評価法またはその他の宅地評価法（固定資産評価基準に定める方法）	路線価方式または倍率方式（財産評価基本通達に定める方法）
価格形成要因の分析	鑑定評価の都度、一般的要因、地域要因の分析や個別的要因の分析を行う	地域要因は通常の場合、路線価に反映させ、個別の土地評価には奥行価格補正率表を画一的に適用	地域要因は通常の場合、路線価に反映させ、個別の土地評価には奥行価格補正率表を画一的に適用
評価に用いられる格差率	不動産鑑定士が地域の実情や市場性等を考慮して案件に応じて査定（ただし、標準的な目安を定めたものとして「土地価格比準表」がある）	土地の形状等に応じて画一的な格差率が適用される（その結果が実態を反映しない場合は市町村の実情に応じた所要の補正（減価）を行う）	土地の形状等に応じて画一的なものが適用される（例外的に、さらに大きな減価割合が適用されることがある）
最有効使用という考え方	鑑定評価上不可欠	前面には登場せず	前面には登場せず
判断の介在	不動産鑑定士の価値判断が介在する	判断の介在は極力避けられる	判断の介在は極力避けられる
根拠法令及び関連法令	不動産の鑑定評価に関する法律、地価公示法等	地方税法	相続税法
実施頻度	個別の依頼に応じて、その都度実施（精査）	定期的な一括大量評価（短期間）	相続の発生の都度（ただし、手法は簡便的）

　参考までに、相続税の財産評価に用いられる路線価図の一例を図表1-8に掲げます。なお、固定資産税評価額に関しては、その土地建物が所在する市町村から所有者に送られる納税通知書に記載されているため、ここでは割愛します。

図表1-8 路線価図の一例

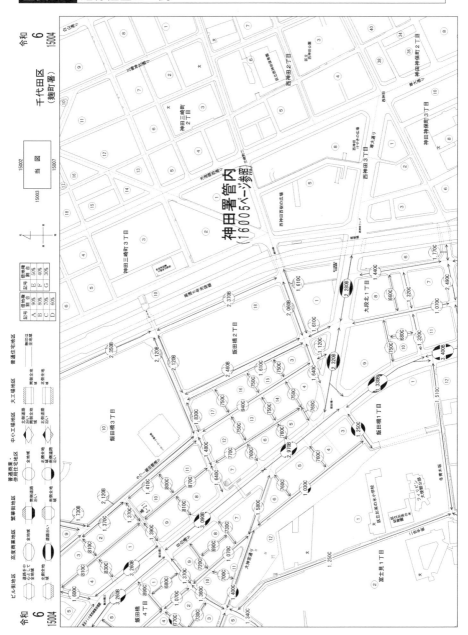

(出所) 国税庁ホームページ路線価図

鑑定評価額と公示価格、市場での取引価格はどのように異なるのか

1 公示価格との相違

　土地の価格は一物四価とも、一物五価とも比喩されます。なぜなら、一つの土地に対して、異なる視点から把握されたいくつもの価格が付されるからです。固定資産税の評価額、相続税の路線価の他にも、地価公示の制度（地価公示法）があり、毎年１回、全国各地の公示価格が公表されています。なお、地価公示の価格時点は１月１日ですが、これを補完するものとして都道府県地価調査（価格時点は７月１日。国土利用計画法に基づく制度）の結果も毎年公表されています。

　これらは、固定資産税の評価や相続税の路線価の付設の際にも参考にされ、その水準は図表1-7の表にも記載したとおり、

・固定資産税評価額＝近隣公示価格の70％
・相続税の路線価＝近隣公示価格の80％

とされています。

　公示価格の性格については、地価公示法に以下のとおり規定されています。

[地価公示法]
（目的）
第１条　この法律は、都市及びその周辺の地域等において、標準地を選定し、その正常な価格を公示することにより、<u>一般の土地の取引価格</u>に対して指標を与え、及び公共の利益となる事業の用に供する土地に対する適正な補償金の額の算定等に資し、もつて<u>適正な地価の形成</u>に寄与することを目的とする。
（土地の取引を行なう者の責務）

> 第1条の2　都市及びその周辺の地域等において、土地の取引を行なう者は、取引の対象土地に類似する利用価値を有すると認められる標準地について<u>公示された価格を指標として取引を行なう</u>よう努めなければならない。

　地価公示法は、地価の高騰を防止するという政策上、一般の土地の取引価格に対して指標を与えるという性格を有しており、公示価格は鑑定評価に当たっても常に念頭に置くべき価格ですが、鑑定評価額そのものとは異なります（図表1-9）。また、公示価格の対象地点（以下、「標準地」という）も、その地域で代表的な地点（面積、形状、道路付け等が標準的な地点）が選定されており、あらゆる地点が地価公示の対象となっているわけではありません。

図表1-9 鑑定評価額と公示価格との関係（更地価格）

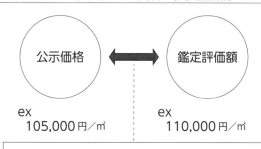

　鑑定評価に当たっては、近隣で対象地と利用状況の類似する公示地点を選定し、地域要因及び個別的要因の比較を行って対象地の価格を試算し、鑑定評価額との均衡を図る作業が求められます。そのため、鑑定評価書の中には「公示価格を規準とした価格：〇〇〇,〇〇〇円／㎡」という記載があります（第5章～第7章参照）。
　参考までに、地価公示の概要の一例を**図表1-10**に掲げます。

図表1-10 地価公示の概要の一例

標準地番号	八王子-30
所在及び地番	東京都八王子市片倉町939番92
住居表示	
調査基準日	令和6年1月1日
価格（円/㎡）	122,000（円/㎡）
交通施設、距離	片倉、1,300m
地積（㎡）	169（㎡）
形状（間口：奥行）	(1.0:1.2)
利用区分、構造	建物などの敷地、W（木造）2F
利用現況	住宅
給排水等状況	ガス・水道・下水
周辺の土地利用現況	中規模住宅が建ち並ぶ区画整然とした住宅地域
前面道路の状況	東　13.0m　市道
その他の接面道路	
用途区分、高度地区、防火・準防火	第一種低層住居専用地域
建蔽率（％）、容積率（％）	40（％）80（％）
森林法、公園法、自然環境等	
都市計画区域区分	市街化区域

（出所）国土交通省ホームページより作成

2 市場での取引価格との相違

　鑑定評価に当たっては、市場で実際に成約した土地の取引事例を数多く収集し、対象地との諸条件の比較を行って試算価格（比準価格）を求めますが、市場での取引価格そのものと鑑定評価額とは異なります。

　不動産鑑定評価基準に規定されている価格の種類として代表的なものは正常価格ですが、ここにいう正常価格とは次のとおり定義されています。

第1章 鑑定評価とはどのようなものか

> **●不動産鑑定評価基準**
> 1．正常価格
> 　正常価格とは、市場性を有する不動産について、現実の社会経済情勢の下で合理的と考えられる条件を満たす市場で形成されるであろう市場価値を表示する適正な価格をいう。この場合において、現実の社会経済情勢の下で合理的と考えられる条件を満たす市場とは、以下の条件を満たす市場をいう。
> 　(1) 市場参加者が自由意思に基づいて市場に参加し、参入、退出が自由であること。
> 　　　なお、ここでいう市場参加者は、自己の利益を最大化するため次のような要件を満たすとともに、慎重かつ賢明に予測し、行動するものとする。
> 　　① 売り急ぎ、買い進み等をもたらす特別な動機のないこと。
> 　　② 対象不動産及び対象不動産が属する市場について取引を成立させるために必要となる通常の知識や情報を得ていること。
> 　　③ 取引を成立させるために通常必要と認められる労力、費用を費やしていること。
> 　　④ 対象不動産の最有効使用を前提とした価値判断を行うこと。
> 　　⑤ 買主が通常の資金調達能力を有していること。
> 　(2) 取引形態が、市場参加者が制約されたり、売り急ぎ、買い進み等を誘引したりするような特別なものではないこと。
> 　(3) 対象不動産が相当の期間市場に公開されていること。
>
> 　　　　　　　　　　　　　　　　　　　　　（総論第5章第3節Ⅰ）

　基準の定義は以上のとおりですが、イメージとしてとらえるならば、正常価格とは世間一般の人を対象として誰にでも等しく妥当する売買価格という意味で理解して支障はありません。

　個々の取引事例には、当事者間の特殊な事情が介入した結果、割高あるいは割安なものとなっているケースもしばしば見受けられます。そのため、一般の人が土地の取引情報のみを入手したとしても、それだけでは正

常な価格を的確に判断することは難しく、適正な価値を判断するためには、鑑定評価の活動によるところが大きいといえます。

　鑑定評価で求める価格も、現実の社会経済情勢を基礎に置くものであり、一般の不動産市場で合理的に成り立つ価格を対象としています。しかし、面積、形状、道路付け等の状況は個々に異なるため、実際に近隣地域や周辺の市場で成立した取引価格そのものと同じでない所に大きな相違点があります（図表 1-11）。

図表 1-11 市中で成立した取引価格と鑑定評価額

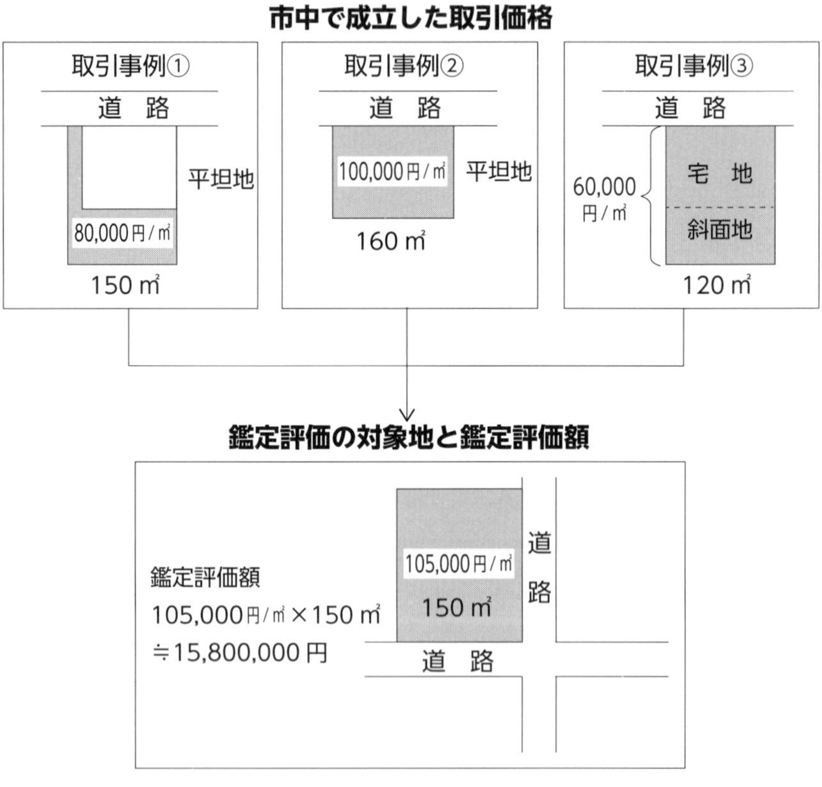

市中で成立した取引価格

取引事例①　道路　平坦地　80,000円/㎡　150㎡

取引事例②　道路　100,000円/㎡　平坦地　160㎡

取引事例③　道路　60,000円/㎡　宅地／斜面地　120㎡

鑑定評価の対象地と鑑定評価額

鑑定評価額
105,000円/㎡×150㎡
≒15,800,000円

105,000円/㎡　150㎡　道路

以上、他の価格との比較を通して、鑑定評価額を求めるための作業が、煩雑で手間がかかり、加えて理論的色彩のあるものというイメージが何となくつかめたのではないでしょうか。

 本章で述べたことを予備知識として、次章から具体的な内容に入っていきます。

ポイント

〇鑑定評価の主な拠り所
　・不動産の鑑定評価に関する法律
　・不動産鑑定評価基準
　・不動産鑑定評価基準運用上の留意事項

〇鑑定評価の過程
　　依頼の受付から鑑定評価額の決定、鑑定評価書の発行までの合理的根拠に裏付けられた一連の作業が累積されています。

〇鑑定評価書の利用者には、これを「読むための知識」が必要

第 2 章

どのような場合に
鑑定評価を実施するか
〜鑑定評価の目的〜

鑑定評価書の利用者とは

　鑑定評価書の入手を必要とする人（個人または法人）が、不動産鑑定士に鑑定評価を依頼する動機や目的は様々です。依頼者の中には官公庁、税務署、裁判所、地方公共団体等をはじめとする公的機関から、民間企業、金融機関、建設会社、弁護士、公認会計士・税理士等、個人に至るまで、様々な層が考えられます（図表2-1）。

図表 2-1 鑑定評価の依頼者（例示）

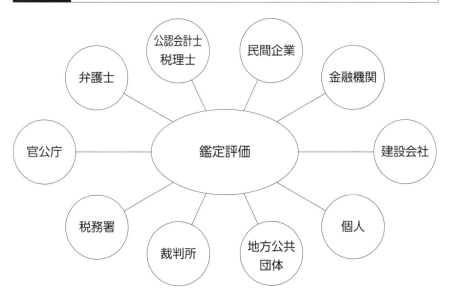

　そのため、一概に鑑定評価書の利用者といっても、その読み方に精通した人もいれば、相続財産の分割等の目的で初めて鑑定評価を依頼する人もいることでしょう。

特に、個人で鑑定評価に初めて接する人は、鑑定評価書に専門用語が多く並んでいるのを見た瞬間に、金額だけ分かればよいと考えてしまうかもしれません。

事実、相続税評価額をめぐる裁決事例や裁判例を見ても、鑑定評価書を必要とする人は個人であり、その利用の仕方も、鑑定評価額が自分にとって有利な結果となっているか否かという面のみに関心が注がれることが多いのではないでしょうか。すなわち、鑑定評価の過程よりも結論としての評価額が問題であり、その過程は専門家である不動産鑑定士に関わるものだと考える傾向にあります（図表2-2）。

図表2-2 鑑定評価書の構成

対象不動産の表示	結論としての評価額
鑑定評価額の表示	
鑑定評価の基本的事項の表示	鑑定評価の過程（鑑定評価書の大部分）
対象不動産の確認の記載	
鑑定評価額の決定の理由の要旨／価格形成要因の分析／評価に関する記載	
別表（価格試算の詳細）	
附属資料	

鑑定評価を依頼する側からすれば、せっかく報酬を支払って不動産鑑定士に鑑定評価を依頼するわけですから、不動産鑑定士は鑑定評価書の記載事項を分かりやすく説明する姿勢を持たなければならないといえます。すなわち、不動産鑑定士には鑑定評価書の利用者の立場に立った読み方の解説が求められるといえます（図表2-3）。

第2章 どのような場合に鑑定評価を実施するか～鑑定評価の目的～

図表 2-3 鑑定評価書の読み方

　以上、鑑定評価書が必要とされる場合の一例を掲げましたが、鑑定評価の依頼目的は様々であり、鑑定評価書の利用者も、その目的に対応して様々な層が考えられます。本書では、できる限り多くの層の方を対象に、鑑定評価の専門的な用語を一般的な言葉に置き換えて、鑑定評価書の読み方を解説します。

2　公的機関における鑑定評価書の利用

　公的土地評価との関連では、公示価格（標準地）や都道府県地価調査（基準地）の価格の検討のために鑑定評価が実施されるほか、固定資産税評価における標準宅地の価格の算定基礎として、または、相続税評価における路線価付設等のために鑑定評価が実施されています。

　また、税務署においては、相続税申告の基になった評価額の妥当性を検証するために鑑定評価が実施されることがあり、裁判所では賃料改定訴訟の際に不動産鑑定士に意見を求める（鑑定評価書の作成依頼等）ことがあります。さらに、道路買収等のように、公共用地の取得に伴う損失補償の一環としても鑑定評価が活用され、公共財産の処分時や公共事業の実施に伴う立退補償のようなケースでも鑑定評価が必要とされます（図表 2-4）。

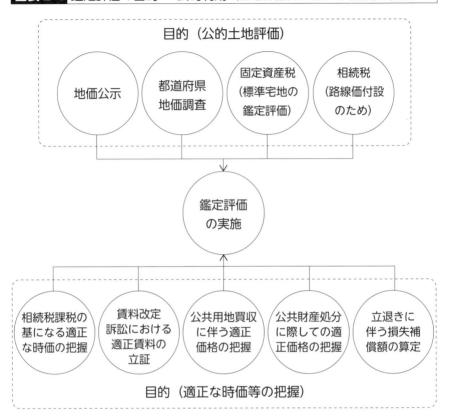

図表 2-4 鑑定評価の目的 ～公的利用（土地評価及び適正な時価等の把握）～

3 民間企業における鑑定評価書の利用

　民間の一般企業からの依頼に応じて実施される鑑定評価の場合、その目的は、企業資産の売買、交換、賃貸借等の参考、企業会計における時価評価の実施、従業員への企業資産の売却に伴う適正時価の把握、現物出資・財産引受等をはじめ、様々な目的の基に行われています（図表 2-5）。

図表 2-5 鑑定評価の目的 〜民間企業における利用〜

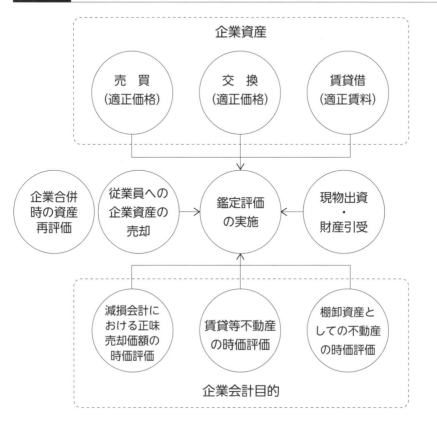

4 金融及び証券化目的での鑑定評価書の利用

　金融機関では、担保不動産の時価把握のために鑑定評価を実施したり、不動産の証券化を扱う企業では、証券化対象不動産の鑑定評価を依頼したりする等の目的でも活用されています（図表2-6）。

図表 2-6 鑑定評価の目的　～金融及び証券化目的での利用～

5　個人における鑑定評価書の利用

　個人からの鑑定評価の依頼は、相続における遺産分割（共有不動産の分割）や地代改定の参考といったケースが中心となると思われます。また、相続税申告の際、財産評価基本通達の規定によっては評価することのできない特別の事情の存在を課税当局に認めてもらうために、鑑定評価書を取得している例もあるようです。

ポイント

○鑑定評価の依頼者や実施目的は様々
　鑑定評価書の読み方に関する利用者の知識のレベルも様々

○鑑定評価書の利用者としては目的に応じた勘所のマークが必要

# 第3章

鑑定評価書には何が書かれているか

1　鑑定評価書を読むための予備知識

　第2章の**図表2-2**では、鑑定評価書の構成をイメージ図で示しました。すべての案件に共通することですが、鑑定評価書には、このような項目について、内訳や調査結果が具体的に記載されています。

　鑑定評価書の具体例については第5章以降で取り上げますが、ここでは鑑定評価書を読むための予備知識として、**図表2-2**に掲げた項目に関連して、以下の項目について概要を解説します。

① 鑑定評価の基本的事項
② 対象不動産の確認
③ 不動産の価格形成要因
④ 鑑定評価の方式（手法）

2　鑑定評価の基本的事項

　不動産鑑定評価基準では、鑑定評価の基本的事項について、次のとおり規定しています。

> ●**不動産鑑定評価基準**
> 　鑑定評価の基本的事項の確定
> 　鑑定評価に当たっては、まず、鑑定評価の基本的事項を確定しなければならない。このため、鑑定評価の依頼目的、条件及び依頼が必要

> となった背景について依頼者に明瞭に確認するものとする。
>
> (総論第8章第1節)

　鑑定評価の基本的事項とは、対象不動産の所在・面積・範囲・価格時点等のほか、鑑定評価によって求めるべき価格または賃料の種類を指します。価格時点とは、不動産価格の判定の基準日のことであり、鑑定評価によって求める価格がいつの時点のものであるかを指します。

　また、鑑定評価によって求めるべき価格または賃料の種類について、不動産鑑定評価基準では、次のものを掲げています（総論第5章第3節）。

○**価格**（図表 3-1）
　　・正常価格　・限定価格　・特定価格　・特殊価格
○**賃料**（図表 3-2）
　　・新規賃料（正常賃料、限定賃料）　・継続賃料

図表 3-1 鑑定評価によって求めるべき価格の種類

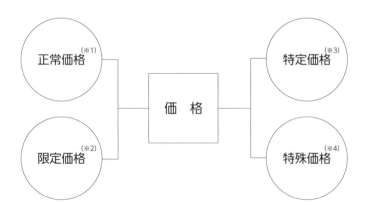

（※1） 正常価格
　　　誰に対しても等しく成り立つ価格というイメージ。

（※2） 限定価格
　　　特定の当事者間でのみ合理性をもって成り立つ価格というイメージ。
　　　例えば、次の図でA地の所有者がB地を買い取る場合には、B地は道路に面する土地の一部となり、B地の価値も上昇するため、A地の所有者以外の人がB地を買い取る場合より割高な価格でも損はないということになります。

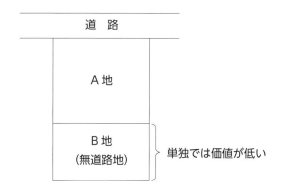

（※3） 特定価格
　　　証券化対象不動産において投資家に示すための投資採算価値を表す価格を求める場合や、民事再生法において早期売却を前提とした価格を求める場合等が、これに該当します。

（※4） 特殊価格
　　　文化財等の市場性を有しない不動産の価格を求める場合が、これに該当します。

図表3-2 鑑定評価によって求めるべき賃料の種類

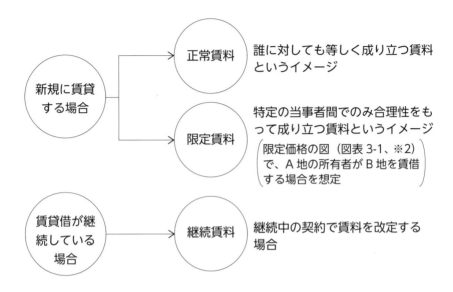

　なお、一般の鑑定評価では正常価格を求めるのが通常であり、数は少ないながら限定価格を求めるケースもあります。また、特定価格や特殊価格を求めるケースは極めて限られているため、本書でも正常価格を中心にとらえていきます。

　賃料については、これから新規に土地や建物を賃貸する場合と、契約が継続中の状態で賃料を改定する場合とでは、賃料のとらえ方や評価手法が異なるため、鑑定評価に際してはどちらの賃料を求めるのかを最初に明らかにする必要があります。

　どのような種類の価格または賃料を求めるかは、依頼者の意思を明瞭に確認した上で確定することが必要となります。なぜなら、鑑定評価の依頼目的によって求めるべき価格（または賃料）の種類が異なるだけでなく、付加する条件によっては価格や賃料が異なることがあるためです（図表3-3）。

図表3-3 依頼目的や条件により価格や賃料が異なる場合

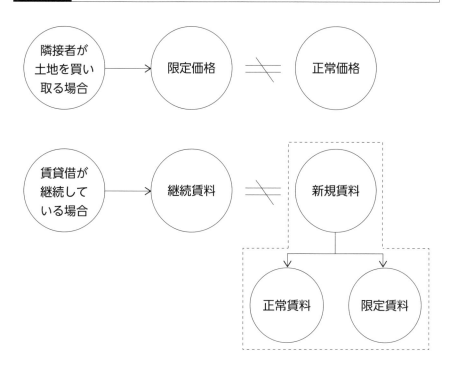

　ここでいう条件とは、例えば、「対象地は現実には建物の敷地として利用されているが、これを建物が存在しないもの（＝更地）として鑑定評価の対象とすること」のように、現況と異なる類型を想定して評価することを指しています。条件の設定が認められる場合はこれに限りませんが、合理性のある場合に限られます（図表3-4）。

図表 3-4 条件の設定の例

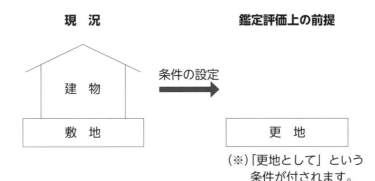

　合理的な条件設定が認められる場合、どのような条件を付して鑑定評価の作業を進めるかについては、依頼者からの説明を基に判断の上、十分な打合せが必要となります。

3 対象不動産の確認

対象不動産の確認に関して、基準では次のとおり規定しています。

> ●不動産鑑定評価基準
>   対象不動産の確認
> 　　対象不動産の確認に当たっては、第1節により確定された対象不動産についてその内容を明瞭にしなければならない。対象不動産の確認は、対象不動産の物的確認及び権利の態様の確認に分けられ、実地調査、聴聞、公的資料の確認等により、的確に行う必要がある。
> 　　　　　　　　　　　　　　　　　　　　　　　　（総論第8章第4節）

対象不動産の確認といっても、位置・形状のように目に見えるものの確認（＝物的確認）と、権利関係のように外形上からは把握できないものの確認（＝権利の態様の確認）とに分けられます（図表3-5）。基準では、それぞれの確認方法を規定していますが、どちらを欠いても的確な鑑定評価とはいえない点に留意する必要があります。

図表3-5 対象不動産の確認

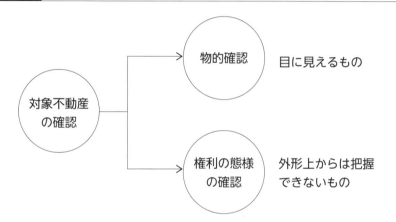

なお、物的確認としては、鑑定評価の対象として受付時に確定された不動産が現実にそのとおり存在するかどうかの照合作業が、これに該当します。

○**物的確認の例**
・登記簿上存在することになっている建物が実際に存在するかどうか。
・増築後に未登記のままとなっている部分がないかどうか。
・隣接地との境界標識（図表3-6）が実際に存在するか。

図表 3-6 境界標識（イメージ）

（※）コンクリートで造られた境界標識の一例です。十字の交点が隣接地との境界点を示します。

また、権利の態様の確認としては、次のような照合作業がこれに該当します。

○権利の態様の確認の例
・依頼者からの聴聞では建物の敷地が借地である場合、登記簿上、土地と建物の所有者が異なり、しかも借地契約が書面で存在するかどうか。
・建物賃貸借契約の上では満室状態となっているが、実際の入居状況はどのようになっているか。

以下、不動産鑑定士が行う物的確認、権利の態様の確認について、どのような方法でこれを行っているのかを、不動産鑑定評価基準の規定を中心に解説します。

1 物的確認

物的確認に当たっては、以下の点に留意する必要があります。

> ●**不動産鑑定評価基準**
> 対象不動産の物的確認
> 　対象不動産の物的確認に当たっては、土地についてはその所在、地番、数量等を、建物についてはこれらのほか家屋番号、建物の構造、用途等を、それぞれ実地に確認することを通じて、第1節により確定された対象不動産の存否及びその内容を、確認資料（第5節Ⅰ参照）を用いて照合しなければならない。
> 　また、物的確認を行うに当たっては、対象不動産について登記事項証明書等により登記又は登録されている内容とその実態との異同について把握する必要がある。
>
> （総論第8章第4節Ⅰ）

物的確認に当たり、不動産鑑定士は、登記事項証明書（閉鎖事項の場合は閉鎖登記簿謄本）、土地または建物等の図面をはじめとする確認資料を現地に持参して照合しています（図表3-7）。

図表 3-7 物的確認の内容

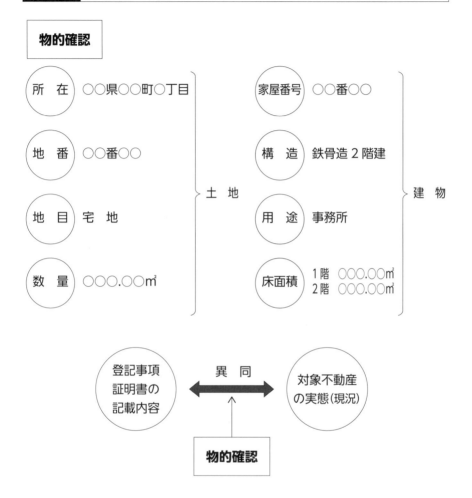

　なお、対象不動産が区分所有建物（マンション等）及びその敷地の場合、通常の建物や敷地にはない特徴が見られます。そのため、対象不動産（専有部分）だけでなく、一棟の建物の所在、地番、建物の名称、構造、階数、床面積等のほか、共用部分の範囲、敷地権の内容（所有権か土地賃借権か等）及びその範囲についても確認を行っています（図表 3-8）。なお、規約により、道路も建物敷地の対象として扱われている場合があります。

図表3-8 区分所有建物及びその敷地の場合

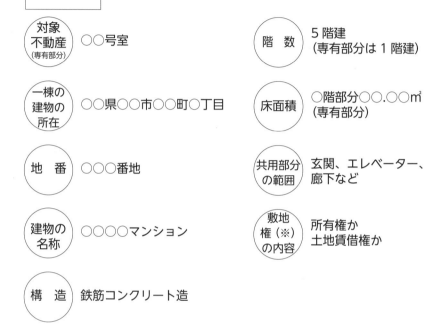

（※）敷地権とは、所有権または土地賃借権（これを敷地利用権といいます）のうち、登記されたものを意味します。区分所有建物の場合、敷地利用権が登記されていることが多いため、本書でも敷地権という用語を使用しています。

以上のほか、鑑定評価書の作成者が苦心するケースとして、法務局に備え付けられている図面（公図）上では対象地の地番が存在するものの、現地に出向いて調査した結果、土地が実在しなかったというケースもまれにあります。

2 権利の態様の確認

権利の態様の確認に当たっては、以下の点に留意する必要があります。

> ●**不動産鑑定評価基準**
> 権利の態様の確認
> 　権利の態様の確認に当たっては、Ⅰによって物的に確認された対象不動産について、当該不動産に係るすべての権利関係を明瞭に確認することにより、第1節により確定された鑑定評価の対象となる権利の存否及びその内容を、確認資料を用いて照合しなければならない。
> 　　　　　　　　　　　　　　　　　　　　　　　（総論第8章第4節Ⅱ）

　権利の態様の確認に当たり、不動産鑑定士は、対象不動産が所有権の対象となっている場合はもちろんのこと、所有権以外の権利（借地権、地役権、借家権等）が付着している場合には、これらをすべて確認します（図表3-9）。なぜなら、不動産の場合、それぞれの権利について価格が形成され得るため、結果として所有権の価格に影響を及ぼす場合があるからです。

図表3-9 権利の態様の確認

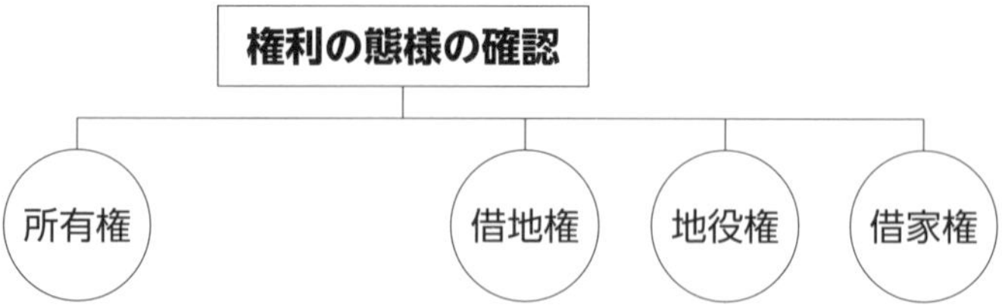

```
          権利の態様の確認
    ┌───────┬──────┬──────┐
  所有権   借地権   地役権   借家権
```

所有権に関する登記事項は登記事項証明書の権利部（甲区欄）に記載されますが、この他に所有権の行使を制限する権利（買戻特約に関する権利）も記載されていることがあります。

これらの権利以外でも登記事項証明書の権利部（乙区欄）に登記されていることがあります。

なお、鑑定評価の対象となる権利あるいは対象不動産に付着している所有権以外の権利は、登記されているとは限りません。なかには、登記されていなくても、第三者による敷地内の通行が事実として行われており、所有者による使用収益が制約されているケースもあります。このような場合、土地価格の減価要因として作用するため、不動産鑑定士は登記簿に表れていない権利であっても、現実の利用状況の調査及び関係者からの聴聞を通じて権利の存否やその内容の把握に努めています。なかには、登記されていない権利であっても、関係者間で合意書や確認書を取り交わし、所有権移転時にその権利義務を買主に継承させている例も多く見受けられます（図表3-10）。

図表3-10 登記されている権利とされていない権利

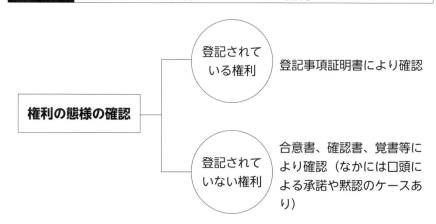

不動産の価格形成要因

　鑑定評価では、不動産の価格に影響を及ぼす様々な要因のことを「価格形成要因」と呼んでいます。そして、価格形成要因の中には、一般的要因、地域要因、個別的要因の3つの要因があります。不動産鑑定評価基準には、これらの要因について詳細な記述があり、不動産鑑定士の発行する「鑑定評価書」の中にも必ず記載されています。

　不動産価格は、個別的要因（その土地の形状や道路付け、平坦地か傾斜地か等）だけでなく、一般的要因（経済状況等）や地域要因（地域の実情を反映した様々な要因）を基礎とする相互作用の結果として形成されています（図表3-11）。そして、要因自体も常に変動する傾向を持っています。

　さらに、それが不動産の価格を上昇させる方向に作用する場合もあれば、下落させる方向に作用する場合もあります。鑑定評価書には、これらの価格形成要因についても必ず記載されています。

図表3-11　不動産の価格形成要因

1 一般的要因とは

　一般的要因とは、経済社会において不動産の価格を形成する上で共通する要因を指します。具体的には、自然的要因、社会的要因、経済的要因及び行政的要因がこれに該当しますが、各々のイメージは以下のとおりです。

① 自然的要因

　　平坦地が多いか、傾斜地が多いか等により、不動産の価格に影響を与えます。

② 社会的要因

　　人口、家族構成、生活様式の多様化（マンションの普及等）が不動産の価格に影響を与えます。

③ 経済的要因

　　財政、金融、物価の動向等が不動産の価格に影響を与えます。

④ 行政的要因

　　土地利用を規制する法制度や建築規制、税制等が不動産の価格に影響を与えます。

　これらはマクロ的要因ともいえますが、例えば、不動産に関する税制改正の状況（緩和または強化）が、取引件数や需要量にどのような影響を与えているのかといった問題は、一般的要因と深く関連します。

　ただし、わが国全体としてとらえた場合、これら諸要因の動向と地域的にみた場合の動向とは、必ずしも一致するとは限らない点に留意する必要があります。

　例えば、大都市の中心部の経済状況と地方都市の経済状況とは必ずしも連動しておらず、タイムラグが生ずることがあります。

　このように、一般的要因の影響といっても、それは全国一律に同質に作用するものではなく、地域ごとに異なる影響を与えます（**図表 3-12**）。ま

た、同種の地域に対しては、同質的な影響を与える（＝地域的な指向性がある）ことも経験則によって認められています。

図表 3-12 一般的要因の地域要因に対する影響

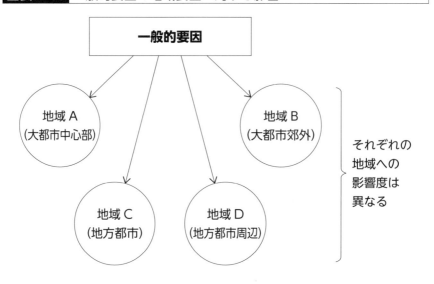

2 地域要因とは

　地域要因とは、不動産の属する地域の特性（住宅地域、商業地域、工業地域など。住宅地域であれば戸建住宅の多い地域か共同住宅の多い地域かなど）を形成する上で基となる要因を指します（図表 3-13）。

図表 3-13 地域要因と種別との関係

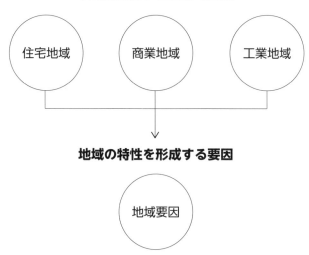

一般的なケースで見れば、戸建住宅の多い地域（図表 3-14）であれば、建蔽率 40％、容積率 80％に指定されていることが多いでしょうし、共同住宅の多い地域（図表 3-15）であれば建蔽率 60％、容積率 200％（あるいはそれ以上）に指定されていることが多いと思われます。

図表 3-14 戸建住宅の多い地域（イメージ）

図表 3-15 共同住宅の多い地域（イメージ）

　地域要因には、このような都市計画法及び建築基準法上の規制だけでなく、その地域に属する不動産の価格の形成に全般的な影響を与える様々な要因が含まれています。住宅地域であれば居住の快適性に、商業地域であれば収益性に、工業地域であれば生産性に重点が置かれます（図表3-16）。具体的な項目は、第5章以降の鑑定評価書例を参照してください。

図表 3-16 地域の種別と価格形成への影響

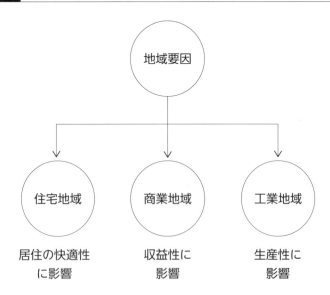

3 個別的要因とは

個別的要因とは、不動産に個別性を生じさせ、その価格を個別的に形成する要因をいいます。例えば、その土地が角地であれば眺望がよく（商業地であれば商品陳列の効果がある）、道路に接していても間口の著しく狭い土地であれば利用上の便が劣るなど、価格に与える影響は様々です（図表3-17）。

図表3-17 個別的要因の例

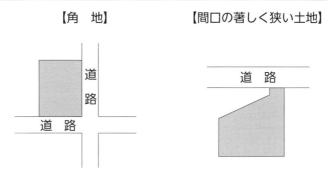

ただし、不動産鑑定士が個々の土地の価格を求めるに当たっては、その土地の個別的要因だけでなく、その土地が属している地域の価格水準を背後に置きながら分析を行っている点に留意する必要があります。なぜなら、個々の不動産の価格は、地域の特性に裏付けられた価格水準を基に形成されているためです。

5 鑑定評価の方式（手法）

　不動産に価格が生ずる源泉を探っていくと、そこには一般の財と共通する「価格の三面性」という性格を見い出すことができます。
　そこで、鑑定評価の方式の基礎にある「価格の三面性」について解説し、そこから派生して成り立つ鑑定評価の各方式や手法を掲げていきます。鑑定評価書には、これらの手法の適用結果が詳細に記載されているため、以下の解説は、鑑定評価書を読むための予備知識として大変重要であるといえます。

1 価格の三面性について

　合理的な経済人が「物」の価値を判断する際には、以下の3つの点を考慮に入れると考えられます（図表3-18）。
　① その物にどれほどの費用が投じられたか（費用性）
　② その物がどれほどの値段で市場で取引されているか（市場性）
　③ その物の利用を通じて、どれほどの収益が得られるか（収益性）

　また、一般的に考えれば、多額の費用を投じた商品であればあるほど、市場での取引価格も高額となり、その商品から得られる収益や満足度は高くなるのが普通です。
　このような考え方は、不動産の価格にも共通することであり、ここに「価格の三面性」に裏付けられた価格形成が行われていると考えることができます。そして、それぞれの側面が、原価方式、比較方式、収益方式という鑑定評価の方式につながっています。

図表 3-18 価格の三面性

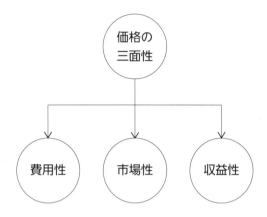

不動産の鑑定評価に際しては、それぞれの方式を可能な限り併用することが望ましいとされていますが、その理由はまさに「価格の三面性」が鑑定評価の根底に存在するためです（図表 3-19）。

図表 3-19 価格の三面性

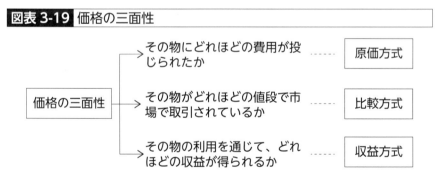

2 各方式の基本的な考え方

図表 3-20 に原価方式、比較方式、収益方式のそれぞれの基本的な考え方を掲げました。それぞれの方式は、価格を求める場合だけでなく、賃料を求める場合にも共通して適用されますが、以下、説明の煩雑さを避けるため、価格を求める場合を前提として解説していきます。

図表 3-20 鑑定評価の方式

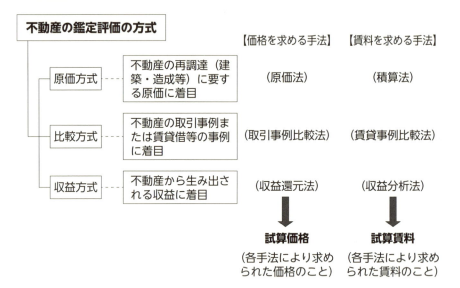

（1）原価方式

原価方式は、不動産の再調達に要する原価に着目した方式です。

ここでいう「再調達」とは、仮に鑑定評価の対象が建物であれば、新たに対象不動産を建築（新築）することを意味しています。鑑定評価の価格時点における新築費用を見積もり、これから対象不動産の建築時点～価格時点までの価値の減少分（減価修正分）を控除して価格を求めることになります。また、土地に関しては、既成市街地など、

すでに出来上がっている土地に関しては「再調達」という概念は当てはまりませんが、埋立地や新規造成団地等については、再調達原価を見積もることは可能です。土地建物を一体として原価方式を適用する場合、土地価格は比較方式（取引事例比較法）を適用して求めた価格に置き換えているのが実情です。

（2）比較方式

　比較方式では、不動産の取引事例を収集し、取引の対象となった不動産と実際に鑑定評価をする対象不動産の価格形成要因（地域要因及び個別的要因）を比較して、対象不動産の価格を求めます。

（3）収益方式

　収益方式は、対象不動産から将来生み出されるであろうと期待される純収益（年々）の現在価値の総和を求める方式であり、通常の賃貸借契約（定期借地権（※1）及び定期借家権（※2）を除く）においては、収益期間が永続するという想定の基に、純収益を「還元利回り」と呼ばれる利回りで割り戻すことによって、対象不動産の価格を求めることになります。

　　（※1）定期借地権とは、借地借家法第22条～24条に規定されている借地権を指します。その趣旨は、当初定められた契約期間が満了すれば、地主が更新拒絶をするための正当事由を有するか否かにかかわりなく、借地関係が終了するというものです。

　　（※2）定期借家権とは、借地借家法第38条に規定されている建物賃貸借契約の基になる権利です。その趣旨は、当初定められた契約期間が満了すれば、貸主が更新拒絶をするための正当事由を有するか否かにかかわりなく、借家関係が終了するというものです。

3 各方式と価格を求める手法、賃料を求める手法との関係

図表 3-20 に掲げたとおり、原価方式に対応する手法が原価法（価格を求める場合）及び積算法（賃料を求める場合）です。また、比較方式に対応する手法が、取引事例比較法（価格を求める場合）及び賃貸事例比較法（賃料を求める場合）です。さらに、収益方式に対応する手法が、収益還元法（価格を求める場合）及び収益分析法（賃料を求める場合）となります。

4 各手法の留意点

各手法について、その考え方や手法の適用に当たり、鑑定評価書を読む際に意識しておくべき留意点をあげます。

（1）原価法について

原価法でしばしば問題となるのは、再調達原価から控除する価値の減少分（減価修正）をどのようにとらえるかです。減価修正とは、対象不動産に発生していると考えられる減価額を再調達原価から控除することを意味しています。

建築後数年、あるいは数十年を経過した建物は、時の経過や損傷、その他の要因により価値が減少しており、相応の減価を伴うのが通常です。これを目的として実施される手続きが、減価修正に他なりません。

ここで留意すべきことは、減価修正の方法は会計上の減価償却費の計算と類似していますが、その目的や本質は大きく異なるという点です（図表 3-21）。

図表 3-21 減価修正と減価償却の相違

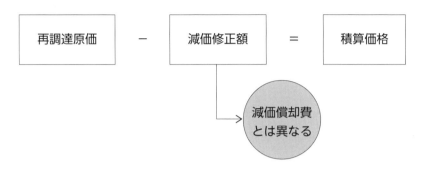

　すなわち、会計上の減価償却費の計算は、固定資産の取得価額を耐用年数の全期間に渡って配分する方法であり、その目的は適正な期間損益計算を実施することにあります。償却の方法は、定額法であれ定率法であれ、毎期継続して同じ方法を用いる限り最終的な累計額は同額となるため、いずれも期間損益計算の見地からは合理的とみられます。

　また、会計上、耐用年数としては法定耐用年数を用いることが通常であり、減価償却費の計算は取得価額を基に規則的に行われるため、現実に建物が損傷している場合でも、その程度が減価償却費の計算に反映されることはありません。

　これに対して、鑑定評価で実施される減価修正は、定額法等の手法を用いる点は会計上の減価償却費の計算と同じですが、費用配分を行うことがその目的ではなく、発生している減価の程度を見積もり、これを再調達原価から控除して適切な試算価格（積算価格）を求めることが目的となります。したがって、その過程において、建物の損傷度合いが激しい場合には、その補修に必要な費用を見積もり、これをさらに控除しなければならないケースも生じ得ます。鑑定評価では、これを「観察減価」と呼んでいます。すなわち、定額法等により規則的に発生する減価の状況を把握するだけでなく、現実の維持管理の程度が建物の価格に反映されるということです。

以上が鑑定評価上の減価修正と会計上の減価償却の大きな相違点です（図表3-22）。

図表3-22 減価修正と減価償却の目的の相違

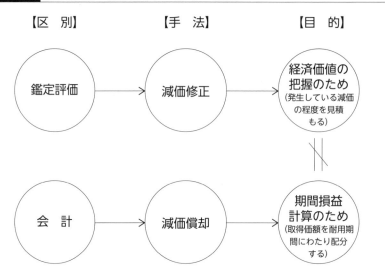

（2）取引事例比較法について

　不動産の価格で特徴的なことは、ある不動産の価格は絶対的なものとして存在しているわけではなく、市場における他の代替可能な不動産の価格との相互比較の結果として求められるという点です（図表3-23）。

　なお、取引事例比較法を適用して求めた対象不動産の価格のことを、鑑定評価では「比準価格」と呼んでいます。

図表 3-23 取引事例との比較

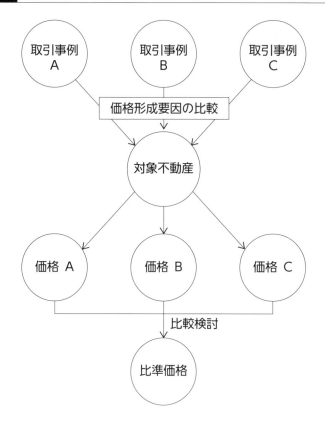

　このことから、取引事例比較法においては、常に「比較」という考え方が重視されています。そのため、取引事例比較法の適用に当たっては、現実に取引のあった事例地との地域要因の比較や個別的要因の比較が重要な役割を担うことになります。

　取引事例比較法は、現実の取引価格が基礎となっていますが、不動産の価格は個別的に形成されるのが通常であり、また、特殊な事情が介入して取引価格が割高あるいは割安となっていることがあります。したがって、鑑定評価でこのような事例を採用せざるを得ない場合には、事情補正を施して取引価格を正常な価格水準に補正する必要があ

り、鑑定評価書に「売り急ぎ、買い進み」等により割安、または、割高取引等の記載がされている場合は、これによる価格水準の補正がなされていることを意味します（図表3-24）。

図表 3-24 事情補正

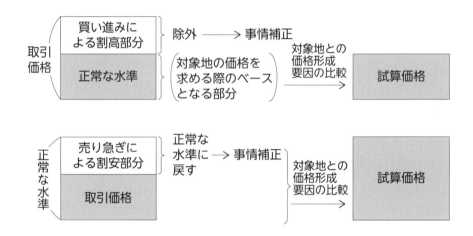

（3）収益還元法について

　不動産鑑定評価基準によれば、収益還元法は、対象不動産が将来生み出すであろうと期待される純収益の現在価値の総和を求めるものであり、純収益を還元利回りで還元して対象不動産の試算価格を求める手法であると規定されています（不動産鑑定評価基準総論第7章第1節Ⅳ）。

　ここで留意すべき点は、収益還元法で求めるべきは「純収益の総和」でなく、「純収益の現在価値の総和」とされていることです。それぞれの相違を比較したものが図表3-25及び図表3-26です。

　すなわち、「純収益の総和」という場合には、図表3-25の10個の長方形をすべて合計したものが、これに相当します。これに対して、「純収益の現在価値の総和」という場合には、図表3-26の図の網掛

けの範囲を表しており、今後の10年間について年毎に純収益の現在価値を求めて、これを合計したものという意味になります。なお、ここでいう現在価値とは、将来得られるであろうと期待される純収益を年々の割引率（複利計算で求めたもの）で割り引き、現在時点での価値に置き換えた金額です。

図表3-25 純収益の総和という場合

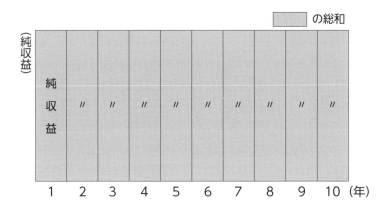

図表3-26 純収益の現在価値の総和という場合

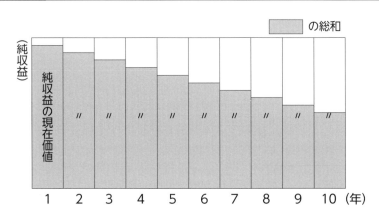

ポイント

○鑑定評価書の記載事項
　一般的要因（マクロ的なもの）から個別的要因（ミクロ的なもの）まで多岐にわたります。

○鑑定評価書の構成の把握
　本章の内容を念頭に置くことで、大まかな流れをつかむことが重要です。

第4章

鑑定評価書から読み取れる情報と詳細が読み取りにくい情報

第4章　鑑定評価書から読み取れる情報と詳細が読み取りにくい情報

 本章の狙い

　これまでの解説のとおり、鑑定評価書には、対象不動産の価格を求めるに至るまでの様々な資料や情報が記載されています。鑑定評価書の読み手は、これらの記載内容に目を通すことにより、対象不動産に係る所在・地番・面積、権利関係の状況等の基本的事項はもちろんのこと、その価格に影響を与える諸要因の分析結果及び価格の根拠を読み取ることができます（図表 4-1）。

図表 4-1 鑑定評価書から読み取れる情報

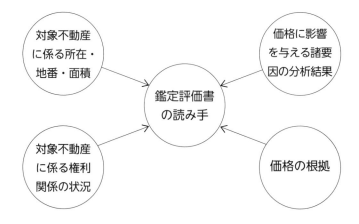

　本章では、鑑定評価書の具体例に入る前に、そこから一般的に読み取ることのできる情報を鑑定評価書の流れに沿って整理していきます。ただし、鑑定評価書の作成の目的が、不動産の価格に関する不動産鑑定士の判断と意見を表明することに重点が置かれることから、項目によっては簡潔な記載に留まるものもあります。これらに関しては、鑑定評価書の記載の

63

みでは詳細な情報を読み取りにくい面もあるため、詳細が必要な場合、どのように調査を行えばよいかについても併せて解説します。

2 鑑定評価書から読み取れる情報

　鑑定評価書の記載内容から読み取れる情報としては、主に以下のものがあります。

1 対象不動産の表示

（1）対象不動産の所在・地番

　　これらは登記事項証明書の記載に基づくものであり、住居表示とは異なります**(注1)**。また、住居表示が併記されている場合は、登記上の地番とは区別され、「住居表示……」と記載されているのが一般的です。

> **(注1)**
> 　住居表示と登記上の地番は異なるのが通常です。
> 　住居表示が実施される以前は、登記簿の地番が住居を表示する手段として、そのまま番地に用いられてきました。しかし、地番そのものが必ずしも秩序立って付されていないこと、多数の家屋が同じ地番内にある場合はその場所が不明瞭となること等から様々な不都合が生じ、1962年（昭和37年）5月以降、「住居表示に関する法律」に基づき、登記簿とは別の場所特定（郵便物の届く場所）のための表示が行われています。ただし、全国的にみた場合、市街化の程度により、住居表示が実施されていない場所も多くあります（図表4-2）。

図表 4-2 登記上の地番と住居表示の相違

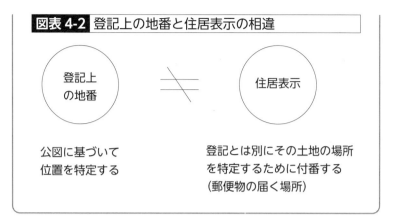

（2）地　目

　　登記上の地目と現況地目が異なる場合があります。例えば、登記上では「田」「畑」「雑種地」と記載されていても、現況は建物の敷地（宅地）である場合もあります。このような場合には、現況を前提として鑑定評価が行われるため、鑑定評価書の地目欄にも登記上の地目と現況地目が併記されているものがあります（図表 4-3）。

図表 4-3 登記上の地目と現況地目

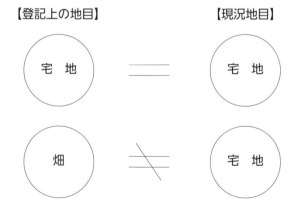

（3）土地面積

　　実測が行われている場合は、実測面積を評価数量として採用するのが通常です。この場合は、数量欄に「実測面積」と表示されています。

　　ただし、隣接地との境界と思われる部分にブロック塀またはフェンス等が存在するものの、隣接土地所有者との境界立会いが済んでいない状態で測量した図面は実測図とは区別され、「現況測量図」などと呼ばれています。このような図面に基づく面積を採用して鑑定評価を行った場合は、「実測数量」でなく「概測数量」という記載をして区別している点にも留意が必要です。登記上の土地面積と実測面積が一致しない現象は、むしろ頻繁にみられることであり、実測の精度によっても面積に影響を及ぼします**(注2)**。

> **(注2)**
> 　登記簿の面積は、明治時代に実施された地租改正で採用された「丈量」（じょうりょう）と呼ばれる測量による結果が基礎となっています。測量といっても、当時は土地所有者が自ら実施して面積を申告したこと、測量が課税目的に行われたことから面積を過少申告する傾向がみられたことが指摘されています。測量技術の進んだ現在、実測の結果が登記簿面積を上回ることが多くみられるのはこのためです。

（4）家屋番号

　　建物が登記されている場合は家屋番号が付されており、鑑定評価書の家屋の表示欄にはこれが記載されています。しかし、なかには未登記のままとなっている建物もあり、これに関してはその旨の記載がなされています。

（5）建物の構造・用途

　　構造に関しては、例えば、「木造瓦葺2階建」、「鉄骨造亜鉛メッキ鋼板葺平家建」、「鉄筋コンクリート造陸屋根5階建」、「鉄骨鉄筋コン

クリート造8階建」のような記載がこれに該当します。また、用途に関しては、「居宅」、「事務所」、「店舗」、「工場」、「倉庫」等の記載がこれに該当します。なかには、登記上の構造・用途と現況が異なる建物もあり、このような場合には現況に基づいた評価が行われ、鑑定評価書にもその旨が記載されています。

（6）建物面積

　建物に関しては、各階ごとの床面積及び延べ面積が記載されています。ここで留意すべき点は、登記上の面積は、一般の建物の場合は壁の中心線から中心線まで（＝壁芯）の距離を基に測定しますが、区分所有建物の場合は壁の内側から内側まで（＝内法）を基にしているということです（図表4-4）。

図表4-4　面積のとらえ方

【一般の建物の場合】

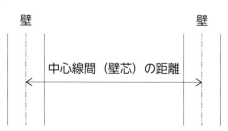

【区分所有建物の場合】

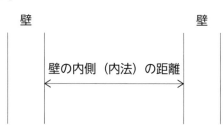

(7) その他

建物が未登記の場合、床面積の記載は建築確認通知書、検査済証、建築計画概要書、固定資産税名寄帳（あるいは課税明細書）記載の現況床面積等のいずれかの数量によっています。鑑定評価書からは、このような情報も読み取ることができるケースが多いといえます。

2 鑑定評価の条件

鑑定評価を行う際に、条件を設定する場合があります。例えば、現況は建物及びその敷地ですが、更地として鑑定評価する場合がこれに該当します。鑑定評価書には、このような条件の有無とその内容に関する記載があり、条件次第では鑑定評価額も異なるため、留意が必要です。

3 価格時点

鑑定評価書には、その価格がいつの時点の価格であるかを明確にするために、「価格時点」が記載されています。

4 価格の種類

鑑定評価書には、その価格が正常価格か限定価格か（あるいはその他の価格か）を明確にするために、「価格の種類」が記載されています。

5 対象不動産の確認

対象不動産の確認の欄には、これに用いた資料や内容が記載されています。
① 不動産鑑定士が対象不動産の確認を行った際に用いた資料
（登記事項証明書、公図、地積測量図、実測図等）

② 確認資料と現地踏査の照合結果
③ 評価上採用した数量
④ 対象不動産の所有者
⑤ 所有権以外の権利の有無とその内容

6 鑑定評価額の決定の理由の要旨

　鑑定評価書には、そのメインとなる鑑定評価額の決定の理由の要旨が、以下の順序で記載されています。
① 一般的要因の分析結果
② マクロ的な地価動向（不動産市場の状況）
③ 地域分析の結果
　　1）対象不動産の所在する市区町村の概況（人口、経済状況等）
　　2）同一需給圏の範囲
　　3）同一需給圏における市場参加者の属性と行動
　　4）市場の現況（売買市場、賃貸市場）と需給動向
　　5）同一需給圏における地価の推移と動向
　　6）近隣地域の範囲
　　7）地域の特性
　　　a．街路条件（道路の性格と幅員）**(注3)**

（注 3）
　幅員の測り方については、図表 4-5 及び図表 4-6 を参照してください。

図表 4-5 道路幅員の測り方

図表 4-6 右側フェンス下段の縁石までが道路

　　b．交通接近条件（最寄駅からの距離、高速 IC への接近性等）
　　c．環境条件（上水道、下水道、都市ガスの整備状況）
　　d．近隣における危険施設の有無

e．行政的条件（用途地域、建蔽率、容積率等）
8）将来動向
9）標準的使用（戸建住宅地、中高層共同住宅地等）**(注 4)**

> **（注 4）**
> 　標準的使用が戸建住宅地の場合のイメージは図表 4-7、中高層共同住宅地の場合のイメージは図表 4-8 のとおりです。
>
> **図表 4-7** 標準的使用が戸建住宅地（イメージ）
>
>
>
> **図表 4-8** 標準的使用が共同住宅地（イメージ）
>
>

10）標準的画地（幅員○mの道路に一面が接する規模○○○㎡程度の長方形の土地等）
④ 個別分析の結果
　1）近隣地域における位置
　2）対象地の状況
　　a．街路条件
　　b．交通接近条件
　　c．環境条件
　　d．行政的条件
　　e．画地条件（間口○○m、奥行○○m、地積○○○㎡で形状は長方形等、道路との高低差の有無、敷地内高低差の有無）
　3）埋蔵文化財の有無及びその状態
　4）土壌汚染の有無及びその状態
　　a．土壌汚染対策法上の要措置区域または形質変更時要届出区域の指定がなされているか否か
　　b．関連する調査結果について
　5）地下埋設物、越境物等の状況
　6）標準的な画地と比較した場合の増減価要因
　7）対象不動産の市場分析の結果
　　a．対象不動産に係る典型的な需要者層
　　b．代替競争関係にある不動産との比較における優劣及び競争力の程度
　8）最有効使用の判定結果
　9）建物についてアスベストやPCB使用の有無等
　10）建物についての遵法性（建蔽率、容積率等）
⑤ 鑑定評価の過程に関する詳細
　1）鑑定評価の手法の適用

2）試算価格の調整及び鑑定評価額の決定
3）近隣公示価格の概要
4）取引事例、賃貸事例の概略

3 鑑定評価書の記載だけでは詳細が読み取りにくい情報

　鑑定評価書の記載内容から前記のような様々な情報が読み取れる反面、すでに述べたように、鑑定評価書の目的が不動産の価格に関する不動産鑑定士の判断と意見を表明することに重点が置かれることから、項目によっては記載内容が簡潔で、鑑定評価書の記載だけでは、以下に掲げる例のような詳細が読み取りにくい情報もあります。

① 分合筆が行われている場合はその状況及び経緯
② 前面道路下に上下水道管やガス管が整備されている場合の口径・埋設経路
③ 地歴調査の詳細
④ 地下埋設物調査の詳細
⑤ 埋蔵文化財包蔵地調査の詳細
⑥ 越境物がある場合の現地における具体的状況
⑦ 汚染物質が発見された場合の措置（費用）については、売買当事者間の約定によるため、「調査範囲等条件」を付して鑑定評価を行った（＝汚染物質の影響については価格形成要因から除外する）場合の当該約定の詳細（地下埋設物、埋蔵文化財についても同様）
⑧ 建築計画概要書の詳細
⑨ 対象不動産に通行権等が付されている場合の現地の状況（「覚書」等

が作成されている場合はその詳細）
⑩ 敷地内に高低差があり、写真だけでは状況がつかみにくい場合
⑪ 市町村に備え付けられている道路台帳（公道の場合）
⑫ PCB などの廃棄物の保管状況の詳細、届出内容の詳細
⑬ 建築基準法第 43 条第 2 項許可（旧 43 条ただし書き許可）を適用して建築物が建築されている場合の詳細
⑭ 取引事例の詳細

> **ポイント**
>
> ○鑑定評価書の記載内容
> 　対象不動産の価格を求めるまでの基本的な調査事項から価格の試算過程まで、たくさんの内容が記載されています。
>
> ○鑑定評価書の記載レベル
> 　鑑定評価書を作成する目的（不動産の経済価値を判定し、その結果を価額に表示すること）によっては、簡潔な記載に留まる項目もあります。

第5章

不動産鑑定評価書の実際例と読み方・留意点
～土地編～

本章の狙い

　本章では、実際に作成された宅地の鑑定評価書の読み方と留意点を解説します。

　鑑定評価書は、評価の対象となる類型（更地、借地権、底地、自用の建物及びその敷地、貸家及びその敷地等）ごとに作成されますが、その構成項目には多くの共通点があります。そのため、本章では、最初に基本的な類型である更地の鑑定評価書を中心に全体を網羅する形で取り上げ、その後に更地の応用として、借地権及び底地の鑑定評価書を取り上げます。更地の鑑定評価書の中には土壌汚染物質や地下埋設物を含む土地について取り扱った特殊なケースもありますが、本書ではこれについても取り上げています。

　なお、借地権は底地と表裏一体の関係にあり、本章の底地の鑑定評価書の中にも借地権価格の評価手法が登場しますが、借地権と底地は類型及び価格形成要因が異なることから、それぞれの鑑定評価書を取り上げることとしました。

　また、紙幅の都合上、鑑定評価書の中で各類型に共通する記載項目については、掲載を簡略化（あるいは省略）する箇所があることを、あらかじめお断りしておきます（第6章以降も同様）。

○更地とは

　更地とは、建物等の定着物（構築物）がなく、かつ、使用収益を制約する権利が付着していない宅地をいいます（図表5-1、図表5-2）。

　更地という場合、建物等の定着物（構築物）がない状態での土地を指すことはもちろんですが、それだけでは更地と呼ばないことに留意する必要

があります。なぜなら、更地とは、対象地上に建物が存在しないだけではなく、所有者の使用収益を制約する他人の権利が付着していない土地を意味するためです。

図表 5-1 更地とは

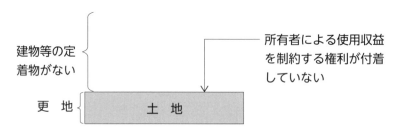

図表 5-2 更地（イメージ）

　例えば、対象地上に建物が存在しなくても、第三者の通行を目的とする権利（通行地役権）が設定されている場合には、所有者は自由にその土地の利用形態を変更して通行部分に建物を建てることができず、少なからず利用上の制約を受けることとなります。更地と呼ぶ場合、あくまでも所有者が自分で自由に使用収益ができる状態のものを指します。

　また、現況が建物または構築物の敷地となっていても、「これらがないものとして」という条件を付して鑑定評価を行うこともあります。このような鑑定評価を「独立鑑定評価」と呼びます。最初に掲げる更地の鑑定評価書は、このような条件を付して作成したものです。

第5章　不動産鑑定評価書の実際例と読み方・留意点〜土地編〜

更地の鑑定評価書例
〜分譲マンション用地〜

不動産鑑定評価書

令和○年○月○日発行

○○○○○　殿

所属鑑定業者の名称　○○○○○
不動産鑑定士　　　　○○○○○
不動産鑑定士　　　　○○○○○

〔1〕対象不動産の表示及び鑑定評価額

所在及び地番	地目	評価数量	鑑定評価額
（土地） ○○市○○区○町1丁目○番○	宅地	（登記簿） 2,611.32㎡	385,000,000 円

　本件鑑定評価に当たっては、自己または関係人の利害の有無その他いかなる理由にかかわらず、公正妥当な態度を保持し、専門職業家としての良心に従い、誠実に不動産の鑑定評価を行った。

〔2〕鑑定評価の基本的な事項

1．不動産の種別・類型
（1）種別　　住宅地
（2）類型　　更地として**(注1)**

> **(注1)**
> 　次の「対象確定条件」の項に記載のとおり、対象地上には構築物が存在しますが、これがないものとした場合の価格を求めるため、「更地として」という記載になっています。土

79

> 地上に何も存在しない状態であれば、単に「更地」と記載します。

2．鑑定評価の条件

（1）対象確定条件　　対象不動産上にはフェンス等の構築物が存在するが、これらの構築物がなく、かつ所有者による使用収益を制約する権利が付着していないことを前提とする鑑定評価（独立鑑定評価）

（2）地域要因または個別的要因についての想定上の条件　　なし

（3）調査範囲等条件 **(注2)**　　土壌汚染、地下埋設物については、依頼者等による当該価格形成要因に係る調査、査定または考慮した結果に基づき、鑑定評価書の利用者が不動産の価格形成に係る影響の判断を自ら行うため、考慮外としての鑑定評価

> **(注2)**
> 　不動産鑑定士の通常の調査だけでは、対象不動産の価格への影響度を判断するための事実の確認が困難な場合、これを調査範囲から除外して鑑定評価を行うことができます（例：土壌汚染や地下埋設物の有無）。
> 　評価に当たって設定するこのような条件を「調査範囲等条件」と呼びますが、この条件を設定できるのは、鑑定評価書の利用者の利益を害するおそれがないと判断される場合に限られます。上記の記載内容は、これに該当するケースの一つです。

3．価格時点　　令和〇年〇月〇日　**(注3)**

> **(注3)**
> 　価格時点とは、不動産価格の判定の基準日のことです。

> 不動産の価格は常に変動しているため、いつの時点の価格かを明確にしておく必要があります。

4．所有者名　　　価格時点現在　　○○○○○殿
5．鑑定評価の依頼目的　　　売買の参考
6．価格の種類　　　正常価格（注4）

> （注4）
> 正常価格とは、誰に対しても等しく当てはまる一般的な市場価格というイメージです。例えば、隣地を購入する人が少々割高な価格で購入する場合の限定価格のように、特定の当事者だけに通用する価格は除きます。

7．鑑定評価の依頼目的及び依頼目的に対応した条件と価格または賃料の種類との関連
　本件鑑定評価は、上記依頼目的及び依頼目的に対応した条件により、現実の社会経済情勢下で合理的と考えられる条件を満たす市場で形成されるであろう市場価値を表示する適正な価格を求めるものであり、求める価格は正常価格である。

8．鑑定評価を行った日付　　　令和○年○月○○日（注5）

> （注5）
> 価格時点とは別に、不動産鑑定士が鑑定評価額を決定した日がここに記載されています。

9．鑑定評価書の利用者の範囲等
（1）鑑定評価書の利用者の範囲
　　　依頼者：表紙（省略）に記載
　　　依頼者以外の提出先：あり（○○○○）
　　　依頼者以外の開示先：あり（○○○○）
　　　公表の有無：なし

（2）事後の利用者の範囲拡大の際の承諾の必要性

　　　後日、利用者の範囲が拡大する場合には、当該公表、開示または提出の前に弊社宛に文書等を交付し、本件鑑定評価書の作成担当不動産鑑定士及び弊社の承諾を得る必要がある。

10．関与不動産鑑定士及び関与不動産鑑定業者に係る利害関係等

（1）対象不動産に関する利害関係等

　　　対象不動産に関する利害関係または対象不動産に関し利害関係を有する者との縁故関係もしくは特別の利害関係はいずれもない。

（2）依頼者との関係

　　　依頼者との間の特別の資本的関係、人的関係及び取引関係はいずれもない。

（3）提出先及び開示先との関係

　　　本鑑定評価書が依頼者以外の者へ提出される場合における当該提出先または本鑑定評価額が依頼者以外の者へ開示される場合の当該相手方と関与不動産鑑定士及び関与不動産鑑定業者との特別の資本的関係、人的関係及び取引関係はいずれもない。

〔3〕対象不動産の確認

1．実地調査日　　　　令和○年○月○日
2．実地調査を行った不動産鑑定士　　　○○○○○
3．立会者　　　○○○○株式会社　○○営業所　○○○○様
4．実地調査を行った範囲　　　土地について境界部分及び敷地内の実地調査を行った。
5．実地調査の一部を実施できなかった場合にあってはその理由
　　　上記のとおり実地調査を行った。
6．確認に用いた資料　　　法務局備付の登記事項証明書、公図、地積測量図（公図や地積測量図の性格については、それぞれ**図表 5-12** 及び**図表 5-**

13を参照してください）

7．照合事項　　位置・形状・規模につき現地を踏査して一致を確認。隣地及び道路との境界についてはプレートの存在を確認した（図表5-3）。

図表5-3 境界プレート（イメージ）

8．評価上採用した数量　　登記簿数量

〔4〕鑑定評価額の決定の理由の要旨
Ⅰ．価格形成要因の分析
1．一般的要因の分析
（1）社会経済等の状況 **（注6）** （省略）

（注6）
　鑑定評価書を発行する時点における社会経済状況は刻々と変化しますが、ここの欄では、例えば、以下の資料や新聞等の報道を参考に一般的要因の記載が行われています。
　・年次経済財政報告（内閣府）
　・法人企業景気予測調査（内閣府・財務省）
　・景気動向指数（内閣府）
　・国内総生産（GDP）（内閣府）
　・消費者物価指数（総務省統計局）

- 工場立地動向調査（経済産業省）
- 建築着工統計調査（国土交通省）
- 住宅着工統計（国土交通省）

（２）地価の推移と動向 **(注7)** （省略）

> **(注7)**
> 鑑定評価書を発行する時点によって地価の推移と動向は異なりますが、ここでは、例えば、次の資料を参考にマクロ的な状況の記載が行われています。
> - 至近の地価公示、都道府県地価調査
>   （国土交通省）
> - 地価 LOOK レポート（国土交通省）
> - 土地白書（国土交通省）
> - 市街地価格指数（一般財団法人日本不動産研究所）

　以下、本書に登場する「対象不動産に係る市場の特性」及び「近隣地域の状況」は、鑑定評価における地域分析に該当しますが、本書では、それぞれの項目ごとに記載します（以下、同様）。

２．対象不動産に係る市場の特性 **(注8)**

　対象不動産は、次の３．の近隣地域の状況欄に記載のとおり、路線商業地域内に所在するが、都心部及び最寄駅への接近性、形状・規模等の要因から判断すると、分譲マンション開発素地としての需要が見込まれる。よって、対象不動産の主たる需要者は大手のマンション開発業者であり、代替競争関係にある不動産が存在する範囲は、都心への通勤時間が50分程度の住宅地域である。典型的需要者であるマンション開発業者は、開発分譲によって得られる利潤や投資採算性を考慮の上、市場における土地価格の取引水準を勘案しつつ、購入の意思決定を行う。

　同一需給圏におけるマンション素地の取引は、需要に対して供給が少ない傾向が続いている。

(注8)
　対象不動産が分譲マンション開発素地として需要が見込まれるものであることから、ここでは分譲マンションの需給状況や対象不動産の主たる需要者（大手デベロッパー）、同一需給圏内の類似不動産が存在する範囲等についての記載が行われています。これらの記載内容は、鑑定評価の対象となる不動産の用途や価格時点における経済状況、市場動向に応じて異なります。
　なお、上記内容を項目別に整理して鑑定評価書に記載する場合は、①同一需給圏の範囲、②同一需給圏における市場参加者の属性及び行動、③市場の需給動向等となります（以下、本書の記載例に関してはすべて同様）。

3．近隣地域の状況
　対象不動産の所在する近隣地域の地価形成に影響を持つ地域要因の主なものは次のとおりである。
（1）近隣地域の範囲
　　○○市○○区○町のうち、市道○○線（通称：○○街道）沿いで、かつ、下記の公法上の規制を受ける地域 **(注9)**。

(注9)
　近隣地域とは、対象不動産と利用状況が類似しており、代替的な関係にあって相互に価格に影響を及ぼす一括りの地域を指します。その範囲は、対象不動産を含んだ地域としてとらえます。近隣地域の範囲に絶対的な基準があるわけではなく、不動産鑑定士が現地の状況、土地利用上の法規制の類似性等を比較検討の上、近隣地域の範囲を設定しています。

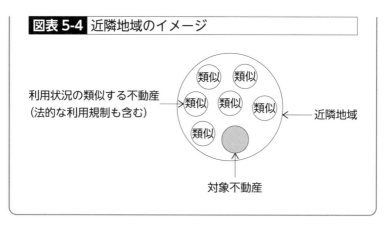

図表5-4 近隣地域のイメージ

(2) 街路条件

　　幅員15mの市道に面する。系統・連続性は良好。

(3) 交通接近条件

　　JR○○線○○駅より近隣地域の中心まで北東方へ約400mを要する。

(4) 自然的条件

　　地勢は平坦。

(5) 地域的特性

　　近隣地域は、低層店舗や中層の共同住宅等が混在する路線商業地域であるが（図表5-5）、都心への通勤圏内にあり、最寄駅まで徒歩5分程度の距離にあることから、昨今、マンション用地としての需要が強く、この傾向は当分の間、現状を継続するものと予測される。

図表 5-5 路線商業地域(イメージ)

(6) 公法上の規制 **(注 10)**

第 2 種住居地域。第 2 種高度地区(最高高さ 20m)。指定建蔽率 60%。指定容積率 200%。

> **(注 10)**
> 都市計画法、建築基準法による規制内容が記載されています。ちなみに、第 2 種住居地域で建築可能な建築物は、住宅、共同住宅、一定面積以下の店舗、事務所、病院、診療所、学校等をはじめ幅広いものがあります。また、近隣地域は高度地区(第 2 種)の指定がなされており、最高高さが 20m に制限されています(図表 5-6)。

図表 5-6 高度地区（第2種）のイメージ

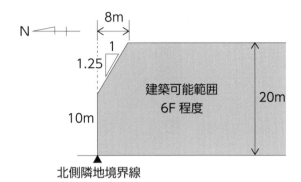

都市計画法で指定された建蔽率は 60％ となっていますが、対象地は後掲のとおり四方路地（道路に四面が接する）であるため、建蔽率の制限が 70％ に緩和されています。

（7）供給処理施設

上水道あり。都市ガスあり**（注11）**。公共下水道あり**（注12）**。

> **（注11）**
> 対象地の前面道路下に都市ガスの埋設管が存在していることを表します。「都市ガスなし」と表示されている場合は、プロパンガスが供給されているか、ガスの供給自体がないことを意味します。

> **（注12）**
> 対象地の前面道路下に公共下水道の埋設管が存在していることを表します。「公共下水道なし」と表示されている場合は、浄化槽による処理か、それ以外の処理が行われていることを意味します。**図表 5-7** では、汚水の蓋の下に下水管が埋設されています。

図表5-7 汚水の蓋

（8）危険・嫌悪施設、自然的災害、公害

　　なし
（9）標準的な画地

　　幅員15mの市道に等高に一面が接し、一画地の規模が3,000㎡程度（間口60m、奥行50m）の長方形地を標準的な画地として想定した。
（10）標準的使用

　　低層店舗、中層共同住宅の敷地（混在）。
（11）最有効使用**（注13）**

　　中層共同住宅の敷地と判定した（理由は92ページの「市場参加者の属性と最有効使用の判定」の項を参照）。

> **（注13）**
> 　最有効使用とは、対象不動産の効用を最高度に発揮する可能性に最も富む使用のことを指します。

　以下、本書に登場する「対象不動産の状況」は、鑑定評価における個別分析に該当しますが、本書では、この項目のとおり記載します（以下、同様）。

4．対象不動産の状況
　対象不動産の価格形成に影響を持つ個別的要因の主なものは以下のとおりである。

（1）近隣地域における位置
　　　近隣地域の中央部に位置する。
（2）個別的要因
　　① 街路条件　　近隣地域の標準的画地とほぼ同じ。
　　② 交通接近条件　　近隣地域の標準的画地とほぼ同じ。
　　③ 環境条件　　近隣地域の標準的画地とほぼ同じ。
　　　　　　　　なお、対象地は土壌汚染対策法上の要措置区域及び形質変更時要届出区域には指定されていない。また、水質汚濁防止法の有害物質使用特定施設の届出はない。
　　　　　　　　さらに、古地図等の調査結果（昭和○○年、昭和○○年の住宅地図）、土地建物の閉鎖登記簿謄本による過去の利用履歴等から判断し、対象地が住宅以外の用途に利用された経緯は把握できなかった。
　　　　　　　　上記の結果から、対象地に関して土壌汚染の可能性は低いものと判断する**(注14)**。

> **(注14)**
> 　本件においては**(注2)**に記載のとおり、調査範囲等条件を設定して土壌汚染の影響を考慮外としていますが、不動産鑑定士として通常行うべき調査（役所調査、法務局調査、古地図調査等）を行った結果がここに記載されています。地下埋設物、埋蔵文化財についても同様です。

　　　　　　　　次に、地下埋設物について、現地調査の外観からは基礎杭の頭やコンクリート基礎の露頭部分は一切把握できなかった。古地図（昭和○○年、昭和○○年の住

宅地図）からも、対象不動産が大規模な建築物の敷地として利用されていた経緯は把握できなかったことから、対象不動産の地中にコンクリート基礎等が残存する可能性は低いものと判断する。

その他、隣接地からの越境物もない。

④ 行政的条件　近隣地域の状況欄に記載のとおり（ただし、下記のとおり四方路地であるため、建蔽率は70%に緩和されている）。

なお、対象地は文化財保護法の周知の埋蔵文化財包蔵地には該当しない。

⑤ 画地条件　間口：約56m

奥行：約37m

規模：2,611.32㎡

形状：長方形

接面道路との関係：四方路地（図表5-8）

（以下、詳細は省略）

図表5-8　四方路地

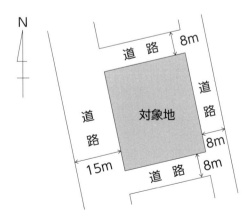

（3）市場参加者の属性と最有効使用の判定 **(注15)**

　　対象不動産は、都心に通勤可能な利便性を有した大規模地で、販売用不動産に位置付けられる。

　　地域の品等及び現在の新築マンション市場から判断して、ファミリー層を対象とした分譲マンションの開発が可能であり、買手としての典型的な市場参加者は大手のマンション開発業者である。対象不動産の最有効使用は、立地条件及び形状・規模等の個別的要因から判断し、中層共同住宅の敷地と判定した。

> **(注15)**
> 　買手としての市場参加者とは、どのような属性を有する人（法人の場合は業種等）が対象不動産の主な需要者として購入を検討するかということを意味します。また、最有効使用の方法は、通常の場合、近隣地域での標準的な使用方法と一致します。

（4）標準的な画地と比較した場合の増減価要因
　　〇増価要因　　四方路地

Ⅱ．評　価

　本件は、更地としての評価であり、

　　1．取引事例比較法による比準価格
　　2．開発法による価格

を求め、各試算価格を調整の上、鑑定評価額を決定する。

　なお、対象不動産は既成市街地に所在するため、再調達原価の把握が困難なことから原価法は適用しない **(注16)**。

> **(注16)**
> 　原価法は、土地評価の場合、ほとんど適用の機会がありません。なぜなら、市街地ではすでに宅地として出来上がって

いるため、新たにつくることができないからです。ただし、埋立地や山林等を造成して新たに宅地化するケースでは適用が可能です。

　また、市場参加者の観点から賃貸マンションの建設を想定した収益還元法（土地残余法）**(注17)** は、開発法に比べて説得力にやや欠ける地域であると判断したため適用しない。

(注17)
　収益還元法（土地残余法）とは、対象地上に賃貸マンションを建築することを想定し、これを賃貸することで得られると予想される総収益から総費用を控除して純収益を求め、さらに、建物に帰属する純収益を控除した残額（＝土地に帰属する純収益）を還元利回りと呼ばれる利回りで割り戻して（＝還元して）更地価格を求める手法を意味します（図表5-9）。

図表5-9 収益還元法（土地残余法）のイメージ

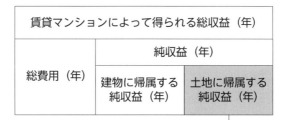

（土地に帰属する純収益）（還元利回り）（土地残余法による収益価格）
〇,〇〇〇,〇〇〇円／年 ÷ 〇.〇％ ＝ 〇〇〇,〇〇〇,〇〇〇円

　本件の場合、主な市場参加者は分譲マンション業者であると考えられるため、賃貸マンションの建築を前提とする収益還元法（土地残余法）の適用よりも開発法の方が説得力に富むと判断し、収益還元法は適用していません。
　なお、収益還元法（土地残余法）の詳細は、本章8項（土地残余法の適用例）で紹介します。

1．取引事例比較法を適用して求めた価格

（1）近隣地域の標準的な画地の価格

　　近隣地域の状況欄に掲げた地域要因を備え、幅員 15m の市道沿いで、一画地の規模が 3,000 ㎡程度の住宅地（道路に一面が接する中間画地、**図表 5-10**）の標準的な価格を、下記 a．の価格との均衡に留意の上、b．の価格を比較検討し、144,000 円／㎡と査定した。

　　a．公示価格を規準とした価格

　　　143,000 円／㎡（別表 A）（省略）

　　b．取引事例比較法を適用して求めた価格

　　　136,000 円／㎡～154,000 円／㎡（別表 B）（省略）

図表 5-10 標準的な画地

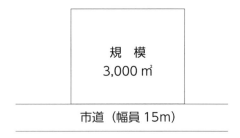

（2）対象地の比準価格

　　上記（1）の標準的な画地と比べて、対象地には次の増価要因があるため、これを基に格差修正を行って対象地の価格（比準価格）を次のとおり試算した。

　　○増価要因

　　　四方路地　　＋5％（利用効率の優る程度を考量）

　　○格差修正率

　　　100％＋5％＝105％

○対象地の価格

  （標準価格） （格差修正率） （対象地の単価）
  144,000 円／㎡ × 105％ ≒ 151,000 円／㎡

  （対象地の単価） （評価数量） （総　額）
  151,000 円／㎡ × 2,611.32㎡ ≒ 394,000,000 円

２．開発法を適用して求めた価格

対象地上に中層共同住宅（鉄筋コンクリート造６階建）を建築して分譲することを想定して、次の順序で更地価格を査定した。

（１）開発計画

 ① 想定分譲計画

  ａ．総面積 2,611.32㎡

  ｂ．有効面積 2,611.32㎡（有効宅地割合100％）

      ○○市の開発指導要綱に沿って検討した結果、開発に伴う道路や公園等の提供は不要であると判断した（**注18**）。

> **（注18）**
> 　自治体の開発要綱によっては、一定規模以上の開発の場合、敷地内に公園等の設置を義務付けているケースがあります。本件の場合、これに該当しないため上記の記載をしています。

  ｃ．建築面積 870.00㎡（基準建蔽率70％）（**注19**）

> **（注19）**
> 　基準建蔽率とは、都市計画で指定された用途地域ごとの建蔽率とは別に、個々の土地について建築基準法の規定を加味して定められる割合のことです。例えば、本項の評価対象地は、都市計画では60％の指定を受けていますが、道路に4

面が接しており、緩和措置（10%）が適用されるため、基準建蔽率は 70%となります。

d．延床面積　　5,215.00㎡（基準容積率 200%）**(注 20)**

(注 20)
　基準容積率とは、都市計画で指定された用途地域ごとの容積率とは別に、個々の土地について建築基準法の規定を加味して定められる割合のことです。建築基準法では、前面道路の幅員が 12m 以上ある場合は、都市計画で指定された容積率がそのまま使用できるため、本項の評価対象地（幅員 15m）の基準容積率は、都市計画の指定（200%）と同じです。

e．分譲可能床面積　　4,430.00㎡（有効率約 85%）**(注 21)**

(注 21)
　共用部分を除いた分譲可能な床面積を算定していますが、その際の専用床面積割合（有効割合）を 85%と査定しています。

f．分譲総区画数　3LDK（1戸当たり 70㎡を想定した場合：約 63 戸）

② 事業収支計画（土地代を除く）

	項　目	金　額 **(注 22)**	備　考
収入	販売総額	1,994,000,000 円	4,430㎡× 450,000 円／㎡ （販売予定価格） なお、販売予定価格は○○地区における 3LDK（70㎡～80㎡）の販売事例を参考に査定した。
支出	建築工事費総額	1,304,000,000 円	5,215㎡× 250,000 円／㎡
	販売費及び一般管理費	239,000,000 円	販売総額 1,994,000,000 円× 12% **(注 23)**
	支出額合計	1,543,000,000 円	―

> **(注22)**
> 　金額の表示は、端数処理後のものです。

> **(注23)**
> 　開発法の適用に当たっては、販売費及び一般管理費を一括して把握し、販売総額に一定の比率を乗じて求めるケースが多いといえます。本件においては、分譲マンションの規模、モデルルームの設置、広告宣伝費用等を勘案し、上記の割合を織り込んでいます。

③　投下資本収益率の査定

　投下資本収益率 **(注24)** は、開発業者の投資採算性に基礎を置くものであり、借入金利率、開発利潤率及び危険負担率の合計により構成される投下資本に対する標準的な収益率である。

　本件においては、これを12％／年と査定した。

> **(注24)**
> 　開発業者は、その事業を通じて金融機関から借り入れた資金の金利を回収するだけでは事業採算として成り立たず、利潤を獲得できる収益率を投下資本収益率の中に織り込んでいます。さらに、分譲事業にはリスクがつきまとうため、これに相応する危険負担率も織り込んでいます。例えば、土地を取得してから事業着工に至るまでの間に開発許可や建築確認等の申請が必要となりますが、これらの許認可が予定どおり得られなかった場合などが考えられます。投下資本収益率の目安は、一般的にはマンション分譲の場合、年当たり10％〜15％とされていますが、本件では事業の程度から判断し、年12％と査定したものです。

④ 開発・販売スケジュール

次のとおり、開発・販売スケジュールを想定した(スケジュールの詳細、平均収入期間、平均支出期間は**図表 5-11** 参照)。

(準備期間) 6ヶ月
(建築期間) 10ヶ月
(販売期間) 12ヶ月

図表 5-11 開発・販売スケジュール

月数	0	1	2	3	4	5	6	7	8	9	10	11	12	13	14	15	16	17	18	19	20
準備期間(6ヶ月)	↕																				
建築期間(10ヶ月)							↕	▲20%									▲80%				
販売期間(12ヶ月)									↕ △5%							△85%				△10%	
販売費・一般管理費									▲60%											▲40%	
																					▲

△ 平均収入期間　▲ 平均支出期間

第5章　不動産鑑定評価書の実際例と読み方・留意点〜土地編〜

（2）開発法を適用して求めた価格

　　前記の開発計画及び開発スケジュールに基づき、価格時点における収入・支出の複利現価（**注25**）の差額から対象地の価格を求めれば376,000,000円となる。

項目		金額（円）	配分	割引期間	複利現価率	複利現価（円）
予想収入	販売収入	99,700,000	5%	8月	0.927228	92,444,631
		1,694,900,000	85%	15月	0.867916	1,471,030,828
		199,400,000	10%	19月	0.835744	166,647,353
	合計	1,994,000,000	-	-	-	1,730,122,812 (a)
予想支出	建築工事費	260,800,000	20%	7月	0.936033	244,117,406
		1,043,200,000	80%	16月	0.859761	896,902,675
	小計	1,304,000,000	-	-	-	1,141,020,081
	販売費及び一般管理費	143,400,000	60%	8月	0.927228	132,964,495
		95,600,000	40%	19月	0.835744	79,897,126
	小計	239,000,000	-	-	-	212,861,621
	合計	1,543,000,000	-	-	-	1,353,881,702 (b)

　　開発法による土地価格 ＝ （a） － （b）
　　　　　　　　　　　　＝ 1,730,122,812円 － 1,353,881,702円
　　　　　　　　　　　　＝ 376,241,110円
　　　　　　　　　　　　≒ 376,000,000円（144,000円／㎡）

> **（注25）**
> 　開発法の適用に当たっては、将来の収入及び支出金額を現在時点（価格時点）の金額に割り引くことが必要となりますが、そのためには複利現価率を査定する必要があります。

> 複利現価率は、$\frac{1}{(1+Y)^n}$ の式（Y：年利率、n：年数）で表されますが、このように複利現価率は割引期間と利回り（開発分譲事業を前提とする場合は投下資本収益率がこれに該当する）の組み合わせによって定まります。例えば、投下資本収益率が12％で、割引期間が8月の場合の複利現価率は0.927228です。

3．試算価格の調整及び鑑定評価額の決定（注26）

以上により、
- 取引事例比較法による比準価格　　394,000,000円
- 開発法による価格　　376,000,000円

と求められたが、開差（注27）が生じたため、両試算価格の再吟味及び説得力に係る判断を行い鑑定評価額を決定する。

　取引事例比較法を適用して求めた価格（比準価格）は、更地としての取引水準に着目したものであり、共同住宅の敷地の標準価格に対象地の特性に応じた格差修正を行って求めた価格である。同一需給圏内の類似地域において、本件のように規模の大きいマンション用地の取引事例を収集することが可能であり、かつ、規範性も高いと思料されたため、取引事例比較法を適用して求めた価格は精度も高いと判断される。

　開発法を適用して求めた価格は、対象地に中層共同住宅を建築し分譲することを想定して求めた価格であり、開発業者にとっての投資採算性を反映した価格である。土地の購入者が開発業者である場合、当該手法による価格を最も重視して事業計画を検討する傾向にあるが、本件土地の典型的な市場参加者は、分譲マンションを建築するデベロッパーであると思料される。また、取引事例比較法で考慮した同一需給圏内での対象不動産の需要に係る価格形成要因は、開発法における販売想定単価及び販売期間の査定に反映されている。

本件不動産の購入にかかる市場参加者は、開発事業の投資採算性を重視して取引を行う傾向が強く、これを反映した開発法の規範性は高いと思料されるが、一方、取引に当たっては実際の取引価格が指標とされることから、マンション素地の取引価格を基礎として求めた比準価格も同等の規範性を有すると判断される。

　上記のとおり、鑑定評価の手順の各段階について客観的、批判的に再吟味を行った結果、本件においては両試算価格を関連付けて鑑定評価額を385,000,000円と決定した**(注28)**。

> **(注26)**
> 　試算価格の調整とは、各手法によって試算した価格の間に差が生じた場合、どの手法による結果が最も説得力があるかを分析し、鑑定評価額の決定につなげる作業を意味します。

> **(注27)**
> 　鑑定評価では、試算価格間に生じた差のことを「開差（かいさ）」と呼んでいます。

> **(注28)**
> 　本件の場合、取引事例比較法による比準価格と開発法による価格の説得力を同等と判断し、両試算価格の中庸値をもって鑑定評価額と決定しています。ここで、「両試算価格を関連付けて」と記載されているのは、2つの試算価格間に軽重の差がないことを意味しています。

［付　記］〈附属資料〉（省略）

以　上

> **ポイント**

> **○更地の鑑定評価書を読むに当たってのポイント**
> 次の事項を中心に読んでいくことが重要です。
> ・近隣地域における標準的な画地の状況（面積、形状、道路付け等）とその価格
> ・取引事例比較法における標準的な画地に対する増減価要因
> ・開発法の適用前提となる分譲価格、建築費等の費用
> ・取引事例比較法を適用して求めた価格と開発法を適用して求めた価格とのバランス

第 5 章　不動産鑑定評価書の実際例と読み方・留意点～土地編～

3 更地の鑑定評価書例 ～戸建住宅用地～

不動産鑑定評価書

令和○年○月○日発行

○○○○○　殿

所属鑑定業者の名称　○○○○○
不動産鑑定士　○○○○○

〔1〕対象不動産の表示及び鑑定評価額

所在及び地番	地目	評価数量	鑑定評価額
（土地） ○○市○○町○○3丁目○○番○	宅地	（登記簿） 16,261.21㎡	530,000,000 円

（既掲載例と同文）

〔2〕鑑定評価の基本的な事項

1．不動産の種別・類型

（1）種別　　住宅地
（2）類型　　更地 **(注1)**

> **（注1）**
> 　対象地上に建物・構築物等が存在せず、所有者による使用収益を制約する権利も付着していないため、現状を所与のものとして「更地」と記載しています。

103

2．鑑定評価の条件
（1）対象確定条件　　　対象地上に建物・構築物等がなく、かつ所有者による使用収益を制約する権利が付着していない状態における鑑定評価
（2）地域要因または個別的要因についての想定上の条件　なし
（3）調査範囲等条件**（注2）**　なし

> **（注2）**
> 　前項に掲げた鑑定評価書例と同じく、本件においても対象不動産に汚染物質の使用の形跡等は認められません。本件の場合、前項の鑑定評価書例の**（注2）**ように、「鑑定評価書の利用者が不動産の価格形成に係る影響の判断を自ら行う」という前提とは異なるため、調査範囲等条件を設定していません。

3．価格時点　　　令和○年○月○日
4．所有者名　　　価格時点現在　　○○○○○殿
5．鑑定評価の依頼目的　　　売買の参考
6．価格の種類　　　正常価格
7．鑑定評価の依頼目的及び依頼目的に対応した条件と価格または賃料の種類との関連
（既掲載例と同文）
8．鑑定評価を行った日付　　　令和○年○月○○日
9．鑑定評価書の利用者の範囲等
（1）鑑定評価書の利用者の範囲
　　　依頼者：表紙（省略）に記載
　　　依頼者以外の提出先：なし
　　　依頼者以外の開示先：なし
　　　公表の有無：なし
（2）事後の利用者の範囲拡大の際の承諾の必要性
　　　（既掲載例と同文）

10. 関与不動産鑑定士及び関与不動産鑑定業者に係る利害関係等
　　（既掲載例と同文）

〔3〕対象不動産の確認
1．実地調査日　　　令和○年○月○日
2．実地調査を行った不動産鑑定士　　　○○○○○
3．立会者　　　○○○○株式会社　総務部総務課　○○○○様
4．実地調査を行った範囲　　　土地について境界部分及び敷地内の実地調査を行った。
5．実地調査の一部を実施できなかった場合にあってはその理由
　　上記のとおり実地調査を行った。
6．確認に用いた資料　　　法務局備付の登記事項証明書、公図**（注3）**、地積測量図**（注4）**
7．照合事項　　　位置・形状・規模につき現地を踏査して一致を確認。隣地との境界については境界石、道路との境界についてはプレートの存在を確認した**（注5）**。
8．評価上採用した数量　　　登記簿数量

(注3)
　公図とは俗称であり、正確には「旧土地台帳附属地図」のことを指します。この地図は、もともと明治時代の地租改正時に作成され（地租徴収のための図面）、それが現在まで法務局に受け継がれてきたという経緯があります。
　公図は面積や長さの点で精度に欠ける面がありますが、土地の位置関係や境界の形状（境界が直線か曲線か等）については現状と符合していることが多いため、鑑定評価においても、物件の特定の際に極めて重要な資料となります（図表5-12）。

図表5-12 公図の例

（※）鑑定評価書例に記載された土地との直接の関係はありません。

(注4)
　地積測量図とは、土地の分筆を行う際に作成される測量図面（図表5-13）で、作成後、法務局に備え付けられます。現在、分筆を行う際には、分筆後のすべての地番について測量を実施するのが原則ですが、すでに作成されている地積測量図の中には、分筆される対象部分のみを実測し、残りの部分の面積は全体の登記簿面積から分筆部分の実測面積を差し引いたものとなっているものが多く存在します。

図表5-13 地積測量図（一部抜粋）

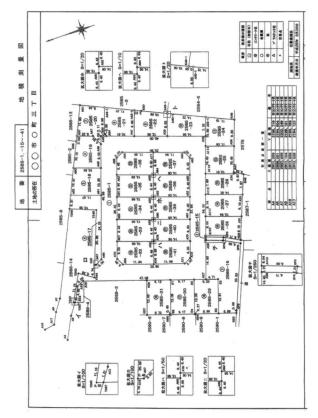

（※）鑑定評価書例に記載された土地との直接の関係はありません。

> **(注5)**
> 民有地との境界を「民々境界」、道路（公道）との境界を「官民境界」と呼ぶことがあります。

〔4〕鑑定評価額の決定の理由の要旨
Ⅰ．価格形成要因の分析
１．一般的要因の分析
（１）社会経済等の状況　　（省略）
（２）地価の推移と動向　　（省略）

２．対象不動産に係る市場の特性（注6）
　対象不動産は、次の３．の近隣地域の状況欄に記載のとおり、第２種中高層住居専用地域内に所在するが、近隣地域においては従前から共同住宅が極めて少なく、戸建住宅の敷地として利用されている土地がほとんどである。
　対象不動産は地方都市の郊外にあり、対象不動産の所在する地域一帯が閑静な住宅街を形成している。
　また、最寄駅からも徒歩10分程度の距離にあり利便性もよい。
　近隣地域及び同一需給圏内の類似地域においては戸建住宅の持家嗜好が強く、需要も見込まれることから、対象不動産の主たる需要者は戸建開発業者であると思料される。典型的需要者である戸建開発事業者は、開発分譲によって得られる利潤や投資採算性を考慮の上、市場における土地価格の取引水準を勘案しつつ、購入の意思決定を行う。
　なお、同一需給圏における戸建住宅の開発素地の取引は、需要に対して供給が少ない傾向が続いている。（以下、省略）

> **(注6)**
> 対象不動産が戸建住宅の敷地（区画分譲）として需要が見込まれるものであることから、ここでは造成素地の需給状況や対象不動産の主たる需要者、同一需給圏内の類似不動産の

> 範囲等について記載されています。これらの記載内容は、鑑定評価の対象となる不動産の用途や価格時点における経済状況、市場動向に応じて異なります。

3．近隣地域の状況

対象不動産の所在する近隣地域の地価形成に影響を持つ地域要因の主なものは次のとおりである。

（1）近隣地域の範囲

　　○○市○○町○丁目で、対象不動産を含み第2種中高層住居専用地域に属する一団の地域。

（2）街路条件

　　幅員6mの市道が中心で、系統・連続性は普通。

（3）交通接近条件

　　私鉄○○線○○駅より近隣地域の中心まで東方へ約750mを要する。

（4）自然的条件

　　地勢は平坦。

（5）地域的特性

　　近隣地域は戸建住宅が建ち並ぶ住宅地域であるが、一部に共同住宅（企業の社宅）も散見される。

　　近隣地域は、私鉄○○線○○駅にも近く、周辺部を含め国道○○号の開通を機に住宅地として開発されてきた地域であり、地域一帯が閑静な住宅街を形成している。地域要因に格別の変動要素はなく、当分の間、現状を維持するものと予測される。

（6）公法上の規制

　　第2種中高層住居専用地域 **(注7)**。指定建蔽率60％。指定容積率200％。

(注7)
【用途地域と用途的地域の相違】
　近隣地域は、都市計画法上、用途地域が第2種中高層住居専用地域に指定されています。ここにいう用途地域とは、秩序ある街づくりのために、行政庁があるまとまりごとに建築物の用途規制を図るために指定している地域であり、第2種中高層住居専用地域は「主として中高層住宅に係る良好な住居の環境を保護するため定める地域」とされています。
　しかし、現実の土地利用状況をみた場合、第2種中高層住居専用地域内にあるからといって、必ずしも中高層住宅が建ち並んでいるとは限りません。
　都市計画法上の用途地域は、今後の街づくりを念頭に置いた土地利用規制を図っているためです。
　これに対して、鑑定評価では、都市計画法上の用途地域とは別の「用途的地域」という観点から対象地の属する地域の価格水準をとらえています。
　「用途的地域」とは、現実の土地利用状況の類似するひとかたまりの地域を指しています。例えば、都市計画法上の用途地域が第2種中高層住居専用地域に指定されている場合でも、その地域における現実の土地利用として戸建住宅の敷地が中心をなしていれば、そこには戸建住宅の敷地としての価格水準が形成されています（図表5-14）。
　本件の鑑定評価の対象となった不動産も、このような地域に属しています。

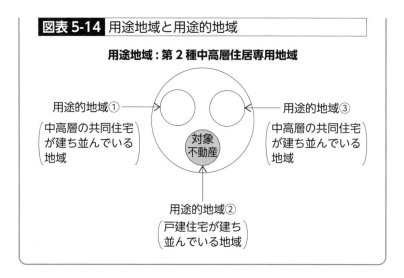

図表5-14 用途地域と用途的地域

(7) 供給処理施設

　　上水道あり。都市ガスあり。公共下水道あり。

(8) 危険・嫌悪施設、自然的災害、公害

　　なし

(9) 標準的な画地

　　幅員6mの市道に一面が接し、一画地の規模が200㎡程度の長方形地を標準的な画地として想定した。

(10) 標準的使用

　　対象不動産は規模の大きな住宅地であり、価格時点現在では更地であるが、近隣地域の標準的使用は戸建住宅の敷地である（地域一帯が容積率未消化の地域である）。

(11) 最有効使用

　　対象地の最有効使用は、容積率の点からすれば中層の共同住宅の敷地といえる。しかし、近隣地域の標準的使用、市場参加者の動向（戸建開発業者等が中心であり、一般企業による一体利用を前提とした需要は極めて少ない）、地域一帯としての容積率未消化の状況等を踏まえ、戸建住宅の敷地としての価格（素地価格）が市場の中心価格となるものと判断した**(注8)**。

> **(注8)**
> 　ある不動産の現実の利用方法が最有効使用の状態にあるかどうかは、以下の2つが判断の分かれ目となります。
> 　① 指定された容積率を十分に活用しているか
> 　② 近隣地域における標準的使用と適合しているか
> 　しかし、対象不動産の属する地域によっては、ほとんどの土地で容積率が未消化であったり、従前に共同住宅が建築されていたものの、それが取り壊されて以来、更地のままとなっているケースもあります。
> 　このような地域では、最有効使用の程度を判定するのは困難ですが、本件のようなケースで共同住宅を建設しても需要が見込めないということになれば、戸建住宅を前提とした価格水準のとらえ方が最有効使用との関連で現実的であると考えられます。

4．対象不動産の状況

対象不動産の価格形成に影響を持つ個別的要因の主なものは以下のとおりである。

（1）近隣地域における位置

　　近隣地域の南東部に位置する。

（2）個別的要因

　　① 街路条件　　近隣地域の標準的画地とほぼ同じ。

　　② 交通接近条件　　近隣地域の標準的画地とほぼ同じ。

　　③ 環境条件　　近隣地域の標準的画地とほぼ同じ。

　　　　　　　　（以下、既掲載例と同文）

　　④ 行政的条件　　近隣地域の状況欄に記載のとおり。

　　　　　　　　（以下、既掲載例と同文）

　　⑤ 画地条件　　間口：約160m

　　　　　　　　奥行：約100m

　　　　　　　　規模：16,261.21㎡

形状：やや不整形

接面道路との関係：角地

・南西側約 160m が幅員 8m の市道に等高に接面

・北東側約 100m が幅員 6m の市道に等高に接面

（3）市場参加者の属性と最有効使用の判定 **(注9)**

　対象不動産は、地方都市の県庁所在地の隣接市内にあり、私鉄○○線○○駅にも近く、周辺部を含め国道○○号の開通を機に住宅地として開発されてきた地域である。また、地域一帯は閑静な住宅街を形成しており、周辺部も含めて、今後、戸建住宅の敷地としての需要が見込めると思料される。

　買手としての典型的な市場参加者は、対象地を分割して戸建住宅の敷地として分譲する開発業者である。対象不動産の最有効使用を、立地条件及び形状・規模等の個別的要因から判断し、戸建住宅の敷地と判定した。

> **(注9)**
> 　本件は大規模な土地ではありますが、市場参加者として見込まれるのはマンション分譲業者ではなく、対象地を分割して戸建住宅の敷地として分譲する開発業者であると考えられるため、このような記載となっています。

（4）標準的な画地と比較した場合の増減価要因

　　○増価要因

　　　角地 **(注10)**

　　　道路の幅員がやや広い **(注11)**

　　○減価要因

　　　規模が大きい **(注12)**

　　　やや不整形 **(注13)**

(注 10)
　対象不動産は角地であり、道路に一面のみ接する土地に比べて利便性が増すため、増価要因としてとらえています。

(注 11)
　道路の幅員が広いことは、それだけ出入りの便が良いことから増価要因となります。

(注 12)
　一般的に、対象地の規模が大きければ総額も増え、対象地を一括して購入できる買手も限られるため、評価に当たっては、市場性の減退（減価要因）を考慮する必要があります。

(注 13)
　土地の形状も価格形成要因として重要です。つまり、対象地の一部に不整形な部分が含まれている場合、その分だけ敷地全体の利用効率（建物配置に与える影響度）が劣ることになります。

Ⅱ．評　価

　本件は、更地の評価であり、
　　1．取引事例比較法による比準価格
　　2．開発法による価格
を求め、各試算価格を調整の上、鑑定評価額を決定する。

　なお、対象不動産は既成市街地に所在するため、再調達原価の把握が困難なことから原価法は適用しない。

　また、近隣地域は収益性よりも居住の快適性を重視する住宅地域であり、収益還元法（土地残余法）は説得力にやや欠ける地域であると判断したため適用しない**(注 14)**。

> **(注14)**
> 戸建住宅の場合、賃貸オフィスや賃貸マンションのように容積率を活用して中高層の建物を建築できるわけではありません。そのため、仮に賃貸を行うにしても、賃貸床面積を多く確保できないため、収益還元法を適用しても取引事例比較法による比準価格に比べて低い価格が求められてしまうのが実情です。

1．取引事例比較法を適用して求めた価格

（1）近隣地域の標準的な画地の価格

　　近隣地域の状況欄に掲げた地域要因を備え、幅員6mの市道沿いで、一画地の規模が200㎡程度の住宅地（道路に一面が接する中間画地）の標準的な価格を、下記a．の価格との均衡に留意の上、b．の価格を比較検討し、60,500円／㎡と査定した。

　　a．公示価格を規準とした価格　　60,300円／㎡（別表A）（省略）
　　b．取引事例比較法を適用して求めた価格
　　　　60,400円／㎡〜60,700円／㎡（別表B）（省略）

（2）対象地の比準価格

　　上記（1）の標準的な画地と比べて、対象地には次の増減価要因があるため、これを基に格差修正を行って対象地の価格（比準価格）を次のとおり試算した。

　　○増価要因
　　　角　　地　　　＋3％（利用効率の優る程度を考量）
　　　道路の幅員　　＋1％（利用効率の優る程度を考量）
　　○減価要因
　　　規模が大きい　−40％（市場性の劣る程度を考量）
　　　やや不整形　　−2％（利用効率の劣る程度を考量）

○格差修正率

（100％ ＋ 3％）× （100％ ＋ 1％）× （100％ － 40％）
× （100％ － 2％）≒ 61.2％

○対象地の価格

（標準価格）　　　（格差修正率）　　　（対象地の単価）
60,500 円／㎡　×　　61.2％　　≒　37,000 円／㎡

（対象地の単価）　（評価数量）　　　（総　額）
37,000 円／㎡　×　16,261.21㎡　≒　602,000,000 円

2．開発法を適用して求めた価格

　本件においては、対象地を分割して戸建住宅の敷地として分譲することを想定して、次の順序で土地価格を査定した。

（1）開発計画

　① 想定分譲宅地の開発計画

　　a．総面積　　16,261.21㎡

　　b．有効面積　　13,000.00㎡（有効率約80％）（道路等の潰地発生）**(注15)**

> **（注15）**
> 　正確には、道路等の潰地を考慮に入れた開発想定図を作成し、そこから有効宅地の面積に見合う有効率を計算することになりますが、平均的な有効率を70％と査定して開発法を適用するケースも多くあります。ただし、対象地の接道状況や形状によってもその程度は異なります。本件においては、対象地が角地であるため、開発地内に新設する道路面積の割合も、通常より低い20％と査定してあります。

　　c．1区画当たりの標準的面積　　200㎡を想定

　　d．分譲総区画数　　65区画 **(注16)**

> **(注16)**
> 13,000.00㎡÷200㎡／区画＝65区画

② 事業収支計画（土地代を除く）

	項　目	金　額	備　考
収入	販売総額	786,500,000 円	13,000㎡×60,500 円／㎡ （販売予定価格）
支出	造成工事費総額	130,000,000 円	16,261.21㎡×8,000 円／㎡ **(注17)**
	販売費及び一般管理費	39,300,000 円	販売総額 786,500,000 円×5% **(注18)**
	支出額合計	169,300,000 円	―

> **(注17)**
> 　対象地は平坦な更地の状態であり、新たな切土・盛土等が不要なため、これを前提とした造成費を織り込んだものです。

> **(注18)**
> 　本件においては、モデルルームの設置は不要であることやその他の事情を考慮し、前項の事業収支計画よりも少ない上記の割合を織り込んでいます。

③ 投下資本収益率の査定

　投下資本収益率は、開発業者の投資採算性に基礎を置くものであり、借入金利率、開発利潤率及び危険負担率の合計により構成される投下資本に対する標準的な収益率である。

　本件においてはこれを12％／年と査定した。

④ 開発・販売スケジュール

　次のとおり、開発・販売スケジュールを想定した（スケジュールの

詳細、平均収入期間、平均支出期間は**図表 5-15** 参照）。

　　（準備期間）3ヶ月

　　（工事期間）6ヶ月

　　（販売期間）12ヶ月

なお、想定した入金・出金時点と金額割合は次のとおりである **(注 19)**。

> **(注 19)**
> 　開発スケジュール及び入金・出金時点は、マンション開発を想定した場合と異なります。

図表 5-15 開発・販売スケジュール

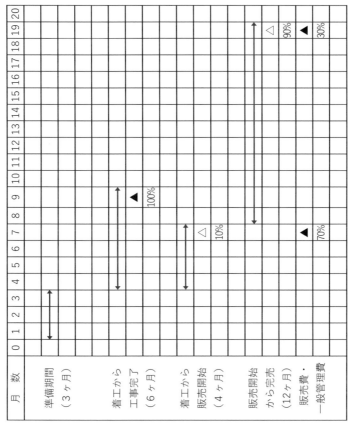

○入金時点と金額割合

　販売開始時点（＝土地購入時から7ヶ月目）　全体収入の10％相当額

　販売完了時点（＝土地購入時から19ヶ月目）　全体収入の90％相当額

○出金時点と金額割合

　工事完了時点（＝土地購入時から9ヶ月目）　全体支出の100％相当額

　販売費・一般管理費

　　・土地購入時から7ヶ月目　　全体支出の70％相当額

　　・土地購入時から19ヶ月目　　全体支出の30％相当額

　　（＝販売完了時点）

（2）開発法を適用して求めた価格

　　前記の開発計画及び開発スケジュールに基づき、価格時点における収入・支出の複利現価の差額から対象地の価格を求めれば510,000,000円となる。

項　目		金　額（円）	配分	割引期間	複利現価率	複利現価（円）
予想収入	販売収入	78,650,000	10%	7月	0.936033	73,619,000
		707,850,000	90%	19月	0.835744	591,581,390
	合　計	786,500,000	-	-	-	665,200,390 (a)
予想支出	造成工事費	130,000,000	100%	9月	0.918516	119,407,080
	販売費及び一般管理費	27,510,000	70%	7月	0.936033	25,750,267
		11,790,000	30%	19月	0.835744	9,853,421
	小　計	39,300,000	-	-	-	35,603,688
	合　計	169,300,000	-	-	-	155,010,768 (b)

　　開発法による土地価格　＝　(a) － (b)

　　　　　　　　　　　　　＝　665,200,390円 － 155,010,768円

　　　　　　　　　　　　　＝　510,189,622円

　　　　　　　　　　　　　≒　510,000,000円（31,400円／㎡）

3．試算価格の調整及び鑑定評価額の決定 **(注20)**

　以上により、

　　・取引事例比較法を適用して求めた価格（比準価格）　　602,000,000円

　　・開発法による価格　　510,000,000円

と求められたが、開差が生じたため、両試算価格の再吟味及び説得力に係る判断を行い鑑定評価額を決定する。

　取引事例比較法を適用して求めた価格（比準価格）は、更地の取引水準に着目したものであり、戸建住宅の敷地の標準価格に対象地の特性に応じ

た格差修正を行って求めた価格である。当該価格には、対象地の規模が大きいことによる減価要因をはじめ、個別的要因が適切に反映されたものと思料するが、本件のように規模の大きな画地の取引は〇〇地区においては少なく、実証性の点でやや説得力に欠ける面がある。

　開発法を適用して求めた価格は、対象地を分割して戸建住宅を建築し分譲することを想定して求めた価格であり、開発業者にとっての投資採算性を反映した価格である。本件の市場特性（市場参加者）を考慮した場合、試算価格の調整に当たっては最も重視すべきものと考えられる。

　以上より、本件においては、開発法による価格を中心に比準価格を比較考量し、対象不動産の鑑定評価額を 530,000,000 円と決定した。

> **(注 20)**
> 　本件の場合、開発法による価格の方が取引事例比較法による比準価格よりも説得力が高いと判断し、開発法による価格に重点を置いて鑑定評価額を決定しています。その大きな理由は、同一需給圏内の類似地域において、対象地のような大規模地の取引事例を収集することが困難であり、規模の小さい住宅地の取引事例と比較せざるを得なかったためです。比準の過程で規模格差を減価要因として織り込んでいますが、実証性にやや欠けるものと判断しています。

[付　記]〈附属資料〉（省略）

以　上

> 参考　開発法の規定
>
> 不動産鑑定評価基準では、開発法について次の規定を置いています。

● **不動産鑑定評価基準**

　更地の鑑定評価額は、更地並びに配分法が適用できる場合における建物及びその敷地の取引事例に基づく比準価格並びに土地残余法による収益価格を関連づけて決定するものとする。再調達原価が把握できる場合には、積算価格をも関連づけて決定すべきである。<u>当該更地の面積が近隣地域の標準的な土地の面積に比べて大きい場合等においては、さらに次に掲げる価格を比較考量して決定するものとする（この手法を開発法という。）。</u>

（1）一体利用をすることが合理的と認められるときは、価格時点において、当該更地に最有効使用の建物が建築されることを想定し、販売総額から通常の建物建築費相当額及び発注者が直接負担すべき通常の付帯費用を控除して得た価格

（2）分割利用をすることが合理的と認められるときは、価格時点において、当該更地を区画割りして、標準的な宅地とすることを想定し、販売総額から通常の造成費相当額及び発注者が直接負担すべき通常の付帯費用を控除して得た価格

　なお、配分法及び土地残余法を適用する場合における取引事例及び収益事例は、敷地が最有効使用の状態にあるものを採用すべきである。

（各論第1章第1節Ⅰ1）

　本件で適用した開発法の考え方は、上記の基準（2）の規定に基づくものです。最初に掲げた更地の鑑定評価書（79ページ参照）では、対象地がマンション用地のため、上記の基準（1）の考え方を適用しています。

ポイント

〇更地(最有効使用は分割を前提とした戸建住宅の敷地)の鑑定評価書を読むに当たっての留意点
- 対象地を分割の上、戸建住宅の敷地として利用することを前提とした開発法を適用している点が特徴です。
- 前提がマンション開発と戸建住宅建築とでは、開発法適用の方法が異なります。

4 更地の鑑定評価書例
～隣接地併合の限定価格～

不動産鑑定評価書

令和○年○月○日発行

○○○○○　殿

所属鑑定業者の名称　○○○○○
不動産鑑定士　○○○○○

〔1〕対象不動産の表示及び鑑定評価額

所在及び地番	地目	評価数量	鑑定評価額（※）
（土地） ○○市○○区○○町○○番	宅地	（実測面積） 661.43㎡	82,900,000 円

（※）下記の鑑定評価の基本的な事項に記載したとおり、対象不動産を貴社が買収して裏面に隣接する貴社所有地と併合し、一体利用を行うことを前提とした場合の価格（限定価格）を示す。

（既掲載例と同文）

〔2〕鑑定評価の基本的な事項

1．不動産の種別・類型
（1）種別　　　工業地
（2）類型　　　更地

2．鑑定評価の条件
（1）対象確定条件　　① 対象不動産上には建物及び構築物がなく、かつ所有者による使用収益を制約する権利が付着し

ていないことを前提とする鑑定評価
② 対象不動産を貴社（以下、「甲社」といいます）が買収して裏面に隣接する甲社所有地と併合し、一体利用を行うことを前提とした場合の鑑定評価（併合鑑定評価）**(注1)**

（注1）
併合鑑定評価とは、鑑定評価の対象とされている不動産を単独で利用するのではなく、現在甲社が所有している隣接地と併合して一体利用することを前提とした場合の評価です（図表5-16）。

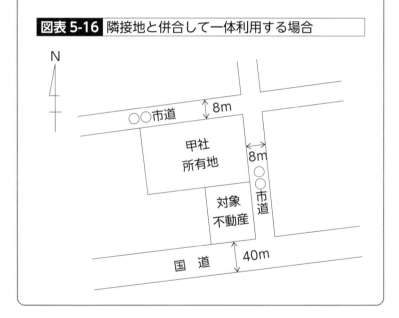

図表5-16　隣接地と併合して一体利用する場合

（2）地域要因または個別的要因についての想定上の条件　　なし
（3）調査範囲等条件 **(注2)**　　土壌汚染、地下埋設物については、依頼者等による当該価格形成要因に係る調査、査定または考慮した結果に基づき、鑑定評価書の利用者が不動産の価格形成

に係る影響の判断を自ら行うため、考慮外としての鑑定評価

> **（注2）**
> 　　対象不動産は工業地域に属していますが、売買に際し、売主が土壌調査を実施し、その結果に基づき、鑑定評価額から措置費用を控除して売買金額を決定する条件となっているため、上記のような「調査範囲等条件」を設定しています。

3．価格時点　　　令和〇年〇月〇日
4．所有者名　　　価格時点現在　〇〇〇〇〇殿
5．鑑定評価の依頼目的　　買い受けの参考
6．価格の種類　　限定価格（注3）

> **（注3）**
> 　　本件は、甲社がその隣接地を購入して一体利用を行うことにより、従前から所有していた甲社所有地の効用が増す（価値が上昇する）ため、甲社にとっては第三者が購入するよりも割高な価格で買い取っても経済合理性がある（＝損がない）ケースです。そのため、価格の種類は正常価格ではなく、限定価格となります。

7．鑑定評価の依頼目的及び依頼目的に対応した条件と価格または賃料の種類との関連（注4）
　本件鑑定評価は、上記依頼目的及び依頼目的に対応した条件により、市場性を有する不動産について、不動産と取得する他の不動産との併合に基づき正常価格と同一の市場概念の下において形成されるであろう市場価値と乖離することにより、市場が相対的に限定される場合における取得部分の当該市場限定に基づく市場価値を適正に表する価格を求めるものであり、求める価格は限定価格である。

> **(注 4)**
> 　不動産鑑定評価基準に沿った記述をしていますが、限定価格の概念は分かりにくい面があります。ここでは、限定された当事者間の売買であるからこそ、正常価格の水準を乖離しても成り立つ価格であり、しかもそれが合理性を有していると考えればよいといえます。隣接地の併合により、もともと所有していた土地の価値が上昇するかどうかが、限定価格に該当するか否かの大きなポイントとなります。

8．鑑定評価を行った日付　　　令和○年○月○○日
9．鑑定評価書の利用者の範囲等　　（既掲載例と同文）
10．関与不動産鑑定士及び関与不動産鑑定業者に係る利害関係等
　　（既掲載例と同文）

〔3〕対象不動産の確認
1．実地調査日　　　令和○年○月○日
2．実地調査を行った不動産鑑定士　　　○○○○○
3．立会者　　　○○○○株式会社　総務部総務課　○○○○様
4．実地調査を行った範囲　　　土地について境界部分及び敷地内の
　　　　　　　　　　　　　　　実地調査を行った。
5．実地調査の一部を実施できなかった場合にあってはその理由
　　上記のとおり実地調査を行った。
6．確認に用いた資料　　　法務局備付の登記事項証明書、公図、
　　　　　　　　　　　　○○測量設計事務所殿作製の「実測図」
　　　　　　　　　　　　　　　(注 5)

> **(注 5)**
> 　ここでは、法務局備付の地積測量図とは別の実測図面が作製されており、道路境界及び隣接地との境界も、隣接土地所有者が立ち会った上で明確に確認されています（図表 5-17）。

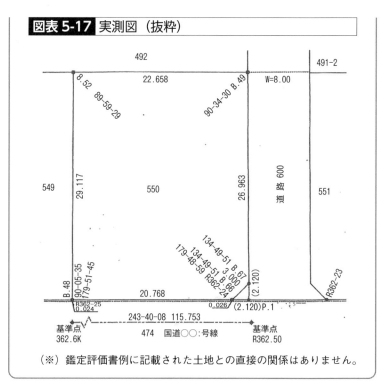

図表5-17 実測図(抜粋)

(※) 鑑定評価書例に記載された土地との直接の関係はありません。

7．照合事項　　位置・形状・規模につき現地を踏査して一致を確認。隣地との境界については境界石、道路との境界についてはプレートの存在を確認した。

8．評価上採用した数量　　実測数量

〔4〕鑑定評価額の決定の理由の要旨
Ⅰ．価格形成要因の分析
1．一般的要因の分析
（1）社会経済等の状況　　（省略）
（2）地価の推移と動向　　（省略）
2．対象不動産に係る市場の特性　　（省略）

Ⅱ. 評　価

本件は、前記〔2〕に記載のとおり限定価格の評価であるため、次の手順に沿い価格を求める。

1. **対象不動産の単独価格（正常価格）の査定**
   対象不動産単独での一般市場における適正な価格（正常価格）を求める。

   ↓

2. **裏面に隣接する甲社所有地の単独価格（正常価格）の査定**
   甲社所有地単独での一般市場における適正な価格（正常価格）を求める。

   ↓

3. **対象不動産及び甲社所有地の併合後の価格（正常価格）の査定**
   両者を併合して一体とした場合の適正な価格（正常価格）を求める**(注6)**。

   ↓

4. **併合による増分価値の査定**
   両者を併合して一体とした場合、それぞれを単独で評価してこれらを合計した場合と比べ、どれだけの増分価値が生ずるかを査定する**(注7)**。

   ↓

5. **増分価値の配分**
   上記4．で査定した増分価値を、対象不動産から生み出された部分と甲社所有地から生み出された部分とに配分する（それぞれの単独価格の比率による）**(注8)**。

   ↓

6. **対象不動産の併合を前提とした価格（＝限定価格）の決定**
   上記1．の対象不動産の単独価格（正常価格）に、上記5．で査定した増分価値の対象不動産への配分額を加算して、対象不動産の価格（限定価格）を決定する**(注9)**。

> **(注 6)**
> 併合後の土地の面積、形状、道路条件等を基にして査定します。

> **(注 7)**
> 併合後の一体地の価額（総額）から併合前の対象不動産及び甲社所有地の価額を控除して増分価値を査定します。

> **(注 8)**
> 増分価値を各不動産の寄与分に応じて配分します。

> **(注 9)**
> 併合前の対象不動産の単独価格に増分価値を加算したものが、併合を前提とした場合の価格（限定価格）となります。

1．対象不動産の単独価格（正常価格）の査定

（1）近隣地域の状況

対象不動産の所在する近隣地域の地価形成に影響を持つ地域要因の主なものは次のとおりである。

① 近隣地域の範囲

○○区○○町の工業地域のうち、国道○○号線（○○国道）に沿った地域で、対象不動産を中心に北東側に約50m、南西側に約300mまでの範囲を近隣地域として把握した。

② 街路条件

幅員40mの国道が中心で、系統・連続性は普通。

③ 交通接近条件

○○線○○駅より近隣地域の中心まで南西方へ約1.2kmの距離にある。

④ 自然的条件

地勢は平坦。

⑤ 地域的特性

近隣地域は、中小規模の工場やガソリンスタンド、事務所等の混在する地域である。地域要因に格別の変動要素は見られないため、この傾向は当分の間、現状を継続するものと予測される。

⑥ 公法上の規制

工業地域。指定建蔽率60％。指定容積率200％。

⑦ 供給処理施設

水道、下水道、都市ガスの供給処理可能区域内にある。

⑧ 危険・嫌悪施設、自然的災害、公害

なし

⑨ 標準的な画地

国道〇〇号線（〇〇国道）に一面が沿い（中間画地）、一画地の規模が600㎡程度の長方形地を標準的な画地として想定した。

⑩ 標準的使用

工場の敷地。

⑪ 最有効使用

最有効使用を工場の敷地と判定した（理由は133～134ページの「市場参加者の属性と最有効使用の判定」の項を参照）。

(2) 対象不動産の状況

対象不動産の価格形成に影響を持つ個別的要因の主なものは以下のとおりである。

① 近隣地域における位置

近隣地域のほぼ中央部に位置する。

② 個別的要因

　1）街路条件　　近隣地域の標準的画地とほぼ同じ。

2）交通接近条件　　近隣地域の標準的画地とほぼ同じ。
3）環境条件　　近隣地域の標準的画地とほぼ同じ。

　　なお、対象地は土壌汚染対策法上の要措置区域及び形質変更時要届出区域には指定されていない。また、水質汚濁防止法の有害物質使用特定施設の届出はない。

　　さらに、古地図等の調査結果（昭和〇〇年、昭和〇〇年の住宅地図）、土地建物の閉鎖登記簿謄本による過去の利用履歴等から判断し、対象地は現状と同じ〇〇工場の敷地として利用されてきた経緯がある（**注10**）。

> **（注10）**
> すでに掲げた2件の鑑定評価書と異なり、本件は以前から工場の敷地として使用されてきた点に特徴があります。

　　上記の結果から、対象地に関して土壌汚染が存在することを示す端緒は否定できないが、本件においては前記のとおり調査範囲等条件を設定しており、土壌汚染を価格形成要因から除外して鑑定評価を行う（**注11**）。

> **（注11）**
> 本件は、住宅地とは異なり、工場の敷地として使用されてきたため、土壌調査を実施しない限り、汚染の有無を確認することは難しいと考えられます。しかし、本件の場合は調査範囲等条件を設定し、その条件設定にも合理性が認められるため、上記の記載をしています。

次に、地下埋設物について、現地調査の外観からは基礎杭の頭やコンクリート基礎の露頭部分は一切把握できなかったが、古地図（昭和〇〇年、昭和〇〇年の住宅地図）からは、対象不動産が中規模な〇〇工場の敷地として利用されてきた経緯が判明した。対象不動産の地中にコンクリート基礎等が残存する可能性は否定できないが、これに関しても調査範囲等条件を設定しており、地下埋設物を価格形成要因から除外して鑑定評価を行う**（注12）**。

　その他、隣接地からの越境物もない。

> **（注12）**
> **（注11）**と同じ考え方です。

4）行政的条件　　近隣地域の状況欄に記載のとおり。
　　　　　　　　（以下、既掲載例と同文）
5）画地条件　　間口：約21m
　　　　　　　奥行：約27m
　　　　　　　規模：661.43㎡
　　　　　　　形状：長方形地
　　　　　　　接面道路との関係：角地
　　　　　　　　・南東側約21mが幅員40mの国道に等高に接面
　　　　　　　　・北東側約27mが幅員8mの市道に等高に接面

（3）市場参加者の属性と最有効使用の判定 **（注13）**

　対象不動産は、国道に沿う交通の利便性に富む位置にあり、原材料や製品の搬出入等に当たっても効率性に優れ、利用価値の高い工業地である。〇〇工業地帯の中心部からはやや離れているが、近隣地域の

周辺部も含めて工場が多く稼働しており、買手としての典型的な市場参加者は、対象地を現状のまま工場の敷地として利用する○○の製造企業である。対象不動産の最有効使用を、立地条件及び形状・規模等の個別的要因から判断し、工場の敷地と判定した。

> **(注13)**
> 本件は工業地としての性格を備える土地であり、すでに掲げた２件の鑑定評価書（市場参加者がマンション分譲業者、あるいは戸建住宅の敷地として分譲する開発業者）とは異なる記載内容となっています。

（４）標準的な画地と比較した場合の増減価要因
　　　○増価要因　　角地
　　　○減価要因　　なし

（５）評　価
　　本件評価においては取引事例比較法を適用し、近隣地域における標準的な画地の価格を求めた上で、これを基に上記（４）で述べた増価要因を織り込んで、対象不動産の単独価格（正常価格）を査定する。
　　なお、対象不動産は既成市街地に所在するため、再調達原価の把握が困難なことから原価法は適用しない。また、近隣地域は賃貸による投資採算性よりも自用の工場敷地としての利用が支配的な地域であるため、収益還元法は適用しなかった**(注14)**。

> **(注14)**
> 工場建物の賃貸により収益を上げるというとらえ方ではなく、自社利用による生産性を重視する地域であるため、このような記載となっています。

① 近隣地域の標準的な画地の価格

　近隣地域の状況欄に掲げた地域要因を備え、幅員40mの国道〇〇号線沿いで、一画地の規模が600㎡程度の画地（道路に一面が接する中間画地）の標準的な画地の価格を、下記 a．の価格との均衡に留意の上、b．の価格を比較検討し、104,000円／㎡と査定した**（注15）**。

　　a．都道府県の基準地価格を基に求めた価格
　　　　99,600円／㎡（別表A参照）
　　b．取引事例比較法を適用して求めた価格
　　　　100,000円／㎡〜110,000円／㎡（別表B参照）

> **（注15）**
> 　別表A（143ページ参照）は、都道府県の基準地価格を基に求めた価格であり、価格時点までの時点修正のほか、基準地との地域要因の比較及び個別的要因の比較を行って標準的な画地の価格を試算しています。
> 　別表B（144ページ参照）は、近隣地域及び同一需給圏内の類似地域にある取引事例を基に求めた価格であり、価格時点までの時点修正のほか、事例地との地域要因の比較及び個別的要因の比較を行って標準的な画地の価格を試算しています。
> 　本件においては、規範性のある取引事例が収集可能であったため、取引事例比較法を適用して求めた価格を重視して標準的な画地の価格を査定しています。

② 対象不動産の単独価格（正常価格）の査定

　対象不動産には、上記①の標準的な画地と比べて次の増価要因があるため、これを基に格差修正を行って対象不動産の単独価格を次のとおり査定した。

　　○増価要因
　　　角　地　＋2％（利用効率の優る程度を考量）

○対象不動産の価格

$$\underset{(標準価格)}{104,000 円/㎡} \times \underset{(格差修正率)}{(100\% + 2\%)} \fallingdotseq \underset{\binom{対象不動産}{の単価}}{106,000 円/㎡}$$

$$\underset{\binom{対象不動産}{の単価}}{106,000 円/㎡} \times \underset{(評価数量)}{661.43㎡} \fallingdotseq \underset{(総\ 額)}{70,100,000 円}$$

2．裏面に隣接する甲社所有地の単独価格（正常価格）の査定

（1）近隣地域の状況

　　国道に沿う地域とその背後にある地域とでは土地利用状況や価格形成要因にも相違が見られるため、前記1．（1）①に掲げた地域とは別に近隣地域の範囲を設定する。

　① 近隣地域の範囲

　　○○区○○町の工業地域のうち、国道○○号線（○○国道）の背後にある地域で、甲社所有地を中心に、北東側に約300m、南西側に約80mまでの範囲を近隣地域として把握した**（注16）**。

> **（注16）**
> 　甲社所有地は対象不動産の背後にあり、接面道路の幅員等も異なるため、近隣地域は前記1．（1）①とは区別して設定しています。

　② 街路条件

　　幅員8mの○○市道が中心で、系統・連続性は普通**（注17）**。

> **（注17）**
> 　対象不動産の背後の地域で、幅員も対象不動産とは異なります。

　③ 交通接近条件

　　○○線○○駅より近隣地域の中心まで南西方へ約1.2kmの距離に

ある。

④ 自然的条件

地勢は平坦。

⑤ 地域的特性

近隣地域は、中小規模の工場を主体とした地域である。地域要因に格別の変動要素は見られないため、この傾向は当分の間、現状を維持するものと予測される。

⑥ 公法上の規制

工業地域。指定建蔽率60％。指定容積率200％。

⑦ 供給処理施設

水道、下水道、都市ガスの供給処理可能区域内にある。

⑧ 危険・嫌悪施設、自然的災害、公害

なし

⑨ 標準的な画地

○○市道に沿い、一画地の規模が1,000㎡程度の長方形地（中間画地）を標準的な画地として想定した**（注18）**。

> **（注18）**
> 　対象不動産の背後の地域で、標準的な画地規模も対象不動産とは異なります。

⑩ 標準的使用

工場の敷地。

⑪ 最有効使用

最有効使用を工場の敷地と判定した（理由は133～134ページの「市場参加者の属性と最有効使用の判定」の項を参照）。

（2）甲社所有地の状況

甲社所有地（面積：1,923.00㎡）の北西側には幅員8mの○○市道

が接する(接道幅約73m)ほか、北東側にも幅員8mの○○市道が接する(接道幅約23m、それぞれの接道幅は隅切り部分を除く)。
　(なお、交通接近条件と環境条件については、近隣地域の標準的画地とほぼ同じであり、行政的条件については近隣地域の状況欄に記載のとおりです。)

(3) 市場参加者の属性と最有効使用の判定
　(市場参加者の属性及び最有効使用に関しては前記1.(3)に掲げた対象不動産と類似するため、本書では記載を省略)

(4) 標準的な画地と比較した場合の増減価要因
　甲社所有地には、標準的な画地の価格(標準価格)と比べて、次の増減価要因がある。
　　○増価要因　　角地
　　○減価要因　　規模がやや大きい **(注19)**

> **(注19)**
> 総額が増え、市場性がその分減退するため、減価要因として織り込みます。

(5) 評　価
　本件の評価においては、まず、近隣地域における標準的な画地の価格を求め、これを基に上記(4)で述べた増減価要因を織り込んで、対象不動産の単独価格(正常価格)を査定する。
　なお、対象不動産は既成市街地に所在するため、再調達原価の把握が困難なことから原価法は適用しない。また、近隣地域は賃貸による投資採算性よりも自用の工場敷地としての利用が支配的な地域であるため、収益還元法は適用しなかった。

① 近隣地域の標準的な画地の価格

　近隣地域の状況欄に掲げた地域要因を備え、幅員 8m の市道沿いで、一画地の規模が 1,000 ㎡程度の画地（道路に一面が接する中間画地）の標準的な画地の価格を、下記 a．の価格との均衡に留意の上、b．の価格を比較検討し、73,500 円／㎡と査定した**(注 20)**。

　　a．都道府県の基準地価格を基に求めた価格
　　　70,500 円／㎡（別表 C（省略））
　　b．取引事例比較法を適用して求めた価格
　　　68,800 円／㎡～78,700 円／㎡（別表 D（省略））

> **(注 20)**
> 　前記 1．の対象不動産と同じ考え方により、標準的な画地の価格を査定していますが、査定表の掲載は省略します。

② 甲社所有地の単独価格（正常価格）の査定

　甲社所有地には、標準的な画地と比べて次の増減価要因があるが、その程度は以下のとおり相殺されるため、標準的な画地の価格をもって甲社所有地の単独価格と査定した。

　　〇増価要因
　　　角地　　＋2％（利用効率の優る程度を考量）
　　〇減価要因
　　　規模がやや大きい　－2％（市場性の劣る程度を考量）
　　〇甲社所有地の価格

（標準価格）	（格差修正率）		（甲社所有地の単価）
73,500 円／㎡	× 100％	=	73,500 円／㎡

（甲社所有地の単価）	（評価数量）		（総　額）
73,500 円／㎡	× 1,923.00 ㎡	≒	141,300,000 円

3．対象不動産及び甲社所有地の併合後の価格（正常価格）の査定

　両者を併合して一体地とした場合、前記1．（1）⑨で設定した近隣地域における標準的な画地（国道〇〇号線に一面が接する規模600㎡の土地）と比べて次の増減価要因が発生するため、これを基に格差修正を行って併合後の一体地の価格（正常価格）を査定した。

　　〇増価要因
　　　　三方路地　　＋3％（利用効率の優る程度を考量）**(注21)**
　　〇減価要因
　　　　規模がやや大きい　　－5％（市場性の劣る程度を考量）**(注22)**
　　　　やや不整形　　－5％（区画配置の劣る程度を考量）**(注23)**
　　〇格差率
　　　　（100％＋3％）×（100％－5％）×（100％－5％）≒　93％
　　(注24)

> **(注21)**
> 　対象不動産単独では角地（道路に二面が接する土地）ですが、併合後の一体地は三方路地（道路に三面が接する土地）となり、その分だけ増価割合も高くなっています。

> **(注22)**
> 　対象不動産単独での面積（661.43㎡）と甲社所有地単独での面積（1,923.00㎡）を比較し、併合後の面積（2,584.43㎡）は規模が大きいため、市場性の減退の程度をやや高めに織り込んでいます。

> **(注23)**
> 　対象不動産及び甲社所有地を併合することにより、形状面では減価要因が生ずるため、その程度を織り込んでいます。

> **(注24)**
> 　併合後の一体地の単価は、対象不動産を単独で評価した場合に比べて低くなりますが、対象不動産に隣接する甲社所有地を単独で評価する場合に比べて甲社所有地の単価が上昇します。その結果、対象不動産及び甲社所有地単独での評価額を合計した金額よりも併合後の一体地の総額が大きくなり、増分価値が生ずることになります。

○対象不動産の価格

　　（標準価格）　　　　　（格差修正率）　　　　（対象不動産の単価）
　　104,000円／㎡　×　　93％　　≒　96,700円／㎡

　　（対象不動産の単価）　　（評価数量）**（注25）**　　（総　額）
　　96,700円／㎡　×　2,584.43㎡　≒　249,900,000円

> **(注25)**
> 　661.43㎡（対象不動産）＋1,923.00㎡（甲社所有地）
> ＝2,584.43㎡（併合後の一体地）

4．併合による増分価値の査定

　両者を併合して一体とした場合、それぞれを単独で評価してこれらを合計した場合と比べ、次のとおり増分価値が発生する。

　　（一体地の価格）　　　　249,900,000円……①
　（単独地の合計価格）
　　　対象不動産　　　　　70,100,000円
　　　甲社所有地　　　　　141,300,000円
　　　　計　　　　　　　　211,400,000円……②
　　（増分価値）　　　　　　38,500,000円……③（＝①－②）

5．増分価値の配分

　前記4．で査定した増分価値は、対象不動産のみから生じたものではなく、また、甲社所有地のみから生じたものでもない。その要因は、両者の併合による一体利用から生ずるものと考えることが合理的である。

　よって、本件の評価においては、上記の増分価値をそれぞれの単独価格の比率で配分し、増分価値に対する対象不動産の寄与分を次のとおり12,800,000円と査定した（注26）。

　　38,500,000円×（70,100,000円÷211,400,000円）≒12,800,000円

> **（注26）**
> 　増分価値を配分する方法には、総額比による方法の他に、面積比による方法等があります。本件では、総額比によるオーソドックスな考え方を適用して配分しています。

6．対象不動産の併合を前提とした価格（＝限定価格）の決定

　前記1．(5)②で査定した対象不動産の単独価格（正常価格）70,100,000円に、上記5．で査定した増分価値の配分額12,800,000円を加算して、対象不動産の価格（限定価格）を82,900,000円と決定した。

　当該価額が、甲社が併合を前提として対象不動産を買い取る場合の適正価格の上限値となる。

［付　記］〈附属資料〉（省略）

以　上

〈別表 A〉 都道府県の基準地価格を基に求めた価格

標準地〔番号 ○（県）9-1〕との価格形成要因の比較

① 所在及び地番　　○○市○区○○町○○番○

② 交通接近条件　　○○線○○駅より約1.2km。

③ 道路事情　　北西側が幅員8mの○○市道に接面。

④ 周辺の土地利用状況　　工場を主体とする地域。

⑤ 公法上の規制　　工業地域。指定建蔽率60％。指定容積率200％。

⑥ 供給処理施設　　水道、都市ガス、下水あり。

⑦ 形状・規模　　長方形地　759㎡。

価　格	時　点修正率（注27）	(A)推定価格	①地域要因格差補正率（注28）	②個別的要因に係る標準化補正	(A)×①×②推定標準価格
基準日 令和○年 7月1日 69,400円/㎡	$\frac{100.5}{100}$	69,700円/㎡	幅員　－20 用途の多様性　－10 $\frac{100}{70}$	$\frac{100}{100}$	99,600円/㎡

（注27）
【時点修正率の査定根拠】
○○市○○区の工業地の地価動向を考慮の上、時点修正率を1.2％／年（月当たり0.1％）と査定しています。

（注28）
＋の表示は、都道府県の基準地が近隣地域の標準的な画地と比較して優れている項目を示し、－の表示は、都道府県の基準地が近隣地域の標準的な画地と比較して劣っている項目を示します。それぞれに付されている数値は、優劣の程度を示します（取引事例比較法においても同様）。

―〈別表B〉 取引事例比較法を適用して求めた価格 ―――――――――――――――

取引事例価格(時点)	取引事例地の説明	事情補正	時点修正率	(A)推定価格	①地域要因格差修正率	②個別的要因格差修正率	(A)×①×②推定標準価格
令和○年○月 115,000 円/㎡	○○市○○○区○○1丁目所在。○○線○○駅より南方1.1km。幅員33mの市道に接面。規模約500㎡。水道。下水道。都市ガス。工業地域。指定建蔽率60%。指定容積率200%。工場のほか、外食店舗も混在。	100/100	100/100	115,000 円/㎡	幅員 -4 用途の多様性 +15 100/110.4	100/100	104,000 円/㎡
令和○年○月 130,000 円/㎡	○○市○○○町8丁目所在。○○線○○駅より南西方950m。幅員40mの国道に接面。規模約400㎡。高速ICに近い。水道。下水道。都市ガス。準工業地域。指定建蔽率60%。指定容積率200%。工場のほか、外食店舗、事務所も混在。	100/100	100.5/100	131,000 円/㎡	高速ICへの接近性 +10 用途の多様性 +20 100/132.0 (※)	間口・奥行のバランス -10 100/90	110,000 円/㎡
令和○年○月 110,000 円/㎡	○○市○○町5丁目所在。○○線○○駅より南東方650m。幅員33mの市道に接面。規模1,427㎡。水道。下水道。都市ガス。工業地域。指定建蔽率60%。指定容積率200%。工場のほか、事務所、日用品店舗も混在。	100/100	102/100	112,000 円/㎡	幅員 -4 規模 -3 用途の多様性 +20 100/111.7	100/100	100,000 円/㎡

(※) 地域要因格差修正率及び個別的要因格差率の算定は、各項目ごとの分数の相乗積によった。

　　例. 分子：100%

　　　　分母：(100% + 10%) × (100% + 20%) = 132.0%

　　　　格差率：100／132

ポイント

○併合による増分価値が生じない場合、限定価格とはならない点に注意
　増分価値が生じなければ、第三者間取引と同じ正常価格となります。

○限定価格は、市場価値を乖離しても当事者間にとって経済合理性が認められる価格を指します

更地の鑑定評価書例
～土壌汚染物質や地下埋設物を含む土地～

不動産鑑定評価書

令和○年○月○日発行

○○○○○　殿

所属鑑定業者の名称　○○○○○
不動産鑑定士　○○○○○

〔1〕対象不動産の表示及び鑑定評価額

所在及び地番	地目	評価数量	鑑定評価額
（土地） ○○市○○町○○5丁目○○番○	宅地	（実測面積） 14,500.00㎡	826,000,000円

（既掲載例と同文）

〔2〕鑑定評価の基本的な事項

1．不動産の種別・類型

（1）種別　　住宅地
（2）類型　　更地

2．鑑定評価の条件

（1）対象確定条件　　対象地上に建物・構築物等がなく、かつ所有者による使用収益を制約する権利の付着していない状態における鑑定評価
（2）地域要因または個別的要因についての想定上の条件　　なし
（3）調査範囲等条件　　なし

3．価格時点　　　令和〇年〇月〇日
4．所有者名　　　価格時点現在　〇〇〇〇〇殿
5．鑑定評価の依頼目的　　　売買の参考
6．価格の種類　　　正常価格
7．鑑定評価の依頼目的及び依頼目的に対応した条件と価格または賃料の種類との関連
　　本件鑑定評価は、上記依頼目的及び依頼目的に対応した条件により、現実の社会経済情勢下で合理的と考えられる条件を満たす市場で形成されるであろう市場価値を表示する適正な価格を求めるものであり、求める価格は正常価格である。
8．鑑定評価を行った日付　　　令和〇年〇月〇〇日
9．鑑定評価書の利用者の範囲等
（1）鑑定評価書の利用者の範囲
　　　　依頼者：表紙（省略）に記載
　　　　依頼者以外の提出先：〇〇〇〇 **（注1）**

> **（注1）**
> 　本件は土壌汚染物質や地下埋設物を含む土地の鑑定評価であり、土壌汚染物質や地下埋設物の処理費用（除去費用）が鑑定評価額に反映され、その結果が売買価額の基本となることから、売買の相手方にも鑑定評価書を提出予定です。

　　　　依頼者以外の開示先：〇〇〇〇 **（注2）**

> **（注2）**
> 　**（注1）**と同じ考え方です。

　　　　公表の有無：なし
（2）事後の利用者の範囲拡大の際の承諾の必要性
　　　　後日、利用者の範囲が拡大する場合には、当該公表、開示または提出の前に弊社宛に文書等を交付し、本件鑑定評価書の作成担当不動産

鑑定士及び弊社の承諾を得る必要がある。
10．関与不動産鑑定士及び関与不動産鑑定業者に係る利害関係等
　　（既掲載例と同文）

〔3〕対象不動産の確認
1．実地調査日　　　令和〇年〇月〇日
2．実地調査を行った不動産鑑定士　　〇〇〇〇
3．立会者　　〇〇〇〇株式会社　総務部総務課　〇〇〇〇様
4．実地調査を行った範囲　　土地について境界部分及び敷地内の実地調査を行った。
5．実地調査の一部を実施できなかった場合にあってはその理由
　　上記のとおり実地調査を行った。
6．確認に用いた資料　　法務局備付の登記事項証明書、公図、地積測量図、〇〇測量株式会社殿作成の「実測図」
7．照合事項　　位置・形状・規模につき現地を踏査して一致を確認。隣地との境界については境界石、道路との境界についてはプレートの存在を確認した。
8．評価上採用した数量　　実測数量

〔4〕鑑定評価額の決定の理由の要旨
Ⅰ．価格形成要因の分析
1．一般的要因の分析
（1）社会経済等の状況　　（省略）
（2）地価の推移と動向　　（省略）

2．対象不動産に係る市場の特性
（1）地価動向
　　　　対象地の地価水準を把握する上で参考となる公示価格（標準地番号

○○○－○○）の推移は以下のとおりであり、ここ数年上昇傾向が続いている（以下、省略）。
（2）同一需給圏の範囲
　　対象不動産と代替競争関係の成立する不動産の存する圏域（同一需給圏の範囲）を、○○市内の住宅地域と判定した（以下、省略）。
（3）同一需給圏における市場参加者の属性等
　　対象不動産に対する典型的な市場参加者（需要者）としては、戸建住宅用地として分譲することを目的として土地を取得するハウスメーカーが想定される。当該市場参加者は、居住環境の他に投資採算性、公共施設への接近性、交通条件（最寄駅への接近性等）を重視して意思決定をする傾向にある（以下、省略）。
（4）同一需給圏における市場の需給動向
　　○○市内の戸建住宅に対する需要は、住宅ローンの低金利の状況や人口流入等により、ファミリー世帯を中心に堅調に推移しており、これらの状況は「○○市建築着工統計調査」（専用住宅の着工床面積）からも明らかである（以下、省略）。

3．近隣地域の状況
　対象不動産の所在する近隣地域の地価形成に影響を持つ地域要因の主なものは次のとおりである。
（1）近隣地域の範囲
　　○○市○○町○○5丁目及び6丁目で、対象不動産を含み準住居地域に属する一団の地域。
（2）街路条件
　　幅員12mの市道が中心で、系統・連続性は普通。
（3）交通接近条件
　　JR○○線○○駅より近隣地域の中心まで北方へ約200mを要する。

（4）自然的条件

　　　地勢は平坦。

（5）地域的特性

　　　近隣地域は、ＪＲ○○線○○駅に近いものの、周辺部を含め地域一帯が戸建住宅を中心として比較的閑静な住宅街を形成している。一部に建築年月の経過した共同住宅や○○○施設跡地**（注3）**も混在する。

> **（注3）**
> 　土壌汚染に影響を及ぼす物質が使用されていた施設の跡地です。ただし、本件の場合、工業系の建物ではありません。

　　　地域要因に格別の変動要素はなく、当分の間、現状を維持するものと予測される。

（6）公法上の規制

　　　第2種住居地域**（注4）**。指定建蔽率60％。指定容積率200％。第3種高度地区。

> **（注4）**
> 　第2種住居地域とは、都市計画法上、主として住居の環境を保護するため定める地域とされています。

（7）供給処理施設

　　　上水道、都市ガス、下水道あり。

（8）危険・嫌悪施設、自然的災害、公害

　　　なし

（9）標準的な画地

　　　近隣地域のほぼ中央部に位置し、幅員12ｍの市道に一面が接する一画地の規模が270㎡程度の長方形地（間口約15ｍ、奥行約18ｍ）を標準的な画地として想定した。

(10) 標準的使用

　　戸建住宅の敷地。

(11) 最有効使用

　　最有効使用を戸建て住宅の敷地と判定した（理由は153〜154ページの「最有効使用の判定」の項を参照）。

4．対象不動産の状況

　対象不動産の価格形成に影響を持つ個別的要因の主なものは以下のとおりである。

（1）近隣地域における位置

　　近隣地域の北部に位置する。

（2）個別的要因

　　① 街路条件　　近隣地域の標準的画地とほぼ同じ。

　　② 交通接近条件　　近隣地域の標準的画地とほぼ同じ。

　　③ 環境条件　　近隣地域の標準的画地とほぼ同じ。

　　④ 供給処理施設　　上水道、都市ガス、下水道あり。

　　⑤ 危険・嫌悪施設、自然的災害、公害　　なし

　　⑥ 行政的条件　　第2種住居地域。指定建蔽率60％。指定容積率200％。第3種高度地区。

　　⑦ 埋蔵文化財の有無及びその状態

　　　○○市教育委員会での聴取の結果、対象地は文化財保護法の周知の埋蔵文化財包蔵地には該当していない。

　　⑧ 土壌汚染の有無及びその状態

　　　土壌汚染の状況につき○○市環境課で確認した結果、対象不動産は土壌汚染対策法第11条に定める形質変更時要届出区域 **(注5)** に指定されており、形質の変更をしようとする場合は事前の届出（○○市は政令指定都市であるため○○市長宛て）が必要となる。

(注 5)
　対象地が次のイに該当するが、ロに該当しない場合、土壌汚染対策法上の形質変更時要届出区域に指定されます（土壌汚染対策法第 11 条第 1 項）。次のいずれにも該当する場合は同法第 6 条第 1 項に基づき要措置区域に指定され、形質変更時要届出区域よりも制限が厳しくなります。
　イ　土壌汚染状況調査の結果、当該土地の土壌の特定有害物質による汚染状態が環境省令で定める基準に適合しないこと（土壌汚染対策法第 6 条第 1 項第 1 号）
　ロ　土壌の特定有害物質による汚染により、人の健康に係る被害が生じ、又は生ずるおそれがあるものとして政令で定める基準に該当すること（同法第 6 条第 1 項第 2 号）
　形質変更時要届出区域に指定された場合、当該土地の形質の変更をしようとするときは、原則として、これに着手する日の 14 日前までに一定事項を都道府県知事に届け出ることが義務付けられます（同法第 12 条第 1 項）。

　依頼者からの提示資料、登記事項証明書、閉鎖登記簿謄本、古地図調査等の結果から、対象不動産は過去に○○○の施設の敷地として利用されており、特定有害物質の使用が認められている（別添資料（省略）のとおり、○○○については「土壌溶出量基準**（注 6）**不適合」、○○○については「土壌含有量基準**（注 7）**不適合」が確認されている）。

(注 6)
　土壌溶出量基準とは、地下水経由の摂取による健康影響の観点から定められた基準であり、地下水等の摂取によるリスクを判定するためのものです。これを判定するために第 1 種特定有害物質（ジクロロエタン等の揮発性有機化合物がその対象です）、第 2 種特定有害物質（カドミウム等の重金属等がその対象です）、第 3 種特定有害物質（シマジン等の農薬等がその対象です）が検液 1 L 当たり一定量以下であるかどうか（あるいは、物質によっては検液中に検出されないこと）を調査します。

第5章　不動産鑑定評価書の実際例と読み方・留意点～土地編～

> **（注7）**
> 　　土壌含有量基準とは、汚染された土壌の直接摂取による健康影響の観点から定められた基準であり、直接摂取によるリスクを判定するためのものです。これを判定するために第2種特定有害物質（カドミウム等の重金属等がその対象です）が土壌1kgにつき一定量以下であるかどうかを調査します。

　また、依頼者提示の「土壌汚染対策工事見積書」（△△△△株式会社殿作成）によれば、対策工事費として55,000,000円（消費税は別途5,500,000円）が見積られているが、当該分野の専門家の意見も踏まえた結果、当該見積額は適正と判断される（以下省略）。

⑨　地下埋設物の有無及びその状態

　依頼者からの提示資料によれば、対象不動産に関して地下埋設物の調査を行ったところ、井戸、貯水槽等の存在が確認されている。

　また、依頼者提示の「地下埋設物撤去工事見積書」（□□□□株式会社殿作成）によれば、撤去工事費として3,000,000円（消費税は別途300,000円）が見積られているが、当該分野の専門家の意見も踏まえた結果、当該見積額は適正と判断される（以下省略）。

⑩　画地条件　　間口：約100m

　　　　　　　　奥行：約145m

　　　　　　　　規模：14,500.00㎡

　　　　　　　　形状：長方形地

　　　　　　　　接面道路との関係：中間画地（南西側約100mが幅
　　　　　　　　　　　　　　　　　員12mの市道に等高に接面）

⑪　最有効使用の判定

　対象不動産は土壌汚染物質を含む土地であり、今後、対象不動産を利用していくためには汚染土壌を場外に搬出し（掘削除去の方法による）、形質変更時要届出区域の指定を解除**（注8）**する必要がある。本

件鑑定評価においては、これらの対策が講じられたことを前提に、周辺の土地利用状況、立地条件及び規模等を考慮し、対象不動産の最有効使用を、区画分割の上、分譲戸建住宅の敷地と判定した（以下省略）。

> **（注8）**
> 　土壌汚染対策法第11条第2項には、形質変更時要届出区域の指定の解除につき、以下の定めがあります（下線は筆者による）。
> 　　○土壌汚染対策法
> 　　　（形質変更時要届出区域の指定等）
> 　　第11条
> 　　2　都道府県知事は、土壌の特定有害物質による<u>汚染の除去</u>により、前項の指定に係る区域（以下「形質変更時要届出区域」という。）の全部又は一部について同項の指定の事由がなくなったと認めるときは、当該形質変更時要届出区域の全部又は一部について同項の<u>指定を解除</u>するものとする。

⑫　標準的な画地と比較した場合の増減価要因
　　○増価要因　　なし
　　○減価要因　　規模が大きい

Ⅱ．評　価

本件鑑定評価においては、まず土壌汚染及び地下埋設物が存在しないことを前提とした場合の更地の試算価格を、
　　1．取引事例比較法による比準価格
　　2．開発法による価格
によって求め、これを調整の上、更地価格を査定する。

　なお、対象不動産は既成市街地に所在するため、再調達原価の把握が困難なことから、上記前提での更地価格の査定に当たり原価法は適用しない**（注9）**。

次に、当該更地価格から土壌汚染対策工事費及び地下埋設物撤去費用相当額を控除して、本件鑑定評価額を決定することとする**（注10）**。

> **（注9）**
> 　土壌汚染及び地下埋設物が存在しないことを前提とした場合の更地価格を査定する段階では、土地は再生産ができないことから、土地の再調達原価を求めるために原価法を適用することは極めて困難です。そのため、このような記載をしています。

> **（注10）**
> 　汚染物質（地下埋設物についても然り）を含む土地の鑑定評価については、現時点では不動産鑑定評価基準においても特別な方法は定められていません。そのため、理論的には、汚染物質等を含んだままの状態における取引事例比較法あるいは汚染物質等を含んだままの状態での賃貸借に基づく収益還元法の適用が考えられますが、理論的に適用し得る手法であっても、事例資料の収集が困難であれば実務に活かすことができない点がネックとなります。
> 　そのため、現行の鑑定実務では、汚染物質等が存在しない状態での更地価格（取引事例比較法及び開発法等の適用により査定）から対策措置費用を控除して土地価格を求める手法が多く用いられています。対策措置の内容によっては、さらに心理的嫌悪感による減価（スティグマ）等を控除して求めることが必要となるケースも考えられます。
> 　本件鑑定評価においてもこの手法を採用し、対策措置費用として土壌汚染対策工事費及び地下埋設物撤去費用相当額を織り込んでいます。

1．土壌汚染及び地下埋設物が存在しないことを前提とした場合の更地価格の査定
（1）取引事例比較法による比準価格

　　910,000,000円（過程は省略。なお、比準価格の試算においては、公示価格を規準とした価格との均衡にも留意している）

（2）開発法による価格

　　870,000,000円（過程は省略）

（3）試算価格の調整と更地価格の査定

　　　以上により、

　　　・取引事例比較法による比準価格　　910,000,000円

　　　・開発法による価格　　870,000,000円

　　と求められたが、開差が生じたため、以下のとおり試算価格の調整を行い（両価格を関連付けているが過程は省略）、対象地の更地価格を890,000,000円と査定した。

2．本件鑑定評価額の決定

　　上記1．により査定した更地価格から土壌汚染対策工事費及び地下埋設物撤去費用相当額を控除し、端数整理の上、本件鑑定評価額を以下のとおり826,000,000円と決定した**(注11)**。

$$\begin{pmatrix}上記1.による\\更地価格\end{pmatrix} \quad \begin{pmatrix}土壌汚染対\\策工事費\end{pmatrix} \quad \begin{pmatrix}地下埋設物\\撤去費用\end{pmatrix}$$

890,000,000円　－　60,500,000円 （※1）　－　3,300,000円（※2）

　　（鑑定評価額）

≒　826,000,000円

（※1）消費税込みの金額である。

　　　本体金額　　55,000,000円
　　　消費税額　　 5,500,000円
　　　合　計　　　60,500,000円

(※2) 消費税込みの金額である。

　　　本体金額　　　3,000,000 円
　　　消費税額　　　　300,000 円
　　　合　計　　　　3,300,000 円

> **（注11）**
> 　計算式のイメージを図示したものが図表 5-18 です。
>
> **図表 5-18　土壌汚染物質及び地下埋設物を含む土地の鑑定評価** 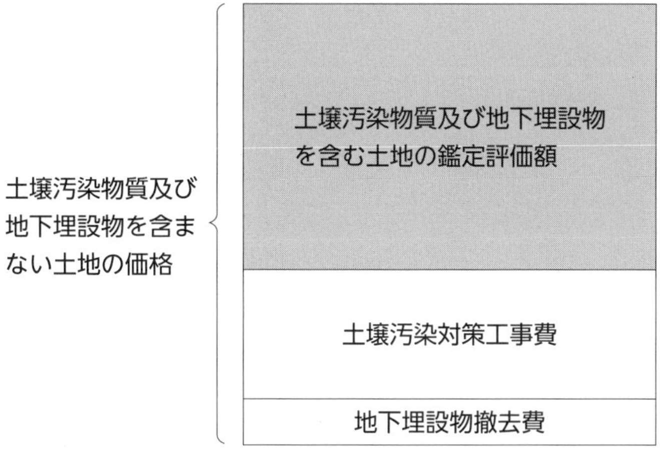
>
> | 土壌汚染物質及び地下埋設物を含まない土地の価格 | 土壌汚染物質及び地下埋設物を含む土地の鑑定評価額 |
> | :---: | :---: |
> | | 土壌汚染対策工事費 |
> | | 地下埋設物撤去費 |
>
> （※）　本件の場合、本文に記載のとおり、土壌汚染対策工事を掘削除去の方法によっていることから、スティグマ（心理的嫌悪感）及び利用制限による減価は織り込んでいません。
>
> 　また、汚染対策の措置の方法には図表 5-19 のようなものがありますが、本件で前提としている方法は、このうちの「除去」に該当します。

図表 5-19 汚染対策措置の種類

汚染対策措置
- 除去（＝取り除くこと）
- 除去以外の措置
  - 地下水の水質の測定
  - 原位置封じ込め（構造物の設置）
  - 遮水工封じ込め（構造物の設置及び土壌の埋め戻し）
  - 地下水汚染の拡大防止
  - 土壌の入換え
  - 性状の変更（不溶化）
  - 舗　装
  - 立入禁止
  - 盛　土　など

（※）これらの措置の概要については、東京都環境局「中小事業者のための土壌汚染対策ガイドライン～土壌汚染対策を円滑に進めるために～」（令和 6 年 3 月改訂版）に解説されています。詳細は同ホームページを参照してください。

［付　記］〈附属資料〉（省略）

以　上

ポイント

〇更地（土壌汚染物質や地下埋設物を含む土地）の鑑定評価書を読む際のポイント

次の事項を中心に読んでいくことが重要です。
- 対象地が土壌汚染対策法上の要措置区域に指定されているか、形質変更時要届出区域に指定されているか
- 汚染等の調査の結果、土壌溶出量基準または土壌含有量基準に適合しない箇所がどの範囲まで認められるか
- どのような地下埋設物が存在するか
- 対策措置の内容と措置費用の見積額の確認
- 土壌汚染及び地下埋設物が存在しないことを前提とした場合の更地価格
- 対策措置費用を織り込んで決定された鑑定評価額

借地権の鑑定評価書例
～商業地のケース～

不動産鑑定評価書

令和○年○月○日発行

○○○○○　殿

所属鑑定業者の名称　○○○○○
不動産鑑定士　○○○○○

〔1〕対象不動産の表示及び鑑定評価額

所在及び地番	地目	評価数量	鑑定評価額
（土地） 東京都○○区○○町3丁目○○番	宅地	（登記簿） 788.00㎡	1,462,000,000 円

（既掲載例と同文）

〔2〕鑑定評価の基本的な事項

1．不動産の種別・類型
（1）種別　　商業地
（2）類型　　借地権
2．鑑定評価の条件
（1）対象確定条件　　現況は借地権付建物（自用）で、この状態を所与とした借地権のみの部分鑑定評価（**注1**）

> **(注1)**
> 本件の場合、対象不動産は土地及び建物等の結合により構成されていますが（＝借地権付建物）、この状態を所与として、その不動産の構成部分（＝借地権の部分）を鑑定評価の対象とするため、「部分鑑定評価」という条件が付されています。

（2）地域要因または個別的要因についての想定上の条件　　なし

（3）調査範囲等条件　　なし

3．価格時点　　令和〇年〇月〇日

4．所有者名　　価格時点現在　〇〇〇〇〇殿

5．鑑定評価の依頼目的　　売買の参考

6．価格の種類　　正常価格

7．鑑定評価の依頼目的及び依頼目的に対応した条件と価格または賃料の種類との関連
（既掲載例と同文）

8．鑑定評価を行った日付　　令和〇年〇月〇〇日

9．鑑定評価書の利用者の範囲等

（1）鑑定評価書の利用者の範囲

　　　依頼者：表紙（省略）に記載

　　　依頼者以外の提出先：なし

　　　依頼者以外の開示先：なし

　　　公表の有無：なし

（2）事後の利用者の範囲拡大の際の承諾の必要性

（既掲載例と同文）

10．関与不動産鑑定士及び関与不動産鑑定業者に係る利害関係等

（既掲載例と同文）

〔3〕対象不動産の確認
1．物的確認
（1）実地調査日　　令和○年○月○日
（2）実地調査を行った不動産鑑定士　　○○○○○
（3）立会者　　○○○○株式会社　総務部総務課　○○○○様
（4）実地調査を行った範囲　　土地について境界部分及び敷地内の実地調査を行った。
（5）実地調査の一部を実施できなかった場合にあってはその理由
　　上記のとおり実地調査を行った。
（6）確認に用いた資料　　法務局備付の登記事項証明書、公図、地積測量図、土地賃貸借契約書、令和○年度固定資産税・都市計画税課税明細書（土地）
（7）照合事項　　位置・形状・規模につき現地を踏査して一致を確認。隣地との境界については境界石、道路との境界についてはプレートの存在を確認した。
（8）評価上採用した数量　　登記簿数量（土地賃貸借契約書記載面積と登記簿面積は一致している）**(注2)**

> **(注2)**
> 　借地権価格の鑑定評価を行う際の評価数量は、土地賃貸借契約書に記載されている数量を採用していることが通常です。しかし、登記簿面積とは別の視点から契約面積を取り決めていることが多いため、本件の場合、登記簿面積をもって契約面積としている関係から上記の記載をしています。

2．権利の態様の確認
（1）契約の目的　　普通建物（堅固建物）所有を目的とする土地の賃貸借**(注3)**

第5章 不動産鑑定評価書の実際例と読み方・留意点～土地編～

（注3）
　一概に土地の賃貸借といっても、建物所有を目的とするものと、建物以外の構築物等の所有を目的とするもの、駐車場や置場として利用するもの（建物・構築物の所有を目的としないもの）とがあります。そして、建物所有を目的とするものに関しては「借地借家法（旧借地法も含む）」が適用され、構築物や駐車場を目的とするものに関しては民法の規定が適用されます。
　借地借家法の規定が適用される場合、「借地権」という強い権利が発生しますが、同法でいう借地権とは建物を建てるために地代を支払って第三者から土地を借りる権利のことで、建物がない駐車場などには適用されません（図表5-20）。

図表5-20 土地賃貸借の形態

①建物所有を目的とするもの

【例】
鉄筋コンクリートの事務所ビル
（契約期間 30 年）
木造の住宅
（契約期間 30 年）

②構築物等の所有を目的とするもの

借地借家法　適用なし
（民法適用）

③駐車場や置場として利用するもの

借地借家法　適用なし
（民法適用）

　また、借地権者（借地人）保護の観点から借地権設定者（貸主）には様々な利用上の制約が課されます。
　なお、借地借家法では建物の堅固・非堅固による契約期間の相違を設けていませんが（一律30年）、本件は旧借地法が

　　　　　　　　　　適用されていた時期に締結された借地契約であり、堅固建物
　　　　　　　　　　所有を目的とする土地賃貸借契約（契約期間 30 年）となっ
　　　　　　　　　　ています。

（2）確認に用いた資料　　土地賃貸借契約書、賃料改定に関する直近時
　　　　　　　　　　　　　点の覚書（令和○年○月○日付）
（3）賃貸借当事者　　借地権設定者（賃貸人）：甲氏
　　　　　　　　　　　借地権者（賃借人）：○○○○株式会社
（4）契約数量　　788.00㎡ **(注4)**

　　　　　(注4)
　　　　　　(注2) に記載のとおり、契約面積は登記簿面積と一致して
　　　　　います。

（5）契約の経緯　　昭和○○年 10 月 30 日、甲氏と○○○○株式会社と
　　　　　　　　　の間に堅固建物所有を目的とする土地賃貸借契約が
　　　　　　　　　締結された（契約期間は昭和○○年 11 月 1 日から
　　　　　　　　　昭和○○年 10 月 30 日までの 30 年間）。
　　　　　　　　　　なお、それ以前から借地契約は存在していたが、非
　　　　　　　　　堅固建物の所有を目的とするものであった。そのた
　　　　　　　　　め、契約の変更に当たり、当時、条件変更承諾料も
　　　　　　　　　授受されている **(注5)**。

　　　　　(注5)
　　　　　　例えば、土地賃貸借の条件を非堅固建物所有を目的とする
　　　　　ものから堅固建物所有を目的とするものに変更しようとする
　　　　　際には、条件変更承諾料なるものが授受されるケースが多い
　　　　　といえます。条件変更承諾料の金額については借地借家法
　　　　　（旧借地法も含む）に何らの定めはありませんが、一般的に
　　　　　更地価格の 10% 前後の金額が支払われているようです。な
　　　　　お、個別契約の実情や当事者間の力関係にも左右されます。

その後、昭和〇〇年4月1日に至り、現在の堅固建物が建築されたという経緯がある。当該契約は平成〇〇年に更新され、価格時点に至っている。また、価格時点現在の借地権設定者（賃貸人）は甲氏であるが、同氏は先代から相続でその地位を継承したものである。

（6）現行契約期間　平成〇〇年11月1日から令和〇〇年10月30日**(注6)** までの30年間。

> **(注6)**
> 　契約書上の記載は平成〇〇年10月30日までとなっていますが、本件鑑定評価書では令和に置き換えて表示しています。

（7）月額支払賃料　［令和〇年11月1日から価格時点まで］
　　　　　　　　　月額 2,724,800円（3,458円／㎡・月）（年額32,697,600円）
　　　　　　　　　（それ以前の記載は省略）

（8）一時金の授受　当初締結時における権利金の授受は不明である**(注7)**。
　　　　　　　　　土地賃貸借契約に基づく債務の履行の担保を目的として、敷金16,057,700円が平成〇〇年11月1日に授受されている（一部は従来の敷金を充当）。また、平成〇〇年11月の更新時に〇〇〇,〇〇〇,〇〇〇円が、更新料として借地権者から借地権設定者に支払われている**(注8)**。

> **(注7)**
> 　数多い借地契約の中には権利金を授受した事実が不明なもの（＝契約書に権利金についての記載がなく、かつ、領収書

等の証憑が存在しないもの）も珍しくありません。権利金を授受していなくとも、借地人に様々な経済的利益が生じていることから借地権価格の存在を認めることができるケースは多いといえます。借地権と底地は表裏一体の関係にあることから、上記と同様の解説文を底地の鑑定評価書（本章 7 項参照）にも入れてあります。

（注8）
　更新料については、借地借家法（旧借地法も含む）に何らの規定はありませんが、一般的には、借地権設定者は契約更新を認める対価として更新料を受け取り、借地権者は契約更新に係る訴訟を避け、将来の建替等を円滑に行い得る関係を保つために更新料を支払うという傾向がみられます。本件のケースもこれに該当します。また、更新料は、借地期間の満了時期が近づき、目減りした借地権の価値を回復させるための費用であると考えることもできます。

（9）特約その他　　第三者への借地権の譲渡・転貸の禁止。増改築時における借地権設定者（賃貸人）の事前承諾**（注9）**。

（注9）
　ここに記載されている内容は、一般の土地賃貸借契約に共通するものです。同様の解説文を底地の鑑定評価書（本章 7 項参照）にも記載しています。

〔4〕鑑定評価額の決定の理由の要旨
Ⅰ．価格形成要因の分析
1．一般的要因の分析
（1）社会経済等の状況　　（省略）
（2）地価の推移と動向　　（省略）

2．対象不動産に係る市場の特性

（1）地価動向

　　　対象地の地価水準を把握する上で参考となる公示価格（標準地番号〇〇〇5－〇〇）の推移は以下のとおりであり、ここ数年上昇傾向が続いている（以下、省略）。

（2）同一需給圏の範囲

　　　対象不動産と代替競争関係の成立する不動産の存する圏域（同一需給圏の範囲）を、〇〇区及び〇〇区内で高層の事務所ビルが連たんする商業地域と判定した（以下、省略）。

（3）同一需給圏における市場参加者の属性等

　　　対象不動産に対する典型的な市場参加者（需要者）としては、一般企業、不動産会社、生保・損保系の機関投資会社等があげられる（以下、省略）。

（4）同一需給圏における市場の需給動向

　　　〇〇区周辺における高層事務所ビルの新規供給予定は次のとおりである（以下、省略）。

3．近隣地域の状況

　対象不動産の所在する近隣地域の地価形成に影響を持つ地域要因の主なものは次のとおりである。

（1）近隣地域の範囲

　　　〇〇区〇〇町3丁目及び4丁目において対象不動産が接面する街路沿いで、下記公法上の規制を受ける地域。

（2）街路条件

　　　幅員20mの都道が中心で、系統・連続性は良好。

（3）交通接近条件

　　　ＪＲ〇〇線〇〇駅より近隣地域の中心まで北東方へ約150mを要する。

（4）自然的条件

　　　地勢は平坦。

（5）地域的特性

　　　近隣地域は、高層の事務所ビルが連たんする商業地域である。〇〇町地区及び〇〇〇地区への接近性に優れ、高層事務所の地域として成熟しているが、首都高速道路で〇〇町地区と分断されているため、繁華性はやや劣る。

　　　地域要因に格別の変動要素はなく、当分の間、現状を維持するものと予測される。

（6）公法上の規制

　　　商業地域。防火地域。指定建蔽率80％。指定容積率700％。駐車場整備地区。

（7）供給処理施設

　　　上水道、都市ガス、下水道あり。

（8）危険・嫌悪施設、自然的災害、公害

　　　なし

（9）標準的な画地

　　　近隣地域のほぼ中央部に位置し、幅員20ｍの都道沿いで一画地の規模が600㎡程度（間口30ｍ、奥行20ｍ）の長方形地（中間画地）を標準的な画地として設定した。

（10）標準的使用

　　　高層事務所の敷地。

（11）最有効使用

　　　高層事務所の敷地（理由は173ページの「最有効使用の判定」の項を参照）。

（12）借地権固有の地域要因

　　　① 借地権取引の慣行の有無とその成熟の程度

　　　近隣地域においては借地権の取引慣行は成熟しており、建物付きで

取引する場合が一般的である。

　借地の利用形態は堅固建物所有が中心で、契約は書面によるものが多い。

　借地権割合は第三者取引の場合、堅固建物所有目的で更地価格の70％程度である（以下省略）。

② 借地権のあり方

　近隣地域においては、昭和〇〇年代からの借地が継続しているケースが一般的であり、しかも価格時点においては定期借地権**（注10）**を除き、新規に有償で借地権（普通借地権）が成立することはなく**（注11）**、承継による借地権が一般的である。

　借地権の取引は、当事者間による場合が多いが、第三者を対象として借地権付建物が取引される場合も認められる。

　近隣地域における借地権に関する権利意識**（注12）**は、借地権者・借地権設定者いずれも強い地域である（以下省略）。

> **（注10）**
> 　定期借地権の種類としては、一般定期借地権（借地借家法第22条）、事業用定期借地権（同法第23条）、建物譲渡特約付借地権（同法第24条）の3つがありますが、現在最も活用されているのが事業用定期借地権です。しかし、本件鑑定評価の対象となっている借地権は旧借地法が適用されていた時期に設定されたものであり、借地借家法の上では定期借地権を除く普通借地権に該当します（更新が認められる借地権）。

> **（注11）**
> 　現在適用されている借地借家法の下でも、更新が認められる借地権（普通借地権）の供給は親子会社間または親族間等の特殊な関係を除き、市場ではほとんどみられないのが実情です。鑑定評価の対象とされる借地権のほとんどは、旧借地法の下において設定されたものといえます。

> **(注12)**
> 　不動産鑑定評価基準においても、借地権の鑑定評価を行うに当たり、「借地権に対する権利意識について借地権者側が強い地域であるか否か」に留意すべき旨の規定を置いています（各論第1章第1節Ⅰ3.）。

③ 借地権取引の態様

　近隣地域においては、更新料・建替承諾料（**注13**）・借地条件変更承諾料（**注14**）の授受はほぼ慣行化しており、借地権の名義書換料（**注15**）は一般的に売主負担である。

> **(注13)**
> 　本件鑑定評価ではその対象とされていませんが、参考までに、建替承諾料とは既存の建物を建替える際に借地権者から借地権設定者に支払われる一時金のことです。このようなケースでは、既存の建物をすべて撤去し、同じ構造及び仕様のものを新たに建てることを前提としています。
> 　建替承諾料に類似する金銭のなかには増改築承諾料というものもありますが、増改築承諾料という場合には、既存の建物を増築あるいは改築する際に借地権者から借地権設定者に支払われる一時金を指しています。例えば、既存の建物を活かし、これに変更を加える場合がその対象となります。
> 　ただし、建替承諾料にしても増改築承諾料にしても、借地条件の変更（例えば、非堅固建物から堅固建物への変更）を伴わない点は共通しています。

> **(注14)**
> 　これに対し、本件鑑定評価ではその対象とされていないため参考にとどめますが、借地条件変更承諾料という場合は、非堅固建物（木造等）から堅固建物（鉄筋コンクリート造等）への構造変更や用途変更に伴う建替えの際に授受される一時金を指しています。すでに掲げた建替承諾料や増改築承

諾料との大きな相違は、このように借地条件の変更を伴う点にあります。

（注15）
名義書換料は名義変更承諾料とも呼ばれ、借地権者が借地権を他人に譲渡する際に借地権設定者に支払う手数料的な性格の一時金です。その意味で、名義書換料は借地権価格を構成する要素とはなりませんが、借地権者にとっては借地権を売却する際の手取額が名義書換料の分だけ減少することとなります。

4．対象不動産の状況

対象不動産の価格形成に影響を持つ個別的要因の主なものは以下のとおりである。

（1）近隣地域における位置

近隣地域の北東部に位置する。

（2）個別的要因

① 街路条件　　近隣地域の標準的画地とほぼ同じ。

② 交通接近条件　　近隣地域の標準的画地とほぼ同じ。

③ 環境条件　　近隣地域の標準的画地とほぼ同じ。

④ 供給処理施設　　上水道、都市ガス、下水道あり。

⑤ 自然的災害、公害、危険・嫌悪施設　　なし

⑥ 行政的条件

　○接面する道路の端（対象地側）から20mまでの部分

　　商業地域。防火地域。指定建蔽率80％。指定容積率700％。駐車場整備地区。

　○接面する道路の端（対象地側）から20mを超える部分

　　商業地域。防火地域。指定建蔽率80％。指定容積率600％。駐車場整備地区。

対象不動産の敷地は、指定容積率700%の地域と指定容積率600%の地域にまたがっている（すなわち、奥行が20mを超えている）ため、それぞれの容積率に敷地が属する面積の割合を乗じて加重平均した後の容積率（＝基準容積率）を求めれば約670%となる。

⑦ 埋蔵文化財の有無及びその状態

　〇〇区教育委員会での聴取の結果、対象地は文化財保護法の周知の埋蔵文化財包蔵地には該当していない。

⑧ 土壌汚染の有無及びその状態

　対象地は土壌汚染対策法上の要措置区域及び形質変更時要届出区域には指定されていない。また、水質汚濁防止法の有害物質使用特定施設の届け出はない。

　さらに、古地図等の調査結果（昭和〇〇年、昭和〇〇年の住宅地図）、土地建物の閉鎖登記簿謄本による過去の利用履歴等から判断し、対象地が汚染物質を使用する用途に利用された経緯は把握できなかった。

　上記の結果から、対象地に関し土壌汚染の可能性は低いものと判断する。

⑨ 地下埋設物の有無及びその状態

　現地調査の外観からは基礎杭の頭やコンクリート基礎の露頭部分は一切把握できなかった。（中略）対象不動産の地中にコンクリート基礎等が残存する可能性は低いものと判断する。

⑩ 画地条件　　　間口：約31.5m

　　　　　　　　奥行：約25m

　　　　　　　　規模：788.00㎡

　　　　　　　　形状：長方形地

　　　　　　　　接面道路との関係：中間画地（南西側約31.5mが幅
　　　　　　　　　　　　　　　　　員20mの都道に等高に接面）

⑪ 最有効使用の判定

　対象不動産の最有効使用を、立地条件及び形状・規模等の個別的要因から判断し、高層事務所の敷地と判定した。

⑫ 標準的な画地と比較した場合の増減価要因

　　○増価要因　　なし

　　○減価要因　　基準容積率が劣る（178ページ参照）

Ⅱ. 評　価

　借地権価格を評価するに当たっての不動産鑑定評価基準の基本的な考え方は以下のとおりである。

○不動産鑑定評価基準

（借地権の取引慣行の成熟の程度の高い地域）

　　借地権の鑑定評価額は、借地権及び借地権を含む複合不動産の取引事例に基づく比準価格、土地残余法による収益価格、当該借地権の設定契約に基づく賃料差額のうち取引の対象となっている部分を還元して得た価格及び借地権取引が慣行として成熟している場合における当該地域の借地権割合により求めた価格を関連づけて決定するものとする**（注16）**。

> **（注16）**
> 　不動産鑑定評価基準では、借地権の取引慣行の成熟の程度の高い地域と低い地域に分けて鑑定評価の手法を規定していますが、本件鑑定評価の対象不動産は前者の地域に属することから、上記規定を掲げました（各論第1章第1節Ⅰ3.(1)②）。

　しかし、本件の場合、同一需給圏内の類似地域において規範的な借地権の取引事例が収集できなかったこと**（注17）**、建物建築後の経過年数がかなり経過していることから土地残余法（借地権残余法）による借地権の収

益価格は精度に劣ること**(注18)** 等の理由により、次の2つの手法により借地権価格を試算することとした。
1．賃料差額還元法により求めた価格
2．慣行的借地権割合により求めた価格

> **(注17)**
> 　借地権の取引には当事者間の個別的事情が介入することが多く（契約締結時からの期間の経過、賃料改定の経緯及び当事者間の力関係等）、価格形成要因を共通にする借地権の取引事例を収集するのが困難であることによります。

> **(注18)**
> 　更地についての「土地残余法の適用例」については本章8項で改めて取り上げますが、本項では、借地権の評価という側面から次の点を指摘しておきます（下線部に留意）。
> 　「土地残余法は、更地について、当該土地に最有効使用の賃貸用建物等の建築を想定する場合、または、不動産が土地と建物等により構成されている場合において、収益還元法以外の手法によって建物等の価格を求めることができるときは、当該不動産に基づく純収益から建物等に帰属する純収益を控除した残余の純収益を還元利回りで還元して土地の収益価格を求める手法であり、これを借地権付建物に適用する場合には「借地権残余法」と呼ばれる。
> 　なお、建物が古い場合や最有効使用にない場合には、家賃と土地建物価格との相関関係が希薄となるため土地残余法に適用限界があることに留意すべきである。」
> （出所）公益社団法人日本不動産鑑定士協会連合会「実務修習・指導要領テキスト」

第5章 不動産鑑定評価書の実際例と読み方・留意点～土地編～

1．賃料差額還元法により求めた価格

　賃料差額還元法は、対象不動産の正常実質賃料相当額（**注19**）から実際支払賃料を控除して求めた賃料差額を還元して借地権価格を求める手法である。

> **（注19）**
> 　借地権者が借地権設定者に本来支払うべき賃料（土地の経済価値に相応する賃料）を意味します。

　この手法は、借地権価格が借り得部分（＝正常実質賃料相当額と実際支払賃料の差額）を基礎に発生しているという考え方を理論的根拠とするものであり、その結果、借地権価格は次表のとおり1,256,000,000円と試算された。

① 実際支払賃料（年額地代）（注20）	② 正常実質賃料相当額				
	イ 基礎価格（注21）	ロ 期待利回り（注22）	ハ 純賃料（イ×ロ）	ニ 必要諸経費（注23）	ホ 計（ハ＋ニ）
32,698,000円	2,088,000,000円	4.0%	83,520,000円	5,704,700円	89,224,700円

③ 賃料差額（②－①）	④ 還元利回り（注24）	⑤ 借地権価格（③÷④）	⑥ 借地権割合（⑤÷イ）
56,526,700円	4.5%	≒1,256,000,000円	≒60.0%

> **（注20）**
> 　（月額実際支払賃料）　　　　　　　（年額実際支払賃料）
> 　　　2,724,800円　×　12月　≒　32,698,000円

(注21)
　契約による減価は認められないため、更地価格をもって基礎価格としました。なお、更地価格の査定根拠については、後掲の「慣行的借地権割合により求めた価格」に記載しました。
　また、「契約による減価が認められる場合」とは、例えば、借地上に建築が許可される建物の用途が限定されているような場合を指します。このような特約が付されている契約の場合、それに相応する減価を織り込むのが通常です。

(注22)
　期待利回りについては本章7項（底地）で詳しく解説しますが、本項では、不動産に対する投資額（あるいは基礎価格）に対して期待される純収益の割合を意味します。
　なお、期待利回りは固定されたものではなく、経済情勢やその土地に対する投資の安全性、リスク等によって変化するため、本項で用いている数値は一つの設例です。

(注23)
　固定資産税及び都市計画税の実額です。

(注24)
　還元利回りと期待利回りの関係についても本章7項（底地）で詳しく解説しますが、期待利回りが一定期間の使用収益を前提として把握される割合であるのに対し、還元利回りは不動産の収益性を表す一つの指標であり、全期間にわたる使用収益を前提として把握される割合であるといえます。そのため、還元利回りには長期にわたる分だけリスクが反映され、期待利回りよりも一般的に高くなる傾向にあります。

2．慣行的借地権割合により求めた価格

　この方法は地域の慣行的借地権割合を基にしたものであり、当該割合は堅固建物及び非堅固建物、建物の建築後の経過年数等の区別なく当該地域における借地権取引の最大公約数的な意味合いを有するものであるが、借地権取引の目安として重要視される傾向にある。

　本件鑑定評価においても、慣行的借地権割合を用いて、以下のとおり借地権価格の試算を行った。

（1）借地権価格の基礎となる更地価格の査定
　① 近隣地域の標準的使用における標準価格（更地価格）の査定
　　近隣地域の状況欄に掲げた地域要因を備え、幅員20ｍの都道沿いで一画地の規模が600㎡程度（間口30ｍ、奥行20ｍ）の高層事務所の敷地の標準的な価格を、下記ａ．の価格との均衡に留意の上、ｂ．及びｃ．の価格を比較検討して2,700,000円／㎡と査定した。
　　ａ．公示価格を規準とした価格　　2,350,000円／㎡（過程は省略）
　　ｂ．取引事例比較法を適用して求めた価格
　　　　2,650,000円／㎡～2,750,000円／㎡（過程は省略）
　　ｃ．収益還元法（土地残余法）による収益価格 **(注25)**
　　　　2,200,000円／㎡（過程は省略）

> **(注25)**
> 　ここにいう収益還元法（土地残余法）とは、更地価格を査定する際に、当該土地に最有効使用の賃貸用建物等の建築を想定して収益価格を求めることを意味していますが、詳しい解説は本章8項を参照してください。

　② 対象地の更地価格の査定
　　上記①の標準的な画地と比べて対象地には次の減価要因を有するため、これを反映させて対象地の更地価格を以下のとおり査定した。

○減価要因

　基準容積率が劣る　－2％（利用効率に与える影響度を考量して査定）

　　　　　　　　　　　　　　　（標準的な画地：700％、対象地：670％）

○格差修正率

　格差修正率　＝　100％　－　2％　＝　98％

○更地価格

　ア　単　価

$$\begin{pmatrix}標準的な\\画地の価格\end{pmatrix} \qquad （格差修正率） \qquad \begin{pmatrix}対象不動産\\の単価\end{pmatrix}$$

　2,700,000 円／㎡　×　98％　≒　2,650,000 円／㎡

　イ　総　額

　単価に面積を乗じ、端数整理を行って更地価格の総額を2,088,000,000 円と査定した。

$$\begin{pmatrix}対象不動産\\の単価\end{pmatrix} \qquad （評価数量） \qquad （総\quad 額）$$

　2,650,000 円／㎡　×　788.00㎡　≒　2,088,000,000 円

(2) 借地権価格

　近隣地域においては、財産評価基準書の路線価図に記載された借地権割合（**注26**）は80％、地元精通者の意見による堅固建物所有目的での取引上の借地権割合は70％程度となっている。

> **（注26）**
> 　路線価図には、路線価のすぐ右隣りに借地権割合がA、B、C……等の記号で記載されています。これは、相続税課税の際のその地域における一般的・慣行的な借地権割合を示しています（A：90％、B：80％、C：70％、D：60％……）。この割合は、個々の借地契約の内容までは反映しておらず、建物の堅固・非堅固建物の区別なく一律に定められていますが、実務上、重要な参考資料として活用されています。路線価図の一例は、第1章の図表1-8を参照してください。

第 5 章　不動産鑑定評価書の実際例と読み方・留意点〜土地編〜

　本件においては、借地権価格の形成要因を総合的に比較検討し、近隣地域における堅固建物所有目的の借地権割合を 70％ と査定し、以下のとおり慣行的借地権割合による借地権価格を 1,462,000,000 円と試算した。

　　　（更地価格）　　　（借地権割合）　　（借地権価格）
　　2,088,000,000 円　×　70％　≒　1,462,000,000 円

3．試算価格の調整及び鑑定評価額の決定

以上により、
　1．賃料差額還元法により求めた価格　　　1,256,000,000 円
　2．慣行的借地権割合により求めた価格　　1,462,000,000 円

と求められたが、開差が生じたため、鑑定評価手法及び採用した資料の有する特徴に応じた斟酌を加え、客観的かつ批判的に再吟味して説得力の程度を判断する。

　上記1．の価格は、現行賃料に基づく借地権者の経済的利益を反映する賃料差額に着目して求めた価格であり、契約の個別性を反映している点 **(注27)** に特徴がある。しかし、本質的には理論的色彩の強い価格であり、しかも賃料差額の帰属の問題や賃料改定の実現が流動的である等の問題点も含んでいる。

> **(注27)**
> 　個々の契約によっては、賃料差額が多額に生ずるケースもありますが、このような場合でも、その全額が慣行的に取引の対象となっているわけではありません。その意味で、この手法により求めた価格は理論的色彩が強いといえます。

　上記2．の価格は、借地権の取引慣行の成熟している地域において、借地権割合を基礎として借地権の取引価格が形成される傾向の強い事実に着目して求められたものである。そのため、当該価格は取引の実態を反映し

ており、現実的にも説得力に富むものである。

　以上の検討を踏まえ、本件においては借地権取引の実態を反映した前記２．の価格を重視し、借地権の鑑定評価額を1,462,000,000円と決定した。

［付　記］〈附属資料〉（省略）

以　上

> **ポイント**
>
> ○借地権の鑑定評価書を読む時のポイント
> ・鑑定評価の対象となっている土地が、借地権の取引慣行の成熟の程度が高い地域に属するのか、それとも低い地域に属するのかにつき、鑑定評価書の記載内容を確認する必要があります。
> ・本件の設例は、借地権の取引慣行の成熟の程度の高い地域を想定していますが、成熟の程度が低い地域においては、そもそも慣行的借地権割合なるものを適用することはできません。その場合の鑑定評価の手法については、不動産鑑定評価基準各論第１章第１節Ⅰ３(1)②イに規定されていますが、本書では割愛させていただきます。
> ・借地権の取引慣行の成熟の程度の高い地域では、慣行的借地権割合によって借地権価格を求める手法は、必ずといってよいほど鑑定評価書に登場してきます。ただし、その際には、借地権割合だけでなく、借地権価格算定の基礎となる更地価格の水準にも留意が必要です。

第5章　不動産鑑定評価書の実際例と読み方・留意点～土地編～

 底地の鑑定評価書例
～住宅地のケース～

不動産鑑定評価書

令和○年○月○日発行

○○○○○　殿

所属鑑定業者の名称　○○○○○
不動産鑑定士　○○○○○

〔1〕対象不動産の表示及び鑑定評価額

所在及び地番	地目	評価数量	鑑定評価額
（土地） ○○県○○市○○町5丁目1番	宅地	（登記簿） 250.00㎡	（底地の正常価格） 24,000,000円

（既掲載例と同文）

〔2〕鑑定評価の基本的な事項
1．不動産の種別・類型
（1）種別　　住宅地
（2）類型　　底地（建物所有を目的とする土地賃借権が付着した土地所有権）**(注1)**

> **(注1)**
> 　底地とは、宅地について借地権が付着している場合における当該宅地の所有権を意味しています。底地という言葉のイメージから、建物の敷地という意味で使用されていることがあります。しかし、このようなとらえ方は正確ではありません。

181

図表 5-21 は、建物とその敷地の所有者が同一人ですが、このような状態で敷地について鑑定評価を行う場合の宅地の類型は「建付地」となります。これに対して、図表 5-22 のように建物とその敷地の所有者が別人である場合の宅地の類型が「底地」に該当します。

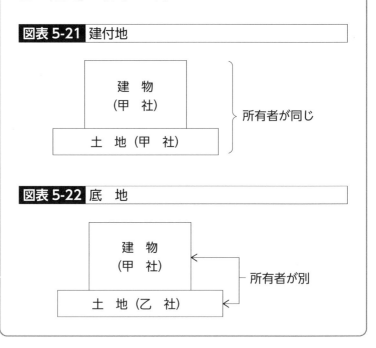

2．鑑定評価の条件

（1）対象確定条件　　現実の状態を所与とする鑑定評価 **(注 2)**

> **(注 2)**
> ここでは、土地賃貸借が継続している状態での土地の所有権について鑑定評価を行うため、このような記載となっています。

（2）地域要因または個別的要因についての想定上の条件　　なし
（3）調査範囲等条件　　なし

3．価格時点　　　令和○年○月○日
4．所有者名　　　価格時点現在　　○○○○○殿
5．鑑定評価の依頼目的　　　売買の参考
6．価格の種類　　　正常価格
7．鑑定評価の依頼目的及び依頼目的に対応した条件と価格または賃料の種類との関連
（既掲載例と同文）
8．鑑定評価を行った日付　　　令和○年○月○○日
9．鑑定評価書の利用者の範囲等　　　（既掲載例と同文）
10．関与不動産鑑定士及び関与不動産鑑定業者に係る利害関係等
（既掲載例と同文）

〔3〕対象不動産の確認
1．物的確認
（1）実地調査日　　　令和○年○月○○日
（2）実地調査を行った不動産鑑定士　　　○○○○○
（3）立会者　　　なし
（4）実地調査を行った範囲　　　土地について境界部分及び敷地内の実地調査を行った。
（5）実地調査の一部を実施できなかった場合にあってはその理由
　　上記のとおり実地調査を行った。
（6）確認に用いた資料　　　法務局備付の登記事項証明書（土地及び建物）、公図、地積測量図・建物図面・各階平面図、令和○年度固定資産課税台帳記載事項証明書（土地）
（7）照合事項　　　位置・形状・規模につき現地を踏査して一致を確認。隣地及び道路との境界についてはプレートの存在を確認した。
（8）評価上採用した数量　　　登記簿数量

2．権利の態様の確認

（1）契約の目的　　普通建物（非堅固建物）所有を目的とする土地の賃貸借 **(注3)**

> **(注3)**
> 　借地借家法では建物の堅固・非堅固による契約期間の相違を設けていませんが（一律30年）、本件は旧借地法が適用されていた時期に締結された契約であり、非堅固建物所有を目的とする土地賃貸借契約（契約期間20年）となっています。
> 　借地借家法上の借地権が発生した場合、借地人保護の色彩が強くなるとともに、その権利に経済的な価値が生じ、これが金銭の授受を伴って取引されるケースが多くあります。借地権の価値が高いということは、それだけ底地の価格が低いということになります。
> 　例えば、図表5-23のように更地価格（四角全体）を一定とした場合、更地価格に対する借地権価格の割合が大きくなれば（価値が高くなれば）、その分だけ底地価格の割合が小さくなる（価値が低くなる）というイメージです。
>
> **図表5-23** 借地権と底地
>
> ［更地価格＝借地権価格＋底地価格。借地権の価値が高くなると借地権価格の割合が大きくなり、底地価格の割合が小さくなる図］

（2）確認に用いた資料　　土地賃貸借契約書、賃料改定に関する覚書（平成○年○月）**(注4)**

> **(注 4)**
> ここでは、借地権者(賃借人)の土地利用権が何に基づいているかを確認した結果が記載されています。

(3) 賃貸借当事者　　借地権設定者(賃貸人):○○○○
　　　　　　　　　　借地権者(賃借人):○○○○
(4) 契約数量　　250.00㎡ **(注 5)**

> **(注 5)**
> 契約書に記載されている面積が鑑定評価の対象面積です。契約面積は登記簿面積と一致するとは限りません。例えば、一筆の一部というケースもあります。

(5) 契約の経緯　　昭和○○年○月1日、当事者間にて上記内容の土地賃貸借契約を締結。
(6) 契約期間　　原契約:昭和○○年○月1日より20年間。その後、価格時点に至るまで2度の更新が行われている。
　　　　　　　　現行契約:平成○○年○月1日〜令和○○年○月31日までの20年間
　　　　　　　　(期間満了まで10年余りあり)
　　　　　　　　なお、本件土地賃貸借契約は平成4年8月1日以前に締結されており、旧借地法が適用される**(注 6)**。

> **(注 6)**
> 建物所有を目的する土地賃貸借契約が締結されているケースは、定期借地権に関する契約を除き、借地借家法施行以前のもの(旧借地法の時代に締結したもの)が圧倒的に多いといえます。

（7）月額支払賃料　　現行月額 110,000 円（年額 1,320,000 円）
（8）一時金の授受　　原契約締結時における権利金の授受は不明である**（注7）**。

一回目の更新時に 2,000,000 円、二回目の更新時に 2,300,000 円が更新料として借地権者（賃借人）から借地権設定者（賃貸人）に支払われている。

> **（注7）**
> 　数多い借地契約の中には、権利金を授受した事実が不明なもの（＝契約書に権利金についての記載がなく、かつ、領収書等の証憑が存在しないもの）も珍しくありません。権利金を授受していなくとも、借地権者（賃借人）に様々な経済的利益が生じていることから、借地権価格の存在を認めることができるケースは多いといえます。

（9）特約その他　　第三者への借地権の譲渡・転貸の禁止。増改築時における借地権設定者（賃貸人）の事前承諾**（注8）**。

> **（注8）**
> 　ここに記載されている内容は、一般の土地賃貸借契約に共通するものです。

〔4〕鑑定評価額の決定の理由の要旨
Ⅰ．価格形成要因の分析
1．一般的要因の分析
（1）社会経済等の状況　　（省略）
（2）地価の推移と動向　　（省略）
2．対象不動産に係る市場の特性　　（省略）

3．近隣地域の状況

対象不動産の所在する近隣地域の地価形成に影響を持つ地域要因の主なものは以下のとおりである。

（1）近隣地域の範囲

　　○○市○○町5丁目の住宅地域。

（2）街路条件

　　幅員6mの市道に面する。系統・連続性は普通。

（3）交通接近条件

　　JR○○線○○駅より近隣地域の中心まで北東方へ約200mを要する。

（4）自然的条件

　　地勢は平坦。

（5）地域的特性

　　近隣地域は、一軒ごとの区画が大きい戸建住宅が建ち並ぶ閑静な住宅地域である。地域要因に格別の変動要素はなく、この傾向は当分の間、現状を維持するものと予測される**（注9）**。

> **（注9）**
> 　対象地はこのような地域の一角にあり、近隣の建物も木造住宅（非堅固建物）がほとんどです。

（6）公法上の規制

　　第1種低層住居専用地域。第1種高度地区（最高高さ10m）。指定建蔽率50％。指定容積率100％。

（7）供給処理施設

　　上水道あり。都市ガスあり。公共下水道あり。

（8）危険・嫌悪施設、自然的災害、公害

　　なし

（9）標準的な画地

幅員 6m の市道（方位：南）に等高に一面が接し、一画地の規模が 250㎡程度（間口約 15m、奥行約 16m）の長方形地を標準的な画地として想定した（図表 5-24）。

図表 5-24 標準的な画地

（10）標準的使用

　　戸建住宅の敷地。

（11）最有効使用

　　対象不動産の最有効使用を、戸建住宅の敷地と判定した（理由は 189 ページの「市場参加者の属性と最有効使用の判定」の記載を参照）。

４．対象不動産の状況

　対象不動産の価格形成に影響を持つ更地としての個別的要因の主なものは以下のとおりである。

（1）近隣地域における位置

　　近隣地域の中央部に位置する。

（2）個別的要因

　　① 街路条件　　近隣地域の標準的画地とほぼ同じ。

② 交通接近条件　近隣地域の標準的画地とほぼ同じ。
③ 環境条件　　　近隣地域の標準的画地とほぼ同じ。
　　　　　　　　（以下、既掲載例と同文）
④ 行政的条件　　近隣地域の状況欄に記載のとおり。
　　　　　　　　○○市教育委員会での聴取の結果、対象地は文化財保護法の周知の埋蔵文化財包蔵地には該当していない。
　　　　　　　　（以下、既掲載例と同文）
⑤ 画地条件　　　間口：約16m
　　　　　　　　奥行：約15m
　　　　　　　　規模：250.00㎡
　　　　　　　　形状：長方形地
　　　　　　　　接面道路との関係：角地
　　　　　　　　　・南側約15mが幅員6mの市道に等高に接面
　　　　　　　　　・東側約16mが幅員4mの私道（位置指定道路）に等高に接面 **(注10)**

> **(注10)**
> 　対象不動産が東側で接する道路は私道ですが、道路位置の指定を受け（建築基準法上の道路扱い）、かつ不特定多数の人の通行の用に供されています。

（3）市場参加者の属性と最有効使用の判定

　対象不動産は、○○県の郊外にあり、JR○○線○○駅にも近く、かつ戸建住宅が建ち並び閑静な住宅街を形成している地域内に所在する。近隣地域には借地権の取引がみられ、借地権取引も成熟していると思料されるが、底地の取引は少ない **(注11)**。

> **(注11)**
> 　借地権と底地は相互に密接に関連しており、表裏の関係にあるといわれますが、借地権取引が成熟していても底地の取引は少ないのが実情です。

　底地価格は、地代徴収権に将来期待される条件変更承諾料、名義書換料、更新料等の一時金の額ならびに借地権と一体化することにより完全所有権に復帰する期待性を加味して形成されている**(注12)**。しかし、借地権者以外の第三者が買い取る場合（底地の正常価格）には、対象地を事実上所有者が長期間にわたり使用できないことから、地代徴収権を重視した価格が中心とならざるを得ない。また、底地買取り後に借地権者と交渉を行い完全所有権の状態を実現させ、更地化を図る目的での購入者も考えられる**(注13)**。

> **(注12)**
> 　不動産鑑定評価基準には、「将来において一時金の授受が見込まれる場合には、当該一時金の経済的利益も借地権設定者（※）に帰属する経済的利益を構成する場合があることに留意すべきである（各論第1章第1節Ⅰ3.(2)）」旨の規定があります。本文に記載されている条件変更承諾料等の一時金は、これに該当するものです。
> 　（※）借地権設定者とは、土地賃貸人を指します。

> **(注13)**
> 　これに対して、借地権者が底地を買い取る場合には、借地権と底地が同一人に帰属する結果（＝権利の混同）、完全所有権の状態が実現して底地の市場性が回復するため、その分だけ第三者との取引価格（正常価格）よりも割高な価格で買い取っても経済合理性が認められ、採算が合うことになります。これが限定価格に該当するケースですが、本件はあくまでも第三者売却を前提とする正常価格の鑑定評価です。

いずれにしても、底地の正常価格を前提とする場合の典型的な市場参加者は、収益目的での購入者または底地買取業者が中心となる。

対象不動産の最有効使用を、立地条件及び形状・規模等の個別的要因から判断し、戸建住宅の敷地と判定した。

（４）標準的な画地と比較した場合の増減価要因

　　　○増価要因　　　角地

Ⅱ．評　価

本件の評価に当たっては、底地の価格形成要因に関する上記の考え方を基に

　１．更地価格から借地権価格を控除して求めた価格

　２．実際支払賃料に基づく純収益を還元して求めた価格

を求め、各試算価格を調整の上、鑑定評価額を決定する **(注14)**。

> **（注14）**
> 　底地の取引事例で規範性のあるものが収集できれば試算価格の精度も高くなりますが、収集が難しいのが実情です。また、事例を収集できた場合でも、賃貸借契約の内容には個別性があるため、底地の取引事例が他のケースにそのまま当てはまるというわけでもありません。本件ではこのような実情を踏まえ、取引事例比較法は適用していません。

１．更地価格から借地権価格を控除して求めた価格

　Ａ．底地価格の基礎となる土地価格（更地価格）の査定

　近隣地域における標準的な画地（中間画地、方位は南）の価格（標準価格）を、公示価格（別表Ａ（省略））及び取引事例比較法を適用して（別表Ｂ（省略））、343,000円／㎡と査定した **(注15)**。

> **（注15）**
> 　公示価格を規準とした価格、取引事例比較法を適用して求めた価格が別表に記載されています。

B．対象地の更地価格

　対象不動産には、標準的な画地と比べて次の増価要因があるため、これを基に格差修正を行って次のとおり更地価格を査定した。

　○増価要因

　　角地　　＋2％（利用効率の優る程度を考量）

　○対象地の更地価格

（標準価格）　　　（格差修正率）　　　（対象不動産の単価）
343,000円／㎡　×　（100％＋2％）　≒　350,000円／㎡

（対象不動産の単価）　　（評価数量）　　　（総　額）
350,000円／㎡　×　250.00㎡　＝　87,500,000円

C．借地権価格の査定

（1）慣行的借地権割合により求めた価格

　① 地元精通者の意見に基づく近隣地域及び同一需給圏内の類似地域における借地権割合は60％程度である。

　② 相続税の路線価図に記載されている近隣地域における借地権割合（注16）は60％である。

> **（注16）**
> 　前項（借地権の鑑定評価）でも述べたとおり、路線価図には、相続税課税の際のその地域における一般的・慣行的な借地権割合が示されています。

　以上の結果から、当該地域における建物所有を目的とする慣行的借地権割合を60％と査定し、以下のとおり借地権価格を52,500,000円と査定した。

（更地価格）　　　（慣行的借地権割合）　　　（借地権価格）
87,500,000円　×　　　60％　　　＝　52,500,000円

（2）賃料差額還元法を適用して求めた価格

対象不動産の正常実質賃料相当額から実際支払賃料を控除して求めた賃料差額を還元して、借地権価格を以下のとおり54,000,000円と査定した**（注17）**。

① 実際支払賃料（年額地代）	② 正常実質賃料相当額				
	イ 基礎価格（※1）	ロ 期待利回り**（注18）**	ハ 純賃料（イ×ロ）	ニ 必要諸経費（※2）	ホ 計（ハ+ニ）
1,320,000円	87,500,000円	4.00%	3,500,000円	250,400円	3,750,400円

③ 賃料差額（②−①）	④ 還元利回り**（注19）**	⑤ 借地権価格（③÷④）	⑥ 借地権割合（⑤÷イ）
2,430,400円	4.5%	54,000,000円	61.7%

（※1）更地価格をもって基礎価格とした。
（※2）固定資産税及び都市計画税実額

> **（注17）**
> 　借地権の鑑定評価書（本章6項）でも登場しましたが、賃料差額還元法とは、更地価格に相応する経済賃料（＝借地権者が本来貸主に支払うべき賃料（上表②の「正常実質賃料相当額」））と実際に支払っている賃料（上表①の「実際支払賃料」）の差額に着目し、これが年々累積されて借地権価格を形成しているという考え方に立っています。
> 　賃料差額を還元利回りで還元する（割戻す）という方法は、一期間の差額が永久に継続することを前提として元本（借地権価格）を求めることを意味します。

> **（注18）**
> 　前項でも簡単に述べましたが、期待利回りとは、賃貸借等に供する不動産を取得するために要した資本に相当する額に対して期待される純収益の資本相当額に対する割合を意味し

ます。
　計算式に要約すれば、
　　不動産の投資額　×　一定割合（期待利回り）
　　＝不動産から得られる賃料
ということになります。
　ここでは、昨今の不動産市場における定期借地権の利回り、金利の動向、市場参加者の借地に対する期待等を考慮の上、4.0％と査定しました。なお、不動産投資の期待利回りは、金融機関の貸出金利と同一のものではなく、不動産投資に対するリスクや事業者の利潤も加わります。

（注19）
　不動産の価格をとらえる場合、その不動産の使用収益が可能な全期間にわたって自ら保有することを前提に経済価値をとらえています。収益還元法を適用して不動産の価格を求める際には、純収益を還元利回りで還元して（＝割戻して）収益価格を求めますが、ここで用いる還元利回りは、期待利回りが一定期間の使用収益を前提としているのに対し、還元利回りが全期間にわたる使用収益を前提としていることから、その分だけリスクも多く、期待利回りよりも高い割合となるのが一般的です。
　このような考え方に基づき、本件においては還元利回りを4.5％と査定しました。
　なお、還元利回りと価格、期待利回りと賃料の関係について要約したものが図表5-25です。

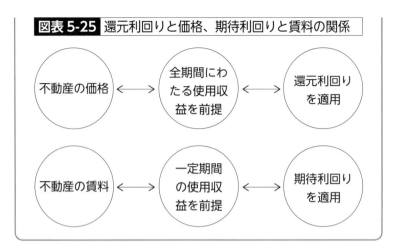

(3) 借地権価格の査定

以上により、

(1) 慣行的借地権割合により求めた価格　　52,500,000 円
(2) 賃料差額還元法を適用して求めた価格　54,000,000 円

が得られた。

(1) の価格は、借地権の取引慣行が成熟している地域では借地権の取引価格の基準として形成される傾向が強い。当該地域では借地権の取引慣行が成熟していると判断されることから、重視されるべき価格である。

(2) の価格は、借地人に帰属する経済的利益を基に資本還元して求めた価格であり、借地契約の個別性を反映したものであるが、賃料差額の全額が借地権価格として顕在化されるとは限らない**(注20)**。

> **(注20)**
> 　借地権の鑑定評価書（本章6項）の中にも登場しましたが、不動産鑑定評価基準では、借地権の鑑定評価について以下のとおり規定しています。
> 「ア　借地権の取引慣行の成熟の程度の高い地域

> 借地権の鑑定評価額は、借地権及び借地権を含む複合不動産の取引事例に基づく比準価格、土地残余法による収益価格、<u>当該借地権の設定契約に基づく賃料差額のうち取引の対象となっている部分を還元して得た価格</u>及び借地権取引が慣行として成熟している場合における当該地域の借地権割合により求めた価格を関連づけて決定するものとする。(各論第1章第1節Ⅰ3.(1)②)」
>
> ここで、下線を付した箇所が賃料差額還元法を意味しており、「賃料差額のうち取引の対象となっている部分」という表現に着目する必要があります。

　以上の点を総合的に比較考量の結果、本件においては規範性が優る(1)の価格を重視し、借地権の正常価格を52,500,000円と査定した。

(4) 更地価格から借地権価格を控除して求めた価格の査定

　以上より、更地価格 87,500,000 円から借地権価格 52,500,000 円を控除し、底地価格を 35,000,000 円と査定した(図表 5-26)。

　　(更地価格)　　　(借地権価格)　　　(底地価格)
　87,500,000 円 － 52,500,000 円 ＝ 35,000,000 円

図表 5-26 更地価格から借地権価格を控除して求めた底地価格

2．実際支払賃料に基づく純収益を還元して求めた価格

実際支払賃料に基づく純収益を還元して、底地の収益価格を以下のとおり 21,300,000 円と査定した **(注 21)**。

① 実際支払賃料 （年額地代）	② 必要諸経費	③ 純収益 （①−②）	④ 還元利回り **(注 22)**	⑤ 底地の収益価格 （③÷④）
1,320,000 円	254,000 円	1,066,000 円	5.0%	≒ 21,300,000 円

(注 21)
　不動産鑑定評価基準では、「底地の鑑定評価額は、<u>実際支払賃料に基づく純収益等の現在価値の総和を求めることにより得た収益価格及び比準価格を関連づけて決定するものとする</u>（各論第 1 章第 1 節Ⅰ 3.(2)）」と規定されています。
　実際に底地の規範的な取引事例を収集すること（その結果として比準価格を求めること）は容易ではないため、底地の鑑定評価の実務的な手法として、前記 1．の「更地価格から借地権価格を控除して求める」方法等が併用されることも多いといえます。
　上表で求めている底地の収益価格は、下線を付した箇所に該当します。つまり、実際支払賃料から必要諸経費を控除した金額が純収益に該当し、これを還元利回りで還元する（割戻す）ことが「純収益等の現在価値の総和を求める」ことに該当します（第 3 章を参照）。

(注 22)
　底地に対する投資は、借地権に対する投資に比べてリスク（所有者自ら使用できない期間が長いこと等）を伴います。そのため、還元利回りは借地権価格を求める際に用いたものよりも高い割合で査定しました。

3．試算価格の調整及び鑑定評価額の決定

以上により、
（1）更地価格から借地権価格を控除して求めた価格　　35,000,000 円
（2）実際支払賃料に基づく純収益を還元して求めた価格　　21,300,000 円

と求められたが、開差が生じたため、鑑定評価手法及び採用した資料の有する特徴に応じた斟酌を加え、客観的かつ批判的に再吟味して説得力の程度を判断する。

（1）の価格は、完全所有権価格（更地）から土地利用権の価格（借地権価格）を控除して求めた所有権価格（底地価格）であるが、借地条件に基づく経済的不利益や借地権が付着していることによる市場性及び担保価値の減退等が加味されておらず、底地価格の上限値としての性格を有する。

（2）の価格は、対象不動産が将来生み出すであろうと期待される純収益の現在価値の総和に着目して求めた価格であり、第三者間取引における底地の経済価値を反映した価格である。

底地の価格は、地代徴収権に着目して形成される反面、将来、借地権を併合して完全所有権となる潜在価値をも含んでいることを考慮し、本件においては（2）の価格を重視し、更地価格から借地権価格を控除して求めた価格も比較検討の上、鑑定評価額を 24,000,000 円と決定した **(注 23)**。

> **(注 23)**
> 　第三者売却を前提とする底地価格が、借地条件に基づく経済的不利益や借地権が付着していることによる市場性及び担保価値の減退等を加味して形成されている点を反映して作成した図が図表 5-27 です。

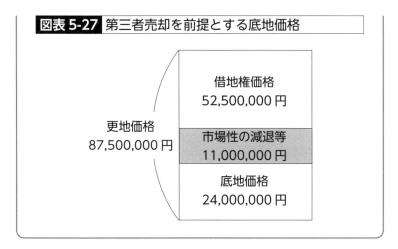

図表5-27 第三者売却を前提とする底地価格

［付　記］〈附属資料〉（省略）

以　上

ポイント

○底地の鑑定評価書を読む時のポイント
・取引の相手方が借地権者か、借地権者以外の第三者かで求める価格の種類が異なります。
・相手方が借地権者の場合は限定価格、それ以外の第三者の場合は正常価格となります。
・底地の鑑定評価では取引事例の収集が難しいことが多いといえます。

8 土地残余法の適用例

1 土地残余法の適用例

　今まで掲げてきた鑑定評価書の例には直接は登場してきませんでしたが、特に高度商業地の鑑定評価では、土地残余法という手法を適用した価格の試算が多く行われています。土地残余法は、その仕組みが複雑であるため、鑑定評価書を読みこなすには、それなりの知識が必要です。以下、本項ではそのポイントを解説します。

　土地残余法とは、対象不動産が更地である場合において、当該土地上に最有効使用の賃貸用建物等の建築を想定し、収益還元法以外の手法によって想定建物等の価格を求めることができる時は、当該想定建物及びその敷地に基づく純収益から想定建物等に帰属する純収益を控除した残余の純収益を還元利回りで還元する手法であると定義されています（不動産鑑定評価基準運用上の留意事項Ⅴ1.(4)①イ）、(**図表 5-28**)。

　ただし、ここで想定する家賃は、新築（あるいは新築に近い）建物を前提とすべき点に留意が必要です。なぜなら、建物が古くなれば家賃も低くなり、土地に帰属する純収益は少なくなることから、そこで求められる価格はいつでも最有効使用が可能であることを前提とする更地価格と乖離する結果となるからです。

図表5-28 土地残余法のイメージ

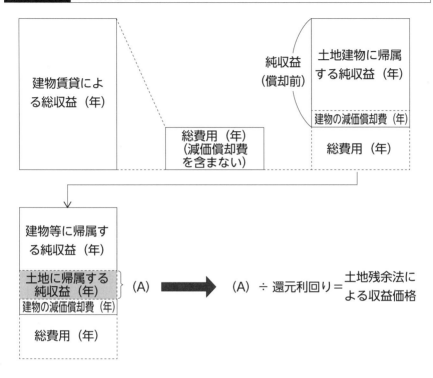

　本項に掲げる土地残余法は、不動産鑑定評価基準の本文ではなく、平成6年9月9日付で国土庁（現国土交通省）土地鑑定委員会において「収益還元法（新手法）について」で承認されたものの中に掲げられています。なお、土地残余法の適用に当たっては、土地に帰属する純収益を還元利回りで還元して土地の収益価格を求めることになりますが、還元利回りは、基本利率（注1）に純収益の変動率を加味して査定することとされています。

> **（注1）**
> 　純収益を現在価値に割り戻すための利回りのことを「基本利率」と呼んでいます。基本利率は、不動産投資への危険性等を考慮して設定されています。そのため、危険性等が高ま

> れば基本利率は上昇し、反対に危険性が低くなれば基本利率も低下します。

　基本利率は、経済状況や建物の用途等に応じても変動します。本書では、鑑定評価書の読み方を解説することに主眼を置いているため、本項の具体例で適用する利率はシンプルなものとしました。
　以下、土地残余法の具体例を掲げながら、そのポイントを解説していきます。
　対象地は近隣商業地域内にあり、現状は店舗兼事務所の敷地として利用されています。周辺の土地の利用状況を調査したところ、中規模の店舗や事務所が多い路線商業地域であり、近隣地域の標準的使用も中規模の店舗兼事務所の敷地と判断されます。また、地域要因にも特別の変動要素は見当たらないため、近隣地域の状況も当面は現状を維持していくものと予測されます。
　なお、対象地の面積、公法上の制限等は次のとおりです。

　　面積：250㎡
　　形状：長方形地
　　道路条件：東側が幅員6mの市道に接面する。
　　公法上の制限：近隣商業地域。指定建蔽率60％。指定容積率200％。
　　　　　　　　　準防火地域。高度地区内。

　収益還元法（土地残余法）の適用に当たり、対象地上に想定した建物の概要は図表5-29のとおりです。

図表5-29　対象地上に設定した建物の概要

（用途）	店舗兼事務所
（建築面積）	166㎡
（構造等）	鉄筋コンクリート造3階建
（延床面積）	498㎡

これを基に建物の賃貸可能床面積（有効面積）を試算し、近隣地域における類似物件との比較から、対象建物の適正な支払賃料（月額の1㎡当たりの単価）及び保証金を査定し、これらの資料を用いて**図表5-30**のとおり、総収益を11,439,765円と査定しました。

図表5-30 総収益の査定

階	床面積	有効率	有効面積	賃料単価	月額支払賃料	保証金[※1]
1	166㎡	85%	141.1㎡	2,500円/㎡	352,750円	1,763,750円
2	166㎡	90%	149.4㎡	2,000円/㎡	298,800円	896,400円
3	166㎡	90%	149.4㎡	2,000円/㎡	298,800円	896,400円
計	498㎡	―	439.9㎡	―	950,350円	3,556,550円

① 年額支払賃料　　　950,350円×12ヶ月＝11,404,200円
② 保証金の運用益　　3,556,550円×1％[※2]≒35,565円
③ 総収益（①＋②）　11,439,765円（年額実質賃料）

（※1）保証金は、1階部分が月額支払賃料の5ヶ月分、2階と3階部分は月額支払賃料の3ヶ月分を計上しました。
（※2）ここでは中長期的な金利動向を勘案し、運用益を1％（年）と査定しました。

次に総費用ですが、本件においては**図表5-31**のとおり、3,156,860円と査定しました。

図表5-31 総費用の査定

＝査定根拠＝
1. 修繕費
　　515,000円＝103,000,000円（初期投資額）×0.5％
2. 維持管理費

　　　　342,126円＝11,404,200円（年額支払賃料）×3％
3. 公租公課（土地建物）
　　　　1,140,420円＝11,404,200円（年額支払賃料）×10％[※1]
4. 損害保険料
　　　　103,000円＝103,000,000円（建物等の初期投資額[※2]）×0.1％
5. 貸倒れ準備費
　　　　保証金で担保されているため計上しない
6. 空室等による損失相当額
　　　　953,314円≒11,439,765円（総収益）×1／12
7. 建物等の取壊費用の積立金
　　　　103,000円＝103,000,000円（建物等の初期投資額）×0.1％
8. 総費用
　　　　3,156,860円　（上記1～7の合計）（経費率27.6％）[※3]

（※1）建物については総投資額に対する課税評価割合から査定し、土地については実額相当額等を用いて査定する方法もありますが、ここでは総収入の一定割合から相当額を査定する方法を採用しました。
（※2）建物の初期投資額は再調達原価を基にして査定しましたが、その過程は省略します。
（※3）経費率＝3,156,860円（総費用）÷11,439,765円（総収益）≒27.6％

　以上の過程を経て総収益と総費用が求められたため、土地建物に帰属する純収益を以下のとおり査定しました。

　　（総収益）　　　　　（総費用）　　　（土地建物に帰属する純収益）
　　11,439,765円　－　3,156,860円　＝　8,282,905円

　このようにして土地建物に帰属する純収益を求めた後に、以下の考え方により建物等に帰属する純収益を査定し、これを控除の上、土地に帰属する純収益を査定します。

（建物等に帰属する純収益の査定）
　初年度の建物等に帰属する純収益をP_B、基本利率をr、純収益の変動率

をg、建物等の経済的耐用年数をnとすれば、毎期の建物等に帰属する純収益の現在価値の総和は、次の計算式によって求められます。

$$P_B/(1+r)+P_B(1+g)/(1+r)^2+P_B(1+g)^2/(1+r)^3+\cdots\cdots$$
$$+P_B(1+g)^{n-1}/(1+r)^n$$

収益還元法の考え方に沿えば、この合計額が建物価格（建物等の初期投資額）（B）と等しくなるということになります。

この等式に、等比級数に関する数学的な処理を施して整理すれば、

$$P_B = B \times \frac{r-g}{1-\left(\frac{1+g}{1+r}\right)^n}$$

となり、建物等の初期投資額（B）に対して上記算式の右側の分数を乗ずることにより、建物等に帰属する純収益（＝P_B）が求められます。

なお、上記算式の分数を「元利逓増償還率」**(注2)** と呼んでいます。さらに、収益還元法の適用に際しては、建物の躯体部分と仕上部分及び設備部分とでは経済的耐用年数も異なることから、各々の部分ごとの耐用年数に基づいて計算した元利逓増償還率を建物等の全体価格に占める各々の価格の構成割合で加重平均した結果を建物の初期投資額に乗ずる方法が合理的と考えられます。

> **（注2）**
> 　元利逓増償還率とは、「毎年期末の収益が前年期末より定率gで増加することを前提に、期首の一定額をn年度の期末に回収できるように、初年期末に積み立てるべき元本と運用益を含めた額を求めるために用いられる」ものです（公益社団法人 日本不動産鑑定士協会連合会「不動産鑑定評価の実務に関する講義テキスト」）。

以上の考え方に基づいて、**図表5-32**のとおり、建物等に帰属する純収

益を 6,880,400 円と査定しました。

図表 5-32 建物等に帰属する純収益の査定

（前提）
　基本利率 5.0%
　躯体割合（※1）40%、仕上割合 30%（※2）、設備割合（※3）30%
　賃料の変動率 0.5%（年）
　躯体部分の経済的耐用年数 50 年、仕上部分の経済的耐用年数 30 年、設備部分の経済的耐用年数 15 年
　建物等の初期投資額 103,000,000 円
　　（※1）躯体価格÷建物等価格
　　（※2）仕上価格÷建物等価格
　　（※3）設備価格÷建物等価格

（元利逓増償還率）
　本文中の算式に、r＝0.05、g＝0.005、n＝50（30 及び 15）を代入して計算した結果は、躯体部分 0.050670、仕上部分 0.061536、設備部分 0.093435 となり、これを各々の価格の構成割合で加重平均すれば、元利逓増償還率は、
　　0.050670×40%＋0.061536×30%＋0.093435×30%≒0.0668
と求められます。

（建物等に帰属する純収益）
　103,000,000 円（建物等の初期投資額）×0.0668＝6,880,400 円

次に、土地建物に帰属する純収益から建物等に帰属する純収益を控除して、土地に帰属する純収益を以下のとおり査定しました。

$$\begin{pmatrix}土地建物に帰属\\する純収益\end{pmatrix} - \begin{pmatrix}建物等に帰属\\する純収益\end{pmatrix} = \begin{pmatrix}土地に帰属\\する純収益\end{pmatrix}$$
　　8,282,905 円　－　6,880,400 円　＝　1,402,505 円

さらに、ここで求められた純収益に対し、未収入期間修正率を乗じて修正する作業が加わります。

ここで未収入期間修正率を求める理由ですが、価格時点と建物が建築されて実際に賃料が入る時点（初年度）との間には時間的なズレがあるため、収入の得られない期間の分だけ将来の純収益を割り引いて考えなければならず、そのためには、計算上の手法として初年度の純収益を下方修正することが必要となります。そのために乗ずる係数が「未収入期間修正率」です（図表 5-33）。

図表 5-33　未収入期間修正率

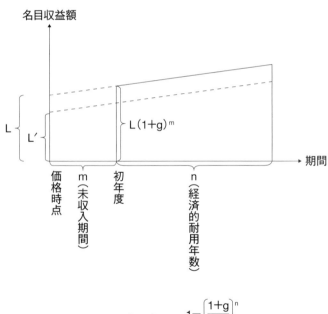

$$未収入期間修正率 = \left(\frac{1+g}{1+r}\right)^m \times \frac{1-\left(\frac{1+g}{1+r}\right)^n}{1-\left(\frac{1+g}{1+r}\right)^{m+n}}$$

（出所）黒沢泰『基準の行間を読む　不動産評価実務の判断と留意点』（清文社、2019年8月）

未収入期間修正率は、**図表 5-33** の図において L を L´ に修正するための率であり、これを乗じて初年度の純収益を価格時点のものに置き換えることになります。また、未収入期間修正率を算式で表すと**図表 5-33** の式のような煩雑なものとなります。なお、未収入期間修正率を求める際の計算要素としては、基本利率、経済的耐用年数、未収入期間、賃料の変動率等が必要となり、その組合せによって未収入期間修正率も変化します。

　このような考え方を基に計算を行った結果、未収入期間修正率は0.9520と査定されました。基本利率5.0％、賃料の変動率0.5％、建物の経済的耐用年数50年、未収入期間1年の組合せに対応する数値です。

　これをすでに査定した土地に帰属する純収益（未収入期間考慮前）に乗じ、未収入期間考慮後の土地に帰属する純収益を次のとおり査定しました。

$$\begin{pmatrix} 土地に帰属 \\ する純収益 \end{pmatrix} \quad\quad \begin{pmatrix} 未収入期間 \\ 修正率 \end{pmatrix} \quad\quad \begin{pmatrix} 未収入期間考慮後の \\ 土地に帰属する純収益 \end{pmatrix}$$

$$1,402,505 円 \quad \times \quad 0.9520 \quad ≒ \quad 1,335,185 円$$

　最後に、上記算式の結果を土地の還元利回り4.5％（＝基本利率5％－純収益の変動率0.5％ **(注3)**）で還元し、土地残余法による収益価格を次のとおり求めました。

$$\begin{pmatrix} 未収入期間考慮 \\ 後の土地に帰属 \\ する純収益 \end{pmatrix} \quad\quad （還元利回り） \quad\quad （土地の収益価格）$$

$$1,335,185 円 \quad ÷ \quad 4.5\% \quad ≒ \quad 29,700,000 円 \;（119,000 円／㎡）$$

> **(注3)**
> 　純収益の変動率については、今後の経済成長率の一般的予測、近隣地域及び同一需給圏内の類似地域における賃料動向等を総合的に勘案の上、長期的視点から年平均0.5％の上昇と査定しました。なお、本件は適用例であり、変動率は経済状況や建物の用途等に応じて適宜見直しの必要があります。

なお、還元利回りが基本利率から純収益の変動率を控除して求められることは、$P = a / (r - g)$（P：収益価格、a：純収益、r：基本利率、g：純収益の変動率）に照らして考えれば明らかです。

以上の結果を要約して一覧表にまとめたものが**図表 5-34** です。

図表 5-34 収益価格算定要約表

総収益	総費用	純収益	建物等に帰属する純収益	土地に帰属する純収益	未収入期間修正後の純収益	還元利回り	収益価格
11,439,765円	3,156,860円	8,282,905円	6,880,400円	1,402,505円	1,335,185円	4.5%	29,700,000円

2 土地残余法の適用過程

今まで述べてきた内容を要約した**図表 5-35** のフローを掲げます。

図表 5-35 土地残余法の適用過程

更地に最有効使用の建物等の建築を想定した上で、総収益を計算する前提条件を決めておくため、公法上の制限（建蔽率、容積率等）を踏まえて建物の延床面積、有効面積等を算定します。

↓

総収益の査定（A） 上記の有効面積に支払賃料を乗じ、さらに保証金の運用益等を加えて総収益を査定します。

↓

総費用の査定（B） 減価償却費以外の諸費用を見積もり、総費用を査定します。

↓

土地建物に帰属する純収益の査定（C） (A) － (B) ＝ (C)

↓

```
┌─────────────────────────────────────────────────────────┐
│         建物等に帰属する純収益の査定（D）              │
│  建物等の初期投資額に元利逓増償還率と呼ばれる利回りを乗じて建物等に帰属する │
│  純収益を査定します。                                    │
└─────────────────────────────────────────────────────────┘
                            ↓
┌─────────────────────────────────────────────────────────┐
│         土地に帰属する純収益の査定（E）                │
│                （C）－（D）＝（E）                      │
└─────────────────────────────────────────────────────────┘
                            ↓
┌─────────────────────────────────────────────────────────┐
│     未収入期間を考慮した土地に帰属する純収益の査定（F）│
│            （E）× 未収入期間修正率 ＝（F）             │
└─────────────────────────────────────────────────────────┘
                            ↓
┌─────────────────────────────────────────────────────────┐
│            土地の収益価格の査定（G）                    │
│   （F）÷ 還元利回り（＝基本利率－純収益の変動率）＝（G）│
└─────────────────────────────────────────────────────────┘
```

ポイント

○鑑定評価書における土地残余法の記載

　適用過程を示す一定様式のシートが添付されていますが、仕組みが複雑なため、詳細な説明が付されていないことが多いといえます。

○土地残余法を理解するためには、次の点に留意する必要があります

- 対象地上に新たな建物の建築を想定していること
- 当該建物を賃貸することを想定し、その際の賃料（家賃）から得られる土地建物に帰属する純収益を求めていること
- 当該純収益を建物と土地とに配分し、土地に帰属する純収益を基に土地価格（収益価格）を求めていること
- その際に、建物建築にかかる未収入期間や将来における賃料の変動率も考慮していること

第6章

不動産鑑定評価書の
実際例と読み方・留意点
〜土地及び建物編〜

第6章　不動産鑑定評価書の実際例と読み方・留意点〜土地及び建物編〜

本章の狙い

　前章では、更地及び借地権のほか、底地の鑑定評価書を例にその読み方を解説しましたが、本章では、土地及び建物の鑑定評価書の読み方を解説します。

　なお、「建物及びその敷地」の類型には、以下の4つがあります。

① 自用の建物及びその敷地
② 貸家及びその敷地
③ 区分所有建物及びその敷地
④ 借地権付建物

　本章では、「自用の建物及びその敷地」の鑑定評価書の全体イメージを先に取り上げて解説を行い、その後に「貸家及びその敷地」、「区分所有建物及びその敷地」の鑑定評価書に特有な部分を中心に解説していきます。

　これらの解説を通じて、更地の鑑定評価書との相違点を的確に把握するとともに、建物及びその敷地の評価類型間における基本的な相違点を理解することが本章の狙いです。

　なお、借地権付建物の鑑定評価書については紙幅の都合上割愛しますが、その読み方については第5章6項、7項及び本章の解説を参照してください。

2 自用の建物及びその敷地の鑑定評価書例

不動産鑑定評価書

令和○年○月○日発行

○○○○○　殿

所属鑑定業者の名称　○○○○○
不動産鑑定士　○○○○○

〔1〕対象不動産の表示及び鑑定評価額

所在及び地番	地目・建物の構造・用途	数　量	鑑定評価額
（土　地） 東京都○○区○○4丁目○番1 　〃　　　　　　○番2 　〃　　　　　　○番3 　〃　　　　　　○番4	宅　地 〃 〃 〃	（登記簿面積） 　　　55.73㎡ 　1,085.88㎡ 　　　66.31㎡ 　　　55.96㎡ 計 1,263.88㎡	（土地建物） 840,000,000 円
（建　物） 東京都○○区○○4丁目○番地1、○番地2、○番地3、○番地4 家屋番号○番1	鉄骨造陸屋根5階建事務所	（登記簿面積） 1階　756.00㎡ 2階　756.00㎡ 3階　756.00㎡ 4階　756.00㎡ 5階　756.00㎡ 計 3,780.00㎡	

（既掲載例と同文）

〔2〕鑑定評価の基本的な事項
1．不動産の種別・類型　　　自用の建物及びその敷地 **(注1)**

(注1)

　土地建物の所有者が対象不動産を自ら使用することを前提に鑑定評価を行うため、このような記載となっています。

　参考までに、不動産鑑定評価基準では「自用の建物及びその敷地」について、以下のとおり定義しています。

〇自用の建物及びその敷地

「自用の建物及びその敷地とは、建物所有者とその敷地の所有者とが同一人であり、その所有者による使用収益を制約する権利の付着していない場合における当該建物及びその敷地をいう。(総論第2章第2節Ⅱ)」

　すなわち、需要者がすぐに使用できることを前提としています(図表6-1、図表6-2)。

図表6-1　自用の建物及びその敷地

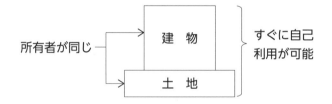

図表6-2　自用の建物及びその敷地(イメージ)

2．鑑定評価の条件
（1）対象確定条件　　対象不動産の現況を所与とする鑑定評価 **(注2)**

> **(注2)**
> 　価格時点現在、土地建物の所有者が自ら使用しているため、このような記載となっています。

（2）地域要因または個別的要因についての想定上の条件　　なし
（3）調査範囲等条件 **(注3)**　　なし

> **(注3)**
> 　本件においては、後掲の **(注14)** 及び **(注15)** のとおり対象不動産に有害物質の使用の形跡等が認められないことを踏まえ、これらの価格への影響を除外して鑑定評価を行っています。そのため、調査範囲等条件は設定していません。

3．価格時点　　　令和〇年〇月〇日
4．所有者名　　　価格時点現在　　〇〇〇〇〇殿
5．鑑定評価の依頼目的　　　売買の参考
6．価格の種類　　　正常価格
7．鑑定評価の依頼目的及び依頼目的に対応した条件と価格または賃料の種類との関連
　（既掲載例と同文）
8．鑑定評価を行った日付　　　令和〇年〇月〇〇日
9．鑑定評価書の利用者の範囲等　　（既掲載例と同文）
10．関与不動産鑑定士及び関与不動産鑑定業者に係る利害関係等
　（既掲載例と同文）

〔3〕対象不動産の確認
1．実地調査日　　　令和〇年〇月〇日
2．実地調査を行った不動産鑑定士　　　〇〇〇〇〇

3．立会者　　　○○○○株式会社　総務部総務課　○○○○様
4．実地調査を行った範囲
　　土地：境界部分及び敷地内、外周部
　　建物：1階から5階までの全範囲 **(注4)**

> **(注4)**
> 　本件の場合、所有者の協力を得て全階の実地調査を行っていますが、場合によっては対象不動産の一部の範囲のみしか実地調査が行えないことがあります。このような場合には、下記5の欄にその理由を記載するとともに、実施できなかった範囲については図面等で合理的な推定を行った旨が記載されます。

5．実地調査の一部を実施できなかった場合にあってはその理由
　　上記のとおり実地調査を行った。
6．確認に用いた資料　　　土地建物とも法務局備付の登記事項証明書、公図、建物図面・各階平面図 **(注5)**、○○○○株式会社作製の「○○○○新築工事竣工図」

> **(注5)**
> 　ここに掲げられている「建物図面・各階平面図」は任意の間取り図等ではなく、土地家屋調査士等の資格者が一定の様式を基に作成した図面で、法務局に備え付けられているものを意味します（図表6-3）。

図表6-3 建物図面・各階平面図の例(抜粋)

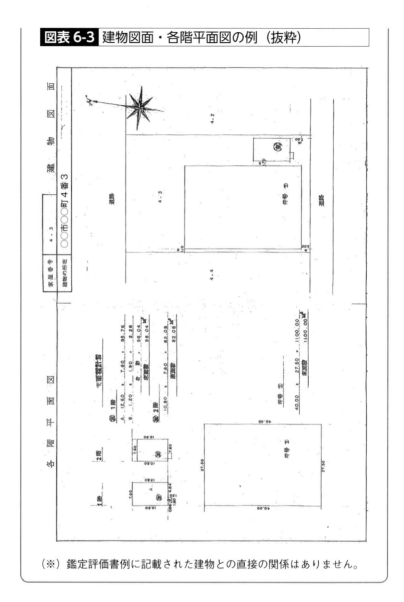

(※)鑑定評価書例に記載された建物との直接の関係はありません。

7. 照合事項　　土地の位置・形状・規模につき現地を踏査して一致を確認し、隣地との境界については境界石、道路との境界についてはプレートの存在を確認した。建物については構造・用途・規模に関し、概

ね一致を確認した **(注6)**。

> **(注6)**
> 建物及びその敷地の鑑定評価であるため、土地の状況確認だけでなく、建物についても上記の内容の確認を行っています。

8．評価上採用した数量　　土地、建物とも登記簿数量 **(注7)**

> **(注7)**
> 本件は建物も登記されているため上記の記載となっていますが、鑑定評価の対象が未登記建物という場合もあります。
> 　このような建物に関しては、建築確認通知書記載の面積または検査済証記載の面積、あるいは固定資産課税台帳（固定資産課税明細書）記載の面積等を記載します。

〔4〕鑑定評価額の決定の理由の要旨
Ⅰ．価格形成要因の分析
1．一般的要因の分析
（1）社会経済等の状況　　（省略）
（2）地価の推移と動向　　（省略）

2．対象不動産に係る市場の特性
（1）地価動向　　（省略）
（2）同一需給圏の範囲
　　○○区において、○○通りの東側に位置し、○○地域から○○地域に至る中規模事務所ビルの存在する圏域。
（3）同一需給圏における市場参加者の属性及び行動
　　対象不動産と同用途に係る不動産を購入する場合の市場参加者として最も一般的と考えられるのは、対象不動産を現況のまま中層事務所

ビルとして、自用（自社ビル）目的で利用する一般企業等が想定される。このような市場参加者は、対象不動産の費用性や市場の取引水準を重視しつつ、収益性も勘案して価格判断を行うものと思料される**(注8)**。

> **(注8)**
> 　市場参加者の属性（自用目的で対象不動産を購入する一般企業）と行動（購入価格判断のとらえ方）について記載されています。

（4）同一需給圏における市場の需給動向　　（省略）

3．近隣地域の状況

　対象不動産の所在する近隣地域の地価形成に影響を持つ地域要因の主なものは次のとおりである。

（1）近隣地域の範囲

　　　○○区○○4丁目で下記の公法上の規制を受ける地域。

（2）街路条件

　　　幅員8mの区道が中心で、系統・連続性は普通。

（3）交通接近条件

　　　○○線○○駅より近隣地域の中心まで北西方へ約450mを要する。

（4）自然的条件

　　　地勢は平坦。

（5）地域的特性

　　　近隣地域は中層事務所ビルを中心に、共同住宅等が混在する地域である。地域要因に格別の変動要素はないため、当分の間、現状を維持するものと予測される。

（6）公法上の規制

　　　準工業地域。指定建蔽率60％。指定容積率300％。第3種高度地区

（最高高さ35m）。敷地の最低限度60㎡。準防火地域。
（7）供給処理施設
　　　上水道あり。都市ガスあり。公共下水道あり。
（8）危険・嫌悪施設、自然的災害、公害
　　　なし
（9）標準的な画地
　　　幅員8mの区道に一面が接し、一画地の規模が1,000㎡程度（間口約28m、奥行約35m）の長方形地を標準的な画地として想定した。
（10）標準的使用
　　　中層事務所の敷地。
（11）最有効使用
　　　対象不動産の規模、標準的使用、市場参加者の属性等を踏まえ、最有効使用を中層事務所の敷地と判定した。

4．対象不動産の状況

対象不動産の価格形成に影響を持つ個別的要因の主なものは以下のとおりである。

（1）土　地
　　① 近隣地域における位置
　　　近隣地域の中心部に位置する。
　　② 個別的要因
　　　a．街路条件（**図表6-4**）
　　　　・南側約47mが幅員6mの区道にほぼ等高に接面。
　　　　・西側約30mが幅員6mの区道にほぼ等高に接面。
　　　　・東側約7mが幅員6mの区道にほぼ等高に接面。

図表 6-4 対象地

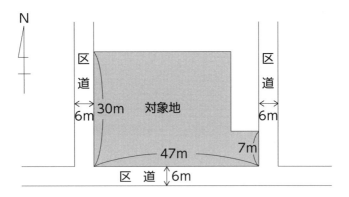

b．交通接近条件　近隣地域の標準的画地とほぼ同じ。

c．環境条件　近隣地域の標準的画地とほぼ同じ。

（以下、既掲載例と同文）

d．行政的条件

　準工業地域。基準建蔽率70％**(注9)**、基準容積率300％。第3種高度地区（最高高さ35m）。敷地の最低限度60㎡。準防火地域。

（以下、既掲載例と同文）

> **(注9)**
> 対象地は三方路地であり、建蔽率が緩和されています。

e．画地条件

　　間口：約47m
　　奥行：約30m
　　規模：1,263.88㎡
　　形状：東側の一部が欠けた長方形状のやや不整形な土地
　　接面道路との関係：三方路地

f．標準的な画地と比較した場合の増減価要因

　　　　○増価要因

　　　　　三方路地

　　　　○減価要因

　　　　　幅員がやや劣る（**注10**）

　　　　　やや不整形

> **（注10）**
> 　標準的な画地の幅員は8m、対象地の幅員は6mであるため、このような記載をしています。

　　　g．土地の最有効使用の判定（**注11**）

　　　　すでに述べた理由により、最有効使用を中層事務所の敷地と判定した。

> **（注11）**
> 　本件は「建物及びその敷地」の鑑定評価であるため、最初に、対象不動産を更地としてとらえた場合の最有効使用について判定しています。そのため、ここではあえて「土地の最有効使用」という記載となっています。
> 　価格時点現在、対象地上に存在する建物が最有効使用の状態にあるか否かを判定するために、上記記載とは別に「建物及びその敷地の最有効使用の判定」という欄が登場します（後掲の（**注19**）参照）。

（2）建　物

　　① 建物概要

　　　a．新築年月日　　平成○年○月頃

　　　b．構造　　　　　鉄骨造陸屋根5階建

　　　c．用途　　　　　事務所（エレベーター1基あり）

　　　d．規模　　　　　延3,780.00㎡

　　　　e．床荷重　　　　　（省略）
　　　　f．天井高　　　　　標準階　約○ m
　　　　g．配置等　　　　　（省略）
　② 設備概要　　　　　　　（省略）
　③ 仕上げ概要　　　　　　（省略）
　④ 使用資材の品等　　　　中位
　⑤ 施工の質及び量　　　　質及び量共に事務所ビルとして標準的である。
　　　　　　　　　　　　　なお、対象建物は最新の耐震基準に適合している（**注12**）。

> **（注12）**
> 　昭和56年6月1日に建築基準法の新耐震基準が施行されています。対象建物がこれに該当するか否かについて記載されています。

　⑥ 共用施設の状態　　　　喫煙室、リフレッシュルームはない。
　⑦ 維持管理の状態　　　　建築後○○年を経過しているが、維持管理の程度は普通である（**注13**）。

> **（注13）**
> 　建物の維持管理の程度は、建物の価値に大きな影響を与えることから、その判定結果がここに記載されます。

　⑧ 有害な物質の使用及びその状態
　　アスベスト含有吹付材について竣工図、施工記録、建物の目視調査及び所有者へのヒアリングによる結果、使用の事実はない。成形材についてはアスベストが含まれている可能性は否定できないが、破損個所等はない。建物取壊しの際にはその対応が必要となる可能性があるが、対象不動産の最有効使用は現状のまま継続使用することにあるため、アスベストについては価格形成要因から除外する（**注14**）。

(注 14)
　アスベストの特徴として、繊維が極めて細かいため、浮遊しやすく吸入されやすい等があげられます。そのため、建て替え時期が到来した建物の廃棄物処理の問題、解体が必要と考えられる建物の解体時の環境中への拡散の問題としてとらえる必要があります。
　すなわち、建物を解体する際、その建物に使用されているアスベストが周囲に拡散するのを防ぐため、除去作業は外気と隔離して実施する必要がありますが、これらの事情を踏まえれば、建物の解体費はその分だけ割高になります。
　本件においては、対象不動産の最有効使用は現状のまま継続使用することにあると判定しているため、このような記載をしています。

　また、○○区環境対策室での調査の結果、PCB の処分及び保管の届出はなく、実地調査及び所有者へのヒアリングにおいても PCB 含有機器等が存在しないことを確認した**（注 15）**。

(注 15)
　PCB（ポリ塩化ビフェニル）が人体の健康に影響を及ぼすことから、現在は製造が中止され、PCB 廃棄物を保管する事業者には、一定期間内に処分することや都道府県知事に保管状況の届出をすることが義務付けられています。そのため、鑑定評価に際しては、都道府県の担当窓口にて保管状況の調査を行い、その結果を上記のとおり記載しています。

⑨　公法上の規制

　遵法性については、新築時の建築確認通知書及び検査済証を確認した。また、その後に増改築、用途変更等がなされていないことから違法性はないと判断した**（注 16）**。

> **(注16)**
> 　建築確認通知書及び検査済証の原本（またはその写し）については、所有者（鑑定評価の依頼者）に資料提供を依頼しますが、これとは別に市町村の建築課等で建築計画概要書を調査の上、建築確認の有無や検査済証の発行の有無を確認しているケースも多くあります。
> 　このように、建築物の遵法性についての調査を行った結果が記載されています。遵法性に問題があると判断された場合には、これが減価要因として反映されます。

⑩　経済的残存耐用年数

　価格時点における経済的残存耐用年数は、躯体部分については14年、仕上部分については3年、設備部分については3年と判定した**(注17)**。

> **(注17)**
> 　建物の鑑定評価を行う場合、新築時から何年経過したかということも重要な要素となりますが、それ以上に、今後何年使用に耐え得るかという視点が重視されます。本件においては、新築時からの経過年数という点では、仕上部分や設備部分は当初の経済的耐用年数（20年）を経過していますが、物理的・経済的な観点から今後3年間の利用価値（残存価値）を織り込んでいます。

（3）建物及びその敷地

　①　建物とその敷地との適応の状態

　　対象建物は、概ね敷地と適応し、環境とも適合している**(注18)**。

> **(注18)**
> 　不動産の価格に関する諸原則の中に、「均衡の原則」及び「適合の原則」というものがあります。
> 　「均衡の原則」とは、建物とその敷地が均衡を保っている場合（例えば、建物が適正に配置されている等）に効用が最高度に発揮される（＝最有効使用の状態にある）というもの

です。

「適合の原則」とは、不動産の収益性または快適性が最高度に発揮されるためには、当該不動産がその環境に適合していることが必要であるというものです。

このような視点から、建物と敷地との関係を判定した結果が記載されています（図表6-5）。

図表6-5 敷地との適応及び環境との適合のイメージ

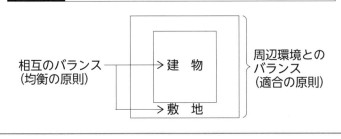

② 修繕計画及び管理計画の良否と実施の状態

大規模修繕に係る修繕計画：あり

③ 市場参加者の属性

市場参加者として最も想定される需要者は、対象不動産を取得の上、自己使用（自社ビル）として使用する一般企業と考えられる。

④ 代替競争関係にある不動産との比較における優劣及び競争力の程度

市場競争力は普通であり、同一需給圏内においてもその位置付けに優劣はないものと判断する。

⑤ 建物及びその敷地の最有効使用の判定（**注19**）

建物及びその敷地としての最有効使用を、対象不動産の規模、標準的使用、市場参加者の属性等を踏まえ中層事務所の敷地と判定した。

> **（注19）**
> ここでは、現に敷地上に存在する建物が最有効使用の状態にあるか否かを判定した結果が記載されています。

Ⅱ．評　価

　本件は、自己使用不動産（自社の業務用ビル）に区分される「自用の建物及びその敷地」の評価であり、原価法による積算価格と収益還元法による収益価格を求め、各試算価格を調整の上、鑑定評価額を決定する**(注20)**。

　なお、取引事例比較法については、適切に価格形成要因の比較を行い得る建物及びその敷地としての類似不動産の取引事例を収集することが困難であったため適用しなかった。

> **（注20）**
> 　不動産鑑定評価基準では、「自用の建物及びその敷地の鑑定評価額は、積算価格、比準価格及び収益価格を関連づけて決定するものとする（各論第1章第2節Ⅰ）」と規定されています。土地建物を一体とした複合不動産の取引事例で規範性のあるものを収集することは実務的に難しいことが多いのですが、基準の上では上記の考え方が示されています。
> 　また、「自用の建物及びその敷地」であっても、これを新規に賃貸することを想定した場合の収益価格を求めて積算価格と比較検討の上、鑑定評価額を決定するという方針で、本件においても収益価格を試算しています。

1．原価法

A．再調達原価

（1）土　地

　　対象地は既成市街地に存し、土地の再調達原価を求めることが困難であることから、取引事例比較法を適用して求めた価格を対象地の更地価格として査定した。

　　なお、収益還元法（土地残余法）は、後記2にて土地建物一体の収益価格を求めることから適用しない**(注21)**。

> **(注21)**
> 　収益還元法（土地残余法）は、更地に最有効使用の建物等の建築を想定した上で、そこから得られるであろう純収益（総収益から総費用を控除したもの）を基に更地価格を求める手法ですが、本件においては土地建物を一体とした場合の収益価格を試算するため（後掲の「2. 収益還元法」以降を参照）、更地価格を求める段階では適用していません。

① 近隣地域の標準的使用における標準価格の査定

　幅員 8m の区道に一面が沿い、一画地の規模が 1,000㎡程度の中層事務所の敷地の標準価格を下記1）の価格との均衡に留意の上、下記2）の価格を重視して 450,000 円／㎡と査定した。

　　1）公示価格を規準とした価格　　430,000 円／㎡　（別表A）（省略）
　　2）取引事例比較法を適用して求めた価格
　　　　430,000 円／㎡〜470,000 円／㎡（別表B）（省略）

② 対象地の価格の査定

　上記①の標準的な画地と比べて、対象地には次の増減価要因があるため、これを基に格差修正を行って対象地の価格（比準価格）を次のとおり査定した。

　○増価要因
　　　三方路地　　＋5％
　○減価要因
　　　幅員　　－2％（標準画地：8m、対象地：6m）
　　　やや不整形　－2％
　○格差修正率
　　　（100％＋5％）×（100％－2％）×（100％－2％）≒ 100.8％
　○対象地の更地価格

　　　（標準価格）　　　　（格差修正率）　　　（対象地の単価）
　　　450,000 円／㎡　×　　100.8％　　≒　454,000 円／㎡

単価に面積を乗じ、端数整理を行って対象地の価格を574,000,000円と査定した。

（対象地の単価）　　（評価数量）　　　　（総　額）
454,000円／㎡　×　1,263.88㎡　≒　574,000,000円

③ 土地の付帯費用 **(注22)**

対象建物の建築期間を1年と想定し、土地にかかる付帯費用を当該期間の公租公課相当額（土地の固定資産税・都市計画税）である3,000,000円と査定した。

> **(注22)**
> 　原価法の適用に際し、再調達原価を求めるに当たっては「通常の付帯費用」を考慮することとされています。また、「通常の付帯費用」を求める際には次の点に留意すべきであるとされており、鑑定評価書を読む際のポイントとなります。
> ・付帯費用には建物引渡しまでの期間に対応するコストが含まれる
> ・建物引渡しまでの期間に対応するコストは、分譲マンション等のように、最終需要者に至るまでに開発業者が介在するものだけではなく、自己建設、自己使用が一般的な不動産においても同様に考慮しなければならない（実務修習「不動産鑑定評価の実務に関する講義テキスト」公益社団法人日本不動産鑑定士協会連合会）。
> 本件では、対象建物の建築期間を1年と想定し、建物引渡しまでの土地の公租公課相当額を付帯費用とし、当該金額を土地の再調達原価に織り込んでいます。

④ 土地の再調達原価 **(注23)**

上記②の更地価格に上記③の付帯費用を加算して、土地の再調達原価を577,000,000円と査定した。

　　　　　　　　　　　　　　　　　　（土地の再調達原価）
②＋③＝574,000,000円＋3,000,000円＝577,000,000円

> **(注23)**
> 　土地の再調達原価を求めるに当たっては、更地価格に土地にかかる付帯費用を加算することになります。この点で、更地を評価する場合と、建物及びその敷地を評価する場合とで、とらえ方が異なります。

（2）建　物

　建物の再調達原価を求めるに当たっては、対象建物と類似の建物の建築費を参考として、新規に再調達する場合の再調達原価（設計監理料等建物の付帯費用を含む）を以下のとおり査定した。

　　　（単　価）　　　　（延面積）　　　　（再調達原価）
　　210,000円／㎡　×　3,780.00㎡　≒　794,000,000円

（3）付帯費用

　ゼネコン等からの聴取及び各種資料を参考に、建設中の金利相当額、建設に伴うリスク、開発利益相当額等を考慮して、付帯費用比率を（1）及び（2）の合計額の12％と査定した**(注24)**。

　　　（土地の再調達原価）　（建物の再調達原価）　（付帯費用比率）　（付帯費用の再調達原価）
　　（577,000,000円　＋　794,000,000円）　×　12％　＝　164,520,000円

> **(注24)**
> 　ここでは、土地にかかる付帯費用（公租公課）とは別に、建物が竣工し、建築業者から建物の引渡しを受け、使用収益が可能な状態になるまでの期間に対応するコストとして、建物引渡しまでの資金調達費用、発注者の開発リスク相当額、発注者利益等を土地建物一体の付帯費用として計上しています。そのため、土地の再調達原価及び建物の再調達原価の合計額に一定割合を乗じています。

（4）再調達原価合計（注25）

　　　（1）＋（2）＋（3）
　　　＝ 577,000,000 円＋794,000,000 円＋164,520,000 円
　　　＝ 1,535,520,000 円

> **（注25）**
> 　土地の再調達原価（土地にかかる付帯費用を含む）、建物の再調達原価、土地建物一体にかかる付帯費用の再調達原価を合計しています。

B．減価修正

（1）土　地

　減価修正の必要は生じないものと判断した。

（2）建　物

　① 耐用年数に基づく方法

　　減価修正に当たっては、建物再調達原価を躯体部分（40％）、仕上部分（30％）、設備部分（30％）に按分した上で、経済的残存耐用年数を躯体部分24年、仕上部分3年、設備部分3年と査定し、各部分ごとに全耐用年数に占める経過年数に相応する減価率を査定の上、減価額を試算した（注26）。

> **（注26）**
> 　建物の再調達原価が躯体部分、仕上部分、設備部分によって構成されていると判定し、その構成割合で按分しています。その結果を基に、それぞれの構成割合ごとに減価の度合いを判定し（残存年数、経過年数等による）、減価額を計算しています。

　その結果は、以下のとおり 570,092,000 円となる。

減価額査定表

NO	構成	構成割合	再調達原価（円）	経過年数／耐用年数	減価率	減価額（円）
1)	躯体部分	0.40	317,600,000	26年／50年	0.52	165,152,000
2)	仕上部分	0.30	238,200,000	20年／23年	0.87	207,234,000
3)	設備部分	0.30	238,200,000	15年／18年	0.83	197,706,000
4)	建物合計	1.00	794,000,000	―	0.72(※)	570,092,000

（※）各構成部分の減価率を構成割合で加重平均した結果による。

② 観察減価法

観察減価法も併用したが、上記①以外に特段の減価要因は認められなかった（注27）。

> **（注27）**
> 観察減価法とは、対象不動産の各構成要素について、その実態を調査することにより、新規かつ最有効使用の状態にある不動産との比較において発生している減価額を直接求める方法です。例えば、屋根瓦が破損している、建物が付近の環境と不適合なものとなっている等の状態にある場合です。
> 　観察減価の対象となる要因を性格別に例示すると、以下のようになります。物理的要因以外にも減価要因があることに留意が必要です。
>
> 　　○物理的要因
> 　　　・破損、偶発的損傷
> 　　　・維持管理の状態（劣る場合）
> 　　　・補修個所の状況
> 　　　・有害な物質の使用及びその状態
> 　　○機能的要因
> 　　　・設計の不良
> 　　　・設備、設計等の旧式化

　　　　・敷地との不適応
　　　　・耐震性、耐火性等の建物の性能不足
　　　○経済的要因
　　　　・周辺環境との不適合
　　　　・地域の衰退の動向
　　　　・競合不動産との比較における市場性の減退

図表 6-6 減価の要因

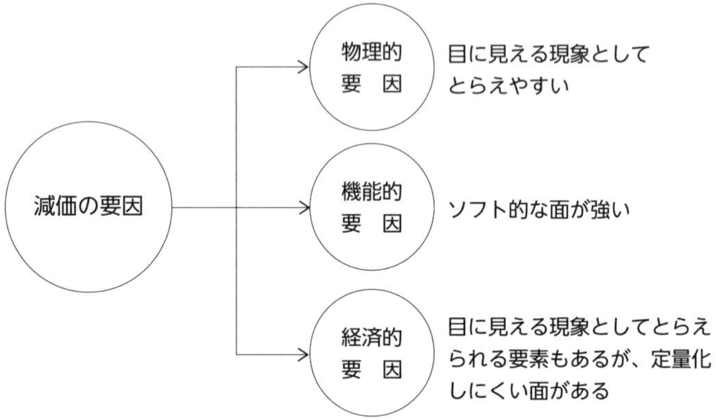

減価の要因
- 物理的要因 ─ 目に見える現象としてとらえやすい
- 機能的要因 ─ ソフト的な面が強い
- 経済的要因 ─ 目に見える現象としてとらえられる要素もあるが、定量化しにくい面がある

③ 建物減価額

　上記①②より、建物減価額を 570,092,000 円と査定した。

（3）付帯費用

　建物の維持される期間において配分すべき費用と判断し、建物と同様の考え方で減価修正を行う。その結果、付帯費用減価額は以下のとおり 121,000,000 円となる**（注 28）**。

$$\begin{pmatrix}土地の付帯費用\\(再調達原価)\end{pmatrix} \quad \begin{pmatrix}一体の付帯費用\\(再調達原価)\end{pmatrix} \quad (減価率) \quad (付帯費用減価額)$$
$$(\ 3,000,000\ 円\ +\ 164,520,000\ 円) \times\ 0.72\ ≒\ 121,000,000\ 円$$

（注 28）
付帯費用についても減価修正が必要となりますが、各々の付帯費用ごとに異なる減価率を査定することは実務上難しい

ため、ここでは建物の躯体部分、仕上部分、設備部分の減価率の加重平均（構成割合による）を用いて減価率を査定しています。

（4）土地建物一体 **(注29)**

建物は敷地と適応し、環境とも適合しているため、一体としての減価の発生は認められない。

> **(注29)**
> 土地については、通常、減価の要因は更地価格を求める過程で反映されています。そのため、ここでは土地建物を一体としてとらえた場合（例えば、容積率が建築基準法の規定を超過している等の理由）、減価が必要と判断される際に修正が必要となります。
> ただし、建物の減価額を求める過程で、同じ要因がすでに機能的要因や経済的要因として減価されている場合は二重の減価となるため、このような記載がないかを鑑定評価書の読み手として留意する必要があります。

（5）減価修正額

前記（2）③と（3）の結果を合計した金額を端数整理の上、減価修正額を 691,092,000 円と査定した。

（建物減価額）	（付帯費用減価額）	（減価修正額）
570,092,000 円 ＋	121,000,000 円 ＝	691,092,000 円

C．積算価格

土地建物の再調達原価から減価修正額を控除して、原価法による積算価格を以下のとおり 844,000,000 円と試算した。

○積算価格
再調達原価　　1,535,520,000 円
減価修正額　　 691,092,000 円
積算価格　　　 844,428,000 円 ≒ 844,000,000 円

2．収益還元法

対象不動産を新規に賃貸に供することによって得られると期待される将来の純収益を基に、収益価格を以下のとおり 820,000,000 円と試算した。

（1）総収益

① 賃料収入等

6,758,000 円／月 **(注 30)** × 12ヶ月 ＝ 81,096,000 円／年

> **(注 30)**
> この金額を査定した根拠は図表 6-7 のとおりです。
> この表では各階の登記簿面積を基に、実際に専用部分として賃貸し得る有効床面積を査定し、この面積に近隣で用途の類似する建物の新規貸しの賃料（募集賃料も参考にする）を査定の上、これを乗じて月額賃料収入を求める過程が記載されています。

図表 6-7 新規貸しを想定した場合の賃料査定表

階層	用　途	床面積 (㎡)	有効面積 (㎡)	月額賃料単価 (円／㎡)	月額賃料 (円)	敷　金 (円)
5	事務所	756.00	605.00	2,400	1,452,000	8,712,000
4	〃	756.00	605.00	2,400	1,452,000	8,712,000
3	〃	756.00	605.00	2,400	1,452,000	8,712,000
2	〃	756.00	605.00	2,400	1,452,000	8,712,000
1	〃	756.00	380.00	2,500	950,000	5,700,000
計	―	3,780.00	2,800.00	―	6,758,000	40,548,000

第 6 章　不動産鑑定評価書の実際例と読み方・留意点～土地及び建物編～

- 有効率は、1 階部分約 50％、2 階から 5 階部分はそれぞれ約 80％と想定しました。
- 年額賃料＝ 6,758,000 円× 12 ヶ月＝ 81,096,000 円
- 敷金は月額賃料の 6 ヶ月分

　鑑定評価書の読み手が留意すべきことは、ここに掲げられている賃料は、玄関ホール、エレベーター、廊下等の共用部分に該当する範囲を除いて計算されたものであり、かつ、満室の状態を想定した新規貸しの賃料を前提としているということです。
　なお、賃貸不動産の場合、共用部分の維持管理・運営に必要な費用及び共用部分の水道光熱費や冷暖房費等として、共益費が徴収されることがあります。
　このように、賃料とは別に共益費が徴収される場合で、その中に実質的に賃料に相当する額が含まれる（＝徴収額と実際に支払われる費用とが一致しない）時には、この部分の金額も賃料収入等に含めて計算します。ただし、本件の場合、共益費はすべて実費として支払われることを前提に賃料収入等を査定しています。

② 共益費収入

　1,120,000 円／月（**注 31**）× 12 ヶ月＝ 13,440,000 円／年

> **（注 31）**
> 　この金額を査定した根拠は図表 6-8 のとおりです。
> 　この表では、近隣で用途の類似する建物の共益費（募集事例も参考にする）を査定の上、これを乗じて月額共益費収入を求める過程が記載されています。

237

図表6-8 共益費査定表

階層	用途	床面積 (㎡)	有効面積 (㎡)	月額共益費単価 (円／㎡)	月額共益費 (円)
5	事務所	756.00	605.00	400	242,000
4	〃	756.00	605.00	400	242,000
3	〃	756.00	605.00	400	242,000
2	〃	756.00	605.00	400	242,000
1	〃	756.00	380.00	400	152,000
計	−	3,780.00	2,800.00	−	1,120,000

・年額共益費＝1,120,000円×12ヶ月＝13,440,000円

③ 空室損失相当額

81,096,000円（年額賃料総収入）×10%＝8,109,600円 **(注32)**

> **(注32)**
> 　対象不動産の属する地域は準工業地域に指定されており、周辺環境及び市場状況を考慮して空室率を10%と査定し、これに相当する金額を総収益の減額要素として織り込んでいます。

④ 貸倒れ損失

敷金で担保されるため計上しない **(注33)**。

> **(注33)**
> 　貸倒れ損失は賃借人の信用状況等を踏まえて計上しますが、敷金または保証金を賃料の数ヶ月分徴収している場合は、実務上、これにより担保されているとして計上しないことが多いといえます。

⑤ 敷金の運用益

40,548,000 円 × 1%／年 = 405,480 円／年 **（注34）**

> **（注34）**
> 　敷金は月額賃料の6ヶ月分と査定し、敷金総額の1％相当額を運用益として総収益に反映させます。敷金は、賃貸借期間にわたり貸主が借主の債務不履行の担保として預かるため、その期間の運用益も総収益の構成要素となります。

⑥ 総収益

①＋②－③－④＋⑤ = 86,831,880 円

（2）総費用

① 維持管理費

86,831,880 円／年（総収益）× 15% ≒ 13,025,000 円／年 **（注35）**

> **（注35）**
> 　この内訳として、建物及び設備の管理（エレベーター保守点検、消防設備点検等）・運営、保安警備、清掃費（外壁、共用部分清掃業務等）、環境衛生費等があります。共用部分に係る電気・水道・ガス・冷暖房費も含みます。
> 　本件の場合、対象不動産の状況を踏まえて上記の割合を査定しています。

② 修繕費

794,000,000 円（建物再調達原価）× 1.0% = 7,940,000 円 **（注36）**

> **（注36）**
> 　ここでは、対象不動産の使用に伴う軽微な損傷や消耗に対する修繕、取替え等の費用が計上されています。損益計算の上では、修繕費として費用処理されるものが対象となります。減価償却の対象となる大規模修繕に関しては、資本的支出として査定します（**（注41）** 参照）。

③ 公租公課（土地建物）

10,000,000 円／年（年額実額）**(注 37)**

> **(注 37)**
> 　土地建物の固定資産税、都市計画税の合計額を記載します。鑑定評価の依頼者から課税明細書等を入手して織り込むことが多いですが、入手が困難な場合は、固定資産税評価額を推定の上、税率を乗じた上で織り込むこともあります。

④ 損害保険料

794,000,000 円（建物再調達原価）× 0.1％ ＝ 794,000 円／年 **(注 38)**

> **(注 38)**
> 　ここでは、対象不動産及び附属設備に係る火災保険料を織り込むのが通常です。ただし、保険料は特約の有無や免責額等によって異なるため、本件のように再調達原価を基に標準的な料率で査定することも多いといえます。

⑤ プロパティマネジメントフィー

86,831,880 円／年（総収益）× 3％ ≒ 2,605,000 円／年 **(注 39)**

> **(注 39)**
> 　プロパティマネジメントフィーとは、対象不動産の管理業務に係る経費のことを指しますが、通常、管理会社に対する運営委託費用を査定の上、織り込みます。本件ではこれを総収益の3％と査定しています。

⑥ テナント募集費

81,096,000 円／年（賃料収入等）× 10％ ÷ 12 月 ≒ 675,000 円／年 **(注 40)**

> **(注40)**
> 　新規テナントの募集に際して行われる仲介業務や広告宣伝等に要する費用及びテナントの賃貸借契約の更新等の業務に要する費用等が、これに該当します。本件では、テナントの入替え率を年10％と予測し、新規家賃の1ヶ月分を仲介手数料として織り込んでいます。

⑦　資本的支出

86,831,880円／年（総収益）×3％≒2,605,000円／年 **(注41)**

> **(注41)**
> 　対象不動産に係る建物や設備等の修理、改良のために支出した金額のうち、当該建物や設備等の価値を高め、またはその耐久性を増すこととなると認められる部分に対応する支出が、これに該当します。企業会計上、資産として計上し、減価償却の対象となるものです。

⑧　総費用

　①＋②＋③＋④＋⑤＋⑥＋⑦＝37,644,000円

（3）純収益

　　　（総収益）　　　　（総費用）　　　　（純利益）
　　86,831,880円 − 37,644,000円 ＝ 49,187,880円

（4）還元利回り

　　土地建物一体の還元利回りを6.0％と査定した **(注42)**。

> **(注42)**
> 　対象不動産の用途や特徴及び購入リスク等を考慮の上、本件については6％と査定しました。

(5) 収益価格

　　前記（3）の純収益を土地建物一体の還元利回りで還元して、対象不動産の収益価格を以下のとおり820,000,000円と試算した。

　　49,187,880円 ÷ 6.0% ≒ 820,000,000円

3．試算価格の調整及び鑑定評価額の決定

　　上記のとおり、

　　積算価格　844,000,000円

　　収益価格　820,000,000円

と求められたが、開差が生じたため、両試算価格の再吟味及び説得力に係る判断を行い鑑定評価額を決定する。

　積算価格は対象不動産のコスト面に着目した価格であるが、土地については取引事例比較法を中心に適用したため、対象不動産の属する近隣地域の価格水準が反映された実証的なものと判断される。建物については、中古事務所等の取引市場が熟成していないことから、再調達原価を基礎とした評価額の試算に基礎を置いたものである。また、対象不動産は自社利用目的で建築された中層事務所であり、典型的な市場参加者（需要者）は、自己使用を目的とする中堅から大手上場企業が中心となると思料される。当該需要者は、一般的に、その費用性を前提として取引を行う傾向が強く、積算価格は本件鑑定評価においても説得力に富む価格である**(注43)**。

> **(注43)**
> 　本件は「自用の建物及びその敷地」の鑑定評価であり、対象不動産の市場参加者も自己利用を目的とした企業が中心となる傾向があることを踏まえ、費用性に重点を置いた積算価格が説得力に富むと判断し、上記の記載をしています。

　収益価格は、対象不動産を新たに賃貸借に供することを想定した場合の収益性に着目した価格であるが、近隣地域は収益性よりも自己利用を目的

とする取引が支配的な地域であるため、収益価格は積算価格に比べてやや説得力に欠ける面がある。

以上より、本件においては、原価法による積算価格を中心に収益価格を比較考量し、対象不動産の鑑定評価額を 840,000,000 円と決定した **(注44)**。

> **(注44)**
> 不動産鑑定評価基準では、「自用の建物及びその敷地の鑑定評価額は、積算価格、比準価格及び収益価格を関連づけて決定するものとする」（各論第1章第2節Ⅰ）とされているため、積算価格のみならず収益価格も比較考量の上、最終的に上記の鑑定評価額を決定しています。

なお、本件鑑定評価に係る建物価格は消費税を含まないものである。

［付　記］〈附属資料〉（省略）

以　上

> **ポイント**
>
> ○「自用の建物及びその敷地の鑑定評価書」と「更地の鑑定評価書」との違い
> 主に、以下の5つが異なります。
> ・建物の調査事項が追加されていること
> ・建物については構造・用途・規模等の点が評価額との関連でポイントとなること
> ・建物についてアスベストの使用の有無、PCB廃棄物の保管状況についての記載に留意すること
> ・建物について建築確認通知書、検査済証の確認結果について目を通すこと
> ・土地及び建物を一体としてとらえた場合の状況(敷地との適応状況、現に敷地上に存在する建物が最有効使用の状態にあるか否か等)に留意すること

貸家及びその敷地の鑑定評価書例

不動産鑑定評価書

令和○年○月○日発行

○○○○○　殿

所属鑑定業者の名称　○○○○○
不動産鑑定士　○○○○○

〔1〕対象不動産の表示及び鑑定評価額

所在及び地番	地目・建物の構造・用途	数量	鑑定評価額
（土地） ○○県○○市○○ 2丁目○番	宅地	（登記簿面積） 　　425.00㎡ （登記簿面積） 1階　348.50㎡ 2階　348.50㎡ 3階　348.50㎡ 4階　348.50㎡ 5階　348.50㎡ 6階　348.50㎡ 7階　348.50㎡ 8階　323.00㎡ 9階　263.50㎡ B1階　374.00㎡ 計3,400.00㎡	（土地建物） 1,500,000,000円
（建物） ○○県○○市○○ 2丁目○番地 家屋番号○番	鉄骨鉄筋コンクリート造地下1階付9階建 事務所・駐車場		

（既掲載例と同文）

〔2〕鑑定評価の基本的な事項
1．不動産の種別・類型　　貸家及びその敷地 **(注1)**

245

(注1)
　土地建物の所有者が建物（敷地を含む）を賃貸しており、これを所与として鑑定評価を行う場合、鑑定評価上の類型は「貸家及びその敷地」となります。本件においても、これを前提とした評価を行っています。参考までに、不動産鑑定評価基準では「貸家及びその敷地」について、以下のとおり定義しています（図表6-9、図表6-10）。

○貸家及びその敷地
「貸家及びその敷地とは、建物所有者とその敷地の所有者とが同一人であるが、建物が賃貸借に供されている場合における当該建物及びその敷地をいう。（総論第2章第2節Ⅱ）」

図表6-9 貸家及びその敷地

図表6-10 貸家及びその敷地（イメージ）

2．鑑定評価の条件
（1）対象確定条件　　対象不動産の現況を所与とする鑑定評価 **（注2）**

> **（注2）**
> 　価格時点現在、建物は賃貸に供されていますが、これを所与として鑑定評価を行うため、このような記載となっています。

（2）地域要因または個別的要因についての想定上の条件　　なし
（3）調査範囲等条件　　なし
3．価格時点　　令和○年○月○日
4．所有者名　　価格時点現在　○○○○株式会社
5．鑑定評価の依頼目的　　売買の参考
6．価格の種類　　正常価格
7．鑑定評価の依頼目的及び依頼目的に対応した条件と価格または賃料の種類との関連
　　（既掲載例と同文）
8．鑑定評価を行った日付　　令和○年○月○○日
9．鑑定評価書の利用者の範囲等　　（既掲載例と同文）
10．関与不動産鑑定士及び関与不動産鑑定業者に係る利害関係等
　　（既掲載例と同文）

〔3〕対象不動産の確認
1．物的確認
（1）実地調査日　　令和○年○月○日
（2）実地調査を行った不動産鑑定士　　○○○○○
（3）立会者　　○○○○株式会社　総務部総務課　○○○○様
（4）実地調査を行った範囲
　　　　土地：境界部分及び敷地内、外周部
　　　　建物：2階から4階の賃貸中事務所を除く範囲 **（注3）**。

> **(注3)**
> 　本件の場合、建物の内覧に当たり賃借人の協力が得られないフロアがあり、一棟のうち一部のフロアのみ内覧を実施しています。そのため、下記（5）の欄にその理由を記載しています。

（5）実地調査の一部を実施できなかった場合にあってはその理由
　　　賃借人の了解が得られなかったため。ほぼ同一条件の5階部分の内覧及び竣工図面により推定。

（6）確認に用いた資料　　土地建物とも法務局備付の登記事項証明書、公図、建物図面・各階平面図、○○○○株式会社作製の「○○○○新築工事竣工図」、建築確認通知書、検査済証、令和○年度固定資産税・都市計画税課税明細書等

（7）照合事項　　土地の位置・形状・規模につき現地を踏査して一致を確認し、隣地との境界については境界石、道路との境界についてはプレートの存在を確認した。建物については構造・用途・規模に関し、概ね一致を確認した**(注4)**。

> **(注4)**
> 　貸家及びその敷地の場合、下記2のとおり「権利の態様の確認」についても記載するため、上記「照合事項」欄では物的確認に関してのみ記載しています。

（8）評価上採用した数量　　土地、建物とも登記簿数量

2．権利の態様の確認

（1）所有者　　土地、建物とも○○○○株式会社

(2) 確認に用いた資料

建物賃貸借契約書（**注5**）、価格時点現在における登記事項証明書

> **（注5）**
> 　貸家及びその敷地の鑑定評価において、建物賃貸借契約書の確認は不可欠であり、不動産鑑定士が当該契約の内容を確認した結果が下記（3）に記載されています。

(3) 賃貸借契約内容の確認

対象建物は主たる使用目的が事務所とされており、賃借人毎の契約期間、賃料、共益費、一時金の額等は、別表「賃貸借状況一覧表」（省略）のとおり（**注6**）。

> **（注6）**
> 　各階ごとに床面積、有効面積、賃借人別の賃貸面積・賃料（月額、年額）・共益費・賃貸借期間等が記載された一覧表が作成されていますが、本項では割愛します。

（契約内容の一部抜粋）

　　a．契約の目的　　　事務所
　　b．賃貸借契約書　　令和〇年〇月〇日付建物賃貸借契約書（原契約）（**注7**）

> **（注7）**
> 　賃料改定が行われた経緯がある場合は、「建物賃貸借変更契約書」または「覚書」等が記載されています。

　　c．契約当事者　　　賃貸人：〇〇〇〇株式会社
　　　　　　　　　　　賃借人：△△△△株式会社
　　d．契約数量　　　　5階南側部分　〇〇〇.〇〇㎡

e．契約の始期　　令和○年○月○日
f．契約期間　　令和○年○月○日から令和○○年○月○日までの2年間（注8）

> **（注8）**
> 　自動更新条項が付されている場合は、その旨も記載されます。本件の場合、そのような特約は付されていません。

g．支払賃料
　月額○○○，○○○円
　この他に、共益費として月額○○○，○○○円（注9）

> **（注9）**
> 　契約によっては共益費込みの賃料となっている場合があります。このような場合は、その旨が記載されています。

h．一時金の有無とその内容
　敷金（注10）として賃料の約8ヶ月分相当額（○，○○○，○○○円）。預かり金的性格を有する。預託期間中は無利息。

> **（注10）**
> 　契約によっては、保証金という名称が付されているものもあります。実質的には、敷金と同じ性格のものが多いようです。

i．その他（特約事項）（注11）
　賃借権の無断譲渡及び転貸の禁止。
　賃借人に対する契約終了時の原状回復義務。

> **（注11）**
> 　この他にも、例えば「賃貸借契約の終了時には賃貸人は預り敷金の半額を償却する」等の約定により、敷金の一部を返還しない旨の特約条項をあらかじめ設けているものもあります。

〔4〕鑑定評価額の決定の理由の要旨
Ⅰ．価格形成要因の分析
1．一般的要因の分析
（1）社会経済等の状況　　（省略）
（2）地価の推移と動向　　（省略）

2．対象不動産に係る市場の特性
（1）同一需給圏の範囲　　（省略）
（2）同一需給圏における市場参加者の属性及び行動

　　対象不動産と同用途に係る不動産を購入する場合の市場参加者として最も一般的と考えられるのは、対象不動産を現況のまま中高層事務所ビルとして、投資目的で購入する投資家等が想定される。典型的な需要者である投資家は、対象不動産の費用性や市場の取引水準を重視しつつ、対象不動産の収益性を重視して価格判断を行うものと思料される**（注12）**。

> **（注12）**
> 　自用の建物及びその敷地の場合と異なり、市場参加者の属性は、対象不動産を自ら使用せず、賃貸等による収益獲得目的で当該物件を購入する投資家（投資法人、事業法人等）が中心となります。また、このような属性とともに市場参加者の行動（購入価格判断のとらえ方）についても記載されています。

（3）同一需給圏における市場の需給動向　　（省略）

3．近隣地域の状況　　（省略）
4．対象不動産の状況
　対象不動産は公道に三面が接する土地（三方路地）であり、土地の最有

効使用を、対象不動産の規模、標準的使用、市場参加者の属性等を踏まえ、中高層事務所の敷地、建物及びその敷地の最有効使用も中高層事務所及びその敷地と判定した **(注13)**。

> **(注13)**
> 自用の建物及びその敷地の場合と同様に、土地のみでとらえた場合の最有効使用の方法と、（現に存在する）建物及びその敷地を一体としてとらえた場合に最有効使用の状態にあるか否かが記載されています。

なお、建物は平成〇〇年〇月に新築されており、価格時点まで約7年経過している（使用資材の品等は中位、延3,400.00㎡）。

公法上の制限としては、商業地域、指定建蔽率80％、指定容積率700％、防火地域指定あり（基準建蔽率は100％、基準容積率は700％）。（以下、省略）

Ⅱ．評　価

本件は、貸家及びその敷地の評価であり、対象不動産の典型的需要者である投資家は、費用性や市場の取引水準を考慮しつつ、対象不動産の収益性を重視して価格判断を行う者と判断される。しかし、本件の場合、貸家及びその敷地として比較可能な適切な取引事例が得られなかったため、取引事例比較法は適用できなかった。そのため、本件においては、原価法による積算価格と収益還元法による収益価格（直接還元法とDCF法を併用）を求め、収益還元法による収益価格を標準とし、原価法による積算価格を比較考量して鑑定評価額を決定する **(注14)**。

> **(注14)**
> 不動産鑑定評価基準では、「貸家及びその敷地の鑑定評価額は、実際実質賃料 (※)（中略）に基づく純収益等の現在価値の総和を求めることにより得た収益価格を標準とし、積算

価格及び比準価格を比較考量して決定するものとする（各論第1章第2節Ⅱ）」としています。

しかし、土地建物を一体とした複合不動産の場合、取引事例比較法による比準価格を求めるのが難しいことが多いのが実情です。

また、価格決定に当たり、「収益価格を標準とする」とは、収益価格を重点的に考慮するという意味であり、「積算価格及び比準価格を比較考量する」とは、積算価格及び比準価格も比較して参考にするという意味です。

（※）実際実質賃料

実際実質賃料とは、支払賃料だけでなく、賃貸人が預かった敷金（または保証金）の契約期間における運用益も賃料の一部に含めてとらえたものです。この他にも、賃貸人に帰属する経済的な利益があれば、それも実質的に賃料の一部と考えます（図表6-11）。

図表6-11 実際実質賃料

1．原価法

本件では、原価法による積算価格を1,350,000,000円と試算した。

（試算過程は、前項の「自用の建物及びその敷地の鑑定評価書例」に掲げたものと同じです。したがって、本項に記載されている原価法の適用過程を読む際には、前項を参照してください。以下、原価法の記載は割愛します。）

2．収益還元法

収益還元法を適用するに当たっては、直接還元法とDCF法を併用する。

（1）直接還元法による収益価格

実際支払賃料と一時金の運用益等から構成される実際実質賃料を前提とし、運営収益（総収益）から運営費用（総費用）を控除して得た初年度における償却前純収益**（注15）**を還元利回りで還元して、**図表6-12**により収益価格を1,540,000,000円と査定した。

> **（注15）**
> 収益還元法の適用に当たっては、直接還元法による場合でも、後掲するDCF法による場合でも、純収益の算定においては、減価償却費を控除しない償却前純収益を用いることが基本とされています（不動産鑑定評価基準運用上の留意事項Ⅴ1.（4）①②）。

図表6-12 直接還元法による収益価格査定表

(単位：千円)

				初年度	査定根拠
(a)		貸室賃料収入		108,436	賃貸借契約書（支払賃料・共益費）に基づいて織り込んだ。
(b)		共益費収入		15,120	
(c)		（共益費込み貸室賃料収入） [(a)+(b)]		123,556	
(d)		水道光熱費収入		13,608	現行の水道光熱費収入の水準を妥当と判断し左記のとおり織り込んだ。
(e)	運営収益	駐車場収入		6,480	駐車場賃貸借契約書に基づいて織り込んだ。
(f)		その他収入	礼金収入・更新料収入	0	上記以外に発生が見込まれる収入はない。
			その他	0	ない
①		(c)+(d)+(e)+(f)		143,644	
		(c)、(d)空室等損失		6,858	空室率を5％と査定した。
		(e)、(f)空室等損失		324	空室率を5％と査定した。
(g)		空室等損失合計		7,182	
(h)		貸倒損失		0	敷金で担保されるものと想定し、計上しない。
②		運営収益 [①-(g)-(h)]		136,462	
(i)		維持管理費		12,096	現行の維持管理費の水準を妥当と判断し左記のとおり織り込んだ。
(j)		水道光熱費		14,440	現行の水道光熱費の水準を妥当と判断し左記のとおり織り込んだ。
(k)		修繕費	原状回復費	0	原状回復費はテナントが負担するものと想定し、計上しない。
			修繕費	4,500	現行の修繕費の水準を妥当と判断し左記のとおり織り込んだ。
(l)	運営費用	プロパティマネジメントフィー		3,254	現行のフィー料率を参考に貸室賃料収入の3％と査定した。
(m)		テナント募集費用等		900	テナントの入替率を年10％、募集費用を新規月額賃料の1ヶ月分と想定した。
(n)		公租公課	土地	7,956	依頼者ご提示資料に基づき、令和〇年度固定資産税・都市計画税（実額相当）を計上した。
			建物	5,661	依頼者ご提示資料に基づき、令和〇年度固定資産税・都市計画税（実額相当）を計上した。
			償却資産	0	ない
(o)		損害保険料		900	依頼者ご提示資料（実績）を参考に査定した。
(p)		その他費用		0	
③		運営費用 [(i)+(j)+(k)+(l)+(m)+(n)+(o)+(p)]		49,707	
④		運営純収益 [②-③]		86,755	
(q)		一時金の運用益		859	敷金残高の1％相当額と査定した。
(r)		資本的支出		2,700	長期修繕計画を基に査定した。
⑤		純収益 [④+(q)-(r)]		84,914	
		（参考）			
		OER （運営費用／運営収益）		36.43％	
		預かり一時金（敷金）残高		85,845	賃貸借契約書に記載された現行預かり敷金を採用した。
⑥		還元利回り		5.5％	
		収益価格 (⑤÷⑥)		1,540,000	

(2) DCF法による収益価格
　① 割引率、還元利回り、最終還元利回りの査定
　　a．割引率
　　　割引率は、契約期間中の純収益及び契約期間満了時の復帰価格**（注16）**を現在価値に割り戻すための利回りであり、類似の不動産の取引事例との比較から求める方法**（注17）**及び（一財）日本不動産研究所「不動産投資家調査」**（注18）**の結果も参考に、割引率を5.2％と査定した**（注19）**。

> **（注16）**
> 　復帰価格とは、契約期間満了時に賃貸人に戻ってくる不動産（土地建物）の価格のことを意味します。本件の試算の場合、後掲の図表6-13のとおり建物賃貸借期間を10年としているため、11年目に戻ってくる際の価格となります。この価格はあくまでも予想価格であり、後掲の**（注22）**のとおり、11年目の純収益を最終還元利回りと呼ばれる利回りで割戻して（＝還元して）売却価格を査定し、売却費用**（注23）**を控除した上で求めます**（注24）**。

> **（注17）**
> 　類似の不動産の取引事例との比較から求めるといっても、複合不動産の場合、個別性が強く、取引事例と直接比較するのが難しいことは、すでに述べたとおりです。そのため、実務的には、公表されているJ-REIT物件の事例の中から同一需給圏に属するものを収集し、そこで採用されている割引率等を比較検討の上、査定する方法が多く見受けられます。

> **（注18）**
> 　（一財）日本不動産研究所「不動産投資家調査」が投資家等を対象にアンケート調査を行った結果を集約して公表しています（年2回）。投資用不動産の利回りの動向についても調査対象とされており、一つの傾向を示すものとして参考に

されています。
　なお、割引率は固定された数値ではなく、鑑定評価の価格時点における経済情勢や市場の動向によって変化するため、本項に掲げている割合がいつでも当てはまるというわけではありません（以下に掲げる還元利回りについても同様）。

（注 19）
　不動産鑑定評価基準によれば、割引率と還元利回りの相違は以下の点にあります。
・割引率は、還元利回りに含まれる変動予測と予測に伴う不確実性のうち、複数の期間に発生する純収益や復帰価格の変動予測に係るものを除く。
・還元利回りは、将来の収益に影響を与える要因の変動予測と予測に伴う不確実性を含む。
　つまり、割引率に将来の変動予測は含まないということです（総論第 7 章第 1 節Ⅳ 3.（2）①）。

b．還元利回り

　類似の不動産の取引事例との比較から求める方法 **（注 20）** を採用し、割引率との関係や「不動産投資家調査」の結果も参考にして、還元利回りを 5.5％と査定した。

（注 20）
　同一需給圏における J-REIT 物件の鑑定評価における還元利回りを参考に、対象不動産の個別的要因を勘案の上、5.5％と査定しています。

c．最終還元利回り **（注 21）**

　最終還元利回りの把握に当たっては、将来における不確実性（立地条件や環境条件の変化に伴うリスク）等を考慮することが通常であり、本件においては、保有期間終了時点において建物の経年相応の物理的要因等により資本的支出が増大する可能性があること等も

考慮する必要がある。

本件においては、これらの要因を総合的に勘案し、最終還元利回りを5.8%と査定した。

> **(注21)**
> 最終還元利回りの査定に当たっては、上記の観点から還元利回り（5.5%）に対し、リスク相当分（0.3%）を加算してあります。

② DCF法の適用

    a．初年度運営収益及びその予測（図表6-13(a)〜(h)、②が運営収益の合計）

    b．初年度運営費用及びその予測（図表6-13(i)〜(p)、③が運営費用の合計）

    c．初年度一時金の運用益及びその予測（図表6-13(q)）

    d．初年度資本的支出及びその予測（図表6-13(r)）

図表 6-13 DCF 法による収益価格査定表

		(単位：千円)	1	2	10	分析期間翌期(11)	査定根拠
(a)	運営収益	貸室賃料収入	108,436	108,436	108,436	108,436	賃貸借契約書（支払賃料・共益費）に基づいて織り込んだ。横ばい。
(b)		共益費収入	15,120	15,120	15,120	15,120	
(c)		(共益費込み貸室賃料収入) [(a)+(b)]	123,556	123,556	123,556	123,556	
(d)		水道光熱費収入	13,608	13,608	13,608	13,608	現行の水道光熱費収入の水準を妥当と判断し左記のとおり織り込んだ。横ばい。
(e)		駐車場収入	6,480	6,480	6,480	6,480	駐車場賃貸借契約書に基づいて織り込んだ。横ばい。
(f)		その他収入 礼金・更新料収入	0	0	0	0	上記以外に発生が見込まれる収入はない。
(f)		その他					ない
①		(c)+(d)+(e)+(f)	143,644	143,644	143,644	143,644	
		(c)、(d)空室等損失	6,858	6,858	8,230	8,230	5年目までの空室率を5％、6年目以降は6％と査定した。
		(e)空室等損失	324	324	324	324	空室率を5％と査定した。
(g)		空室等損失合計	7,182	7,182	8,554	8,554	
(h)		貸し倒れ損失	0	0	0	0	敷金で担保されるものと想定し、計上しない。
②		運営収益 [①-(g)-(h)]	136,462	136,462	135,090	135,090	
(i)	運営費用	維持管理費	12,096	12,096	12,096	12,096	現行の維持管理費の水準を妥当と判断し左記のとおり織り込んだ。横ばい。
(j)		水道光熱費	14,440	14,440	14,440	14,440	現行の水道光熱費の水準を妥当と判断し左記のとおり織り込んだ。横ばい。
		修繕費 原状回復費	0	0	0	0	原状回復費はテナントが負担するものと想定し、計上しない。
(k)		修繕費	4,500	4,500	4,500	4,500	現行の修繕費の水準を妥当と判断し左記のとおり織り込んだ。横ばい。
(l)		プロパティマネジメントフィー	3,254	3,254	3,254	3,254	現行のフィー料率を参考に貸室賃料収入の3％と査定した。横ばい。
(m)		テナント募集費用等	900	900	900	900	テナントの入替え率を年10％、募集費用を新規月額賃料の1ヶ月分と想定した。
(n)		公租公課 土地	7,956	7,956	7,956	7,956	依頼者ご提示資料。令和〇年度固定資産税・都市計画税（実額相当）を計上した。横ばい。
		建物	5,661	5,661	4,854	4,854	依頼者ご提示資料。令和〇年度固定資産税・都市計画税（実額相当）を参考に、経年減価を考慮して査定。
		償却資産	0	0	0	0	ない
(o)		損害保険料	900	900	900	900	依頼者ご提示資料（実績）を参考に査定した。横ばい。
(p)		その他費用	0	0	0	0	
③		運営費用 [(i)+(j)+(k)+(l)+(m)+(n)+(o)+(p)]	49,707	49,707	48,900	48,900	
④		運営純収益 [②-③]	86,755	86,755	86,190	86,190	
(q)		一時金の運用益	859	859	859	859	敷金残高の1％相当額と査定。横ばい。
(r)		資本的支出	2,700	2,700	2,700	2,700	長期修繕計画を基に査定した。横ばい。
⑤		純収益 [④+(q)-(r)]	84,914	84,914	84,349	84,349	
		(参考)					
		OER（運営費用／運営収益）	36.43%	36.43%	36.20%	36.20%	
		預かり一時金（敷金）残高	85,845	85,845	85,845	85,845	賃貸借契約書に記載された現行預かり敷金を採用した。
(s)		複利現価率	0.9506	0.9036	0.6023		割引率5.2％（年）に対応する現価率。
		現在価値	80,719	76,762	50,803		
(t)		(s)欄合計	647,125				

(単位：千円)

収益価格（(t)+(x)）	1,500,000	(u)	売却価格（分析期間翌朝の⑤÷(z)）	1,454,293		
		(v)	売却費用	43,629	仲介手数料を売却価格の3％相当額で織り込んだ。	
		(w)	復帰価格 (u)−(v)	1,410,664		
		(x)	復帰価格現在価値	849,643		
		(y)	割引率	5.2%	鑑定評価書本文参照。	
		(z)	最終還元利回り	5.8%	鑑定評価書本文参照。	

(単位：千円)

e．契約期間満了時の復帰価格

本件鑑定評価における復帰価格は、契約期間満了時において対象不動産の売却を想定し、当該売却価格から売却費用を控除することにより求める。

（売却価格）

契約期間満了の翌年について予測される純収益を最終還元利回りで還元することにより、売却価格を査定した**(注22)**。

> **(注22)**
> 　　（純収益）　　（最終還元利回り）　　（売却価格）
> 　84,349,000 円／年 ÷ 5.8% ≒ 1,454,293,000 円

（売却費用）

売却費用として、仲介手数料（売却価格の3％相当額）を織り込んだ**(注23)**。

> **(注23)**
> 　　（売却価格）　　　（仲介手数料）　　（売却費用）
> 　1,454,293,000 円 × 3% ≒ 43,629,000 円

（復帰価格）

売却価格から売却費用を控除して、復帰価格を査定した**(注24)**。

> **(注24)**
> 　　（売却価格）　　　（売却費用）　　　（復帰価格）
> 　1,454,293,000 円 － 43,629,000 円 ＝ 1,410,664,000 円

③ DCF法による収益価格

図表6-13のとおり、対象不動産を今後10年間にわたり賃貸し、その後、10年目期末に売却することを想定して、当該賃貸借期間中

に得られるであろう純収益の現在価値の合計額と、10年目期末の復帰価格の現在価値を合計して端数を整理の上、DCF法による収益価格を1,500,000,000円と査定した。

$$\begin{pmatrix}\text{賃貸借期間中の}\\\text{純収益の現在価}\\\text{値の合計額}\end{pmatrix} + \begin{pmatrix}\text{復帰価格の}\\\text{現在価値}\\\text{(注25)}\end{pmatrix} = \begin{pmatrix}\text{DCF法による}\\\text{収益価格}\\\text{(注26)}\end{pmatrix}$$

647,125,000 円 + 849,643,000 円 = 1,496,768,000 円
≒ 1,500,000,000 円

(注25)

$$\begin{pmatrix}\text{復帰価格}\end{pmatrix} \times \begin{pmatrix}\text{複利現価率}\\\text{図表6-13}\end{pmatrix} \fallingdotseq \begin{pmatrix}\text{復帰価格の}\\\text{現在価値}\end{pmatrix}$$

1,410,664,000 円 × 0.6023 ≒ 849,643,000 円

(注26)

DCF法の計算式は、以下のとおりです。

$$P = \sum_{k=1}^{n} \frac{a_k}{(1+Y)^k} + \frac{P_R}{(1+Y)^n}$$

- P ： 求める不動産の収益価格
- a_k ： 毎期の純収益
- Y ： 割引率
- n ： 保有期間（売却を想定しない場合には分析期間。以下同じ）
- a_{n+1} ： n＋1期の純収益
- R_n ： 保有期間の満了時点における還元利回り（最終還元利回り）
- P_R ： $\frac{a_{n+1}}{R_n}$（復帰価格）

④ 収益価格の査定

上記により、直接還元法による収益価格とDCF法による収益価格が次のとおり試算された。

直接還元法による収益価格：　1,540,000,000 円
　　　DCF法による収益価格　　：　1,500,000,000 円

　本件においては、両試算価格が近似し、しかも採用した資料の精度もほぼ同等であり、かつ、試算過程における判断も適切に行われたと思料されることから、両価格を関連付けて収益還元法による収益価格を1,520,000,000円と査定した。

3．試算価格の調整及び鑑定評価額の決定
　以上により、
　　　原価法による積算価格　　　：　1,350,000,000 円
　　　収益還元法による収益価格　：　1,520,000,000 円
と求められたが、開差が生じたため、鑑定評価の手法及び採用した資料の有する特徴に応じた斟酌を加え、鑑定評価の手順の各段階について客観的・批判的に再吟味を行い鑑定評価額を決定する。

（1）各試算価格の性格と本件鑑定評価における位置付け
　　　積算価格は、不動産の費用性に着目した価格である。
　　　土地については再調達原価を求めることができないことから、近隣地域及び同一需給圏内の類似地域にある取引事例と比準を行った結果求められた価格（比準価格）を再調達原価に置き換えているが、比準の過程では価格形成要因の比較が適切になされていると思料する。
　　　一方、建物については、実地調査を踏まえて対象建物の使用資材の種別、品等を検討し、対象建物と類似の建物の建築費を反映させて再調達原価を求めている。また、減価修正に当たっては対象建物の経済的残存耐用年数を適切に査定し、減価額に反映させている。よって、積算価格の精度は高いと判断する。

収益価格は不動産の収益性に着目した価格であり、対象不動産が将来生み出すであろうと期待される純収益の現在価値の総和を求めることにより試算された価格である。本件鑑定評価では、直接還元法とDCF法の２つの手法を用いて収益価格にアプローチを行っている。

最初に、直接還元法の適用結果であるが、総収益（運用収益）及び総費用（運用費用）の査定は、対象不動産の過去の実績及び類似不動産との比較を踏まえた妥当な水準で行われている。また、還元利回りの査定に当たっても、対象不動産と用途、規模、構造、品等の類似する不動産と整合性が図られているものと思料する。

次に、DCF法であるが、この手法の適用に当たっては、運用収益及び運用費用のほか、割引率、最終還元利回りの妥当性についても検討を加え、対象不動産の市場性及び投資リスクや建物の個別的要因にも十分考慮して割引率等を査定の上、試算を行ったものである。DCF法による収益価格は、年々の純収益の査定や現在価値への置き換え、契約期間満了時点における復帰価格の査定をはじめ想定要素を多く含んでいるが、投資家の行動を反映する点で、本件のような投資不動産の価格を求めるに当たっては重要な位置付けを有する。

本件においては、すでに述べたとおり直接還元法による試算結果とDCF法による試算結果の説得力は同等と判断される。

(2) 試算価格間における諸要因の整合性 **(注27)**

本件鑑定評価においては、建物の経年等に伴う減価の程度は、原価法においては減価修正に反映させ、収益還元法においては修繕費等の査定や還元利回り、割引率に反映させており、整合性が図られている。

また、本件においては、複合不動産としての取引事例比較法は適用できなかったが、取引事例比較法の考え方は原価法における土地価格の査定及び建物の再調達原価の査定、収益還元法における割引率や還元利回りの査定に反映されている。

> **(注27)**
> 鑑定評価においては、各手法相互間の整合性を図るため、このような内容の分析・検討を行っています。また、資料の制約から適用できなかった手法についても、その考え方が他の手法に適切に反映されているか否かの検証を行うこととしています。

(3) 各試算価格の説得力に係る判断と鑑定評価額の決定

　すでに述べたとおり、対象不動産に係る典型的な市場参加者は、対象不動産を現況のまま賃貸用不動産として収益獲得のために購入する投資家と判断される。そのため、市場参加者の特性に最も適合した手法は収益還元法であり、両価格とも資料の信頼性は同程度と判断されるものの、本件においては収益還元法による収益価格が最も説得力が高いものと判断する**(注28)**。

　よって、収益価格を標準に、積算価格を比較考量して、本件鑑定評価額を1,500,000,000円と決定した。

　なお、上記鑑定評価額には、譲渡につき課されるべき消費税等の額を含まない。

> **(注28)**
> 鑑定評価に用いた複数の手法のうち、最も説得力の高い手法について分析・検討し、その結果を最終的に鑑定評価額に反映させるための根拠付けをここで行っています。

［付　記］〈附属資料〉（省略）

以　上

> **ポイント**
>
> ○「貸家及びその敷地の鑑定評価書」と「自用の建物及びその敷地の鑑定評価書」との違い
> 　主に、以下の3つが異なります。
> ・鑑定評価額の決定に当たり収益価格を重視していること
> ・収益還元法の適用に当たり、直接還元法のほかにDCF法を適用している案件があること
> ・「貸家及びその敷地の鑑定評価書」で総収益の基とする賃貸収入は、現行賃料を基に査定した将来の期待収入ですが、「自用の建物及びその敷地の鑑定評価書」の場合は、対象不動産の新規賃貸を想定した期待収入であること

4 区分所有建物及びその敷地の鑑定評価書例

不動産鑑定評価書

令和○年○月○日発行

○○○○○　殿

所属鑑定業者の名称　○○○○○
不動産鑑定士　○○○○○

〔1〕鑑定評価額

　　総額　62,000,000円（壁芯面積当たり 886,000円／㎡）**(注1)**

> **(注1)**
> 　区分所有建物の専有部分の面積は、登記上では内法面積（壁の内側から内側までの寸法で求められた面積）を採用していますが、鑑定評価では壁芯面積（壁の中心から中心までの寸法で定められた面積）を採用するのが通常です。

（既掲載例と同文）

〔2〕対象不動産の表示

（一棟の建物の表示）

所　在	東京都○○区○○町○丁目○番地

第6章　不動産鑑定評価書の実際例と読み方・留意点～土地及び建物編～

建物の名称	構造	床面積
○○マンション	鉄骨鉄筋コンクリート造 地下1階付8階建	登記記録 地下1階　　575.10㎡ 　1階　1,476.78㎡ 　2階　1,476.78㎡ 　3階　1,601.95㎡ 　4階　1,579.60㎡ 　5階　1,454.18㎡ 　6階　　867.66㎡ 　7階　　748.85㎡ 　8階　　537.90㎡ 延　　10,318.80㎡

（敷地権の目的たる土地の表示）**(注2)**

土地の符号	所在及び地番	地目	地積
1	東京都○○区○○町○丁目○番	宅地	3,390.51㎡

(注2)
　ここでは、一棟の建物の敷地の所在、地目、地積等が記載されています。

（専有部分の建物の表示）**(注3)**

不動産番号	家屋番号	建物の名称
○○○○○○○○	○○区○○町○丁目○番408番	408号
種類	構造	床面積
居宅	鉄骨鉄筋コンクリート造1階建	4階部分 70.00㎡ （壁芯面積）

(注3)
　鑑定評価の対象となる専有部分についての情報が、ここに記載されています。

267

（敷地権の表示）**(注4)**

土地の符号	敷地権の種類	敷地権の割合
1	所有権	60万6365分の7547

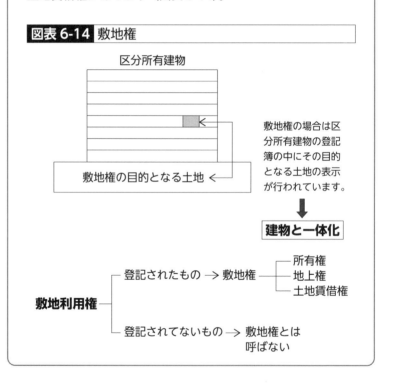

(注4)
　敷地利用権のうち、登記された権利であって専有部分と一体化されたものを、不動産登記法上、「敷地権」と呼んでいます。敷地権の対象となる権利は、所有権の他に、地上権と土地賃借権があります（図表6-14）。

図表6-14 敷地権

〔3〕鑑定評価の基本的な事項
1．対象不動産の種別・類型　　区分所有建物及びその敷地（専有部分は自用）**(注5)**

(注5)

図表6-15 区分所有建物（イメージ）

2．鑑定評価の条件
（1）対象確定条件　　対象不動産の現状を所与とする鑑定評価
（2）地域要因または個別的要因についての想定上の条件　　なし
（3）調査範囲等条件　　なし
3．価格時点　　令和○年○月○日
4．所有者名　　価格時点現在　　○○○○殿
5．鑑定評価の依頼目的　　売買の参考
6．価格の種類　　正常価格
7．鑑定評価の依頼目的及び依頼目的に対応した条件と価格または賃料の種類との関連
　　（既掲載例と同文）
8．鑑定評価を行った日付　　令和○年○月○○日
9．鑑定評価書の利用者の範囲等　　（既掲載例と同文）
10．関与不動産鑑定士及び関与不動産鑑定業者に係る利害関係等
　　（既掲載例と同文）

〔4〕対象不動産の確認
1．物的確認

（1）実地調査日　令和○年○月○○日
（2）実地調査を行った不動産鑑定士　　○○○○
（3）立会者　　○○○○様
（4）実地調査を行った範囲 **(注6)**

　　　一棟の敷地：敷地内及び境界部分

　　　一棟の建物：玄関ホール、屋上、廊下、階段等の共用部分

　　　専有部分（評価対象部分）：内覧を実施

> **(注6)**
> 　ここでは、一棟の敷地、一棟の建物、専有部分に分けて実地調査を行った範囲が記載されています。

（5）実地調査の一部を実施できなかった場合にあってはその理由

　　　上記のとおり実地調査を行った。

（6）確認に用いた資料

　　　法務局備付の登記事項証明書、公図、建物図面・各階平面図、建築確認通知書、検査済証、分譲時のパンフレット、管理規約 **(注7)**

> **(注7)**
> 　通常、区分所有建物にみられる管理規約です。

（7）確認資料との照合事項及び照合結果

　　① 照合事項

　　　　土地の位置・形状・規模、建物の構造・用途・規模。

　　② 照合結果

　　　現地で調査した結果、概ね一致することを確認した。なお、登記上の専有面積は68.13㎡（内法面積）であることを確認した。

（8）評価上採用した数量

　　　土地及び一棟の建物については登記数量を採用するが、建物専有部

分は壁芯面積を採用する。**(注8)**

> **(注8)**
> 登記数量と壁芯面積の相違は**（注1）**で述べたとおりです。

2．権利の態様の確認
（1）所有権
　　① 所有者　　○○○○殿
　　② 確認に用いた資料及び確認日
　　　ａ．確認に用いた資料
　　　　　法務局備付の登記事項証明書
　　　ｂ．確認日
　　　　　令和○年○月○日
（2）所有権以外の権利　　なし

〔5〕鑑定評価額の決定の理由の要旨
Ⅰ．価格形成要因の分析
1．一般的要因の分析
（1）社会経済等の状況　　（省略）
（2）地価の推移と動向　　（省略）

2．対象不動産に係る市場の特性
（1）同一需給圏の範囲
　　　対象不動産と代替競争関係が成立する同一需給圏は、○○区○○町○○地区における標準住宅地域の存在する圏域と判定した。
（2）同一需給圏における市場参加者の属性及び行動
　　　標準住宅地域内のファミリー向け物件が対象であり、中堅以上のサラリーマン層及び買替層が中心である。なお、中古市場は新築供給増加の影響を受け、品等、利便性等に優れた競争力のある物件と市場競

争力に欠ける物件との格差が拡大する傾向にある。

　　対象不動産の需要の中心となる市場参加者は、対象不動産の市場性に着目して行動する自己使用目的のエンドユーザーであると思料される。
（3）同一需給圏における市場の需給動向　　（省略）
（4）同一需給圏における区分所有建物及びその敷地の価格の推移と動向
　　（省略）

3．近隣地域の状況
（1）近隣地域の範囲　　（省略）
（2）地域の特性等
　　① 街路条件　　（省略）
　　② 交通接近条件　　（省略）
　　③ 自然的条件　　（省略）
　　④ 地域的特性　　（省略）
　　⑤ 行政的条件
　　　第1種中高層住居専用地域、建蔽率60％、容積率300％（基準容積率240％）、第三種高度地区、準防火地域、日影規制（二）。
　　⑥ その他の条件　なし
（3）将来動向等
　　近隣地域は住宅地域として成熟しており、地域要因に格別の変動も見られないため、この傾向は当分の間、現状を維持するものと予測される。
（4）標準的な画地
　　近隣地域のほぼ中央に位置し、南側幅員約○mの区道に等高に接面する間口約20m、奥行約25m、規模約500㎡の中間画地。
（5）標準的使用
　　中高層共同住宅地（最有効使用も同じですが、理由については275

ページの「最有効使用の判定」の項を参照)。

4．対象不動産の状況
（1）一棟の敷地の状況
　① 近隣地域における位置
　　近隣地域のほぼ中央部に位置する。
　② 一棟の敷地の現在の状況
　　一棟の敷地は、鉄骨鉄筋コンクリート造陸屋根地下1階付8階建の共同住宅の敷地として利用されている。一棟の敷地の個別的要因の主なものは以下のとおりである。
　　　a．街路条件
　　　　北側：幅員約○ｍの区道
　　　　東側：幅員約○ｍの区道
　　　　南側：幅員約○ｍの区道
　　　b．交通接近条件
　　　　近隣地域の標準的画地とほぼ同じ。
　　　c．環境条件
　　　　近隣地域の標準的画地とほぼ同じ。
　　　d．行政的条件
　　　　第1種中高層住居専用地域、建蔽率60％、容積率300％（基準容積率は240％）、第三種高度地区、準防火地域、日影規制（二）。
　　　e．画地条件
　　　　一棟の敷地は、南側間口約○○ｍが幅員約○ｍの区道にほぼ等高に接面、北側間口約○○ｍが幅員約○ｍの区道にほぼ等高に接面、東側間口約○○ｍが幅員約○ｍの区道にほぼ等高に接面するほぼ長方形の三方路地で、規模は3,390.51㎡である。地勢は平坦。
　③ 埋蔵文化財の有無及びその状態　　（省略）

④ 土壌汚染の有無及びその状態　　（省略）

⑤ その他（地下埋設物、越境物等）　（省略）

⑥ 標準的な画地と比較した場合の一棟の敷地の増価要因
　○増価要因　　三方路

（２）一棟の建物の状況

　　一棟の建物の劣化の状況、近隣地域との適合状態等を考慮して、価格時点における躯体部分については、その経済的残存耐用年数を47年、仕上部分については27年、設備部分については12年と査定した。（以下、省略）

（３）一棟の建物及びその敷地の状況

　① 建物等とその敷地との適応の状態
　　評価対象建物は概ね敷地と適応し、環境とも適合している。
　② 修繕計画及び管理計画の良否と実施の状態
　　大規模修繕に係る修繕計画：あり（○年後に外壁補修の計画がある）
　　管理規約：あり
　　管理委託先：○○建物管理サービス株式会社

（４）専有部分の状況

　　① 建物概要
　　　床面積：70.00㎡（壁芯面積）
　　　位置・間取り：4階部分　3DK
　　　方　位：南向き・北向き
　　　用　途：居宅
　　　構　造：鉄骨鉄筋コンクリート造
　　② 設備概要
　　　電気、給排水、衛生、ガス設備

③ 仕上げ概要　（省略）
④ 使用資材の品等
　中位
⑤ 施工の質及び量
　居住用マンションとして、施工の質及び量は普通である。
⑥ 維持管理の状態
　概ね良好
⑦ 増改築等の実施の状態
　特になし
⑧ 管理費等の状態
　管理費（月額）　　○○,○○○円
　修繕積立金（月額）　○○,○○○円
⑨ その他（特記すべき事項）
　特になし

(5) 対象不動産の市場分析
　① 対象不動産に係る典型的な需要者層
　　自らの居住を目的とした中堅以上のサラリーマン層及び買替層が主な需要者である。
　② 代替競争関係にある不動産との比較における優劣及び競争力の程度
　　住環境は良好で、建物の品等は中位にあり、同一需給圏内の代替競争不動産と比較し、競争力の程度は普通である。

(6) 最有効使用の判定
　① 一棟の敷地の最有効使用
　　一棟の敷地の最有効使用を、対象不動産の規模、標準的使用等を踏まえ、近隣地域の標準的な画地と同じ中高層の共同住宅の敷地と判定した。

② 一棟の建物及びその敷地の最有効使用

　一棟の建物は敷地と適応し、周辺環境とも適合している。また、近隣地域における標準的使用との関連も踏まえ、価格時点における一棟の建物及びその敷地としての最有効使用を中層共同住宅及びその敷地と判定した。

③ 対象不動産の最有効使用

　専有部分の建物の規模・仕様、用途、現状の利用状況等の個別的要因を分析した結果、対象不動産は最有効使用の状態にあると認められる。

Ⅱ．評　価

　本件は、区分所有建物及びその敷地（専有部分は自用）の鑑定評価である。よって、原価法及び取引事例比較法並びに収益還元法を適用して対象不動産の試算価格を求め、これを調整して鑑定評価額を決定することとした。

1．鑑定評価の手法の適用

（1）原価法

　原価法の適用に当たっては、まず、一棟の建物及びその敷地の積算価格を求め、これに一棟の建物の各階層別及び位置別効用比により求めた配分率を乗じて、対象不動産の積算価格を以下のとおり試算した**(注9)**。

> **(注9)**
> 　不動産鑑定評価基準では、区分所有建物及びその敷地の積算価格を求めるに当たり、次の規定を置いています。本項でも、この規定に基づいた試算を行っています。
> 　「積算価格は、区分所有建物の対象となっている一棟の建物及びその敷地の積算価格を求め、当該積算価格に当該一棟の建物の各階層別及び同一階層内の位置別の効用比により求めた配分率を乗ずることにより求めるものとする。（各論第1章第2節Ⅳ2(1)）」

① 一棟の建物及びその敷地の積算価格
　ａ．再調達原価
　（ａ）一棟の敷地の再調達原価
　　１）一棟の敷地の更地価格
　　　ⅰ）近隣地域の標準的な画地の価格
　　　　　近隣地域の状況欄に掲げた地域要因を備え、幅員〇ｍの区道沿いで、一画地の規模が500㎡程度の共同住宅地（道路に一面が接する中間画地）の標準的な価格を、下記（ア）の価格との均衡に留意の上、（イ）の価格を比較検討し、468,000円／㎡と査定した。
　　　　（ア）公示価格を規準とした価格
　　　　　　　　430,000円／㎡（別表A）（省略）
　　　　（イ）取引事例比較法を適用して求めた価格
　　　　　　　　452,000円／㎡～504,000円／㎡（別表B）（省略）
　　　ⅱ）一棟の敷地の価格
　　　　　上記ⅰ）の標準的な画地と比べて、対象地には次の増価要因があるため、これを基に格差修正を行って一棟の敷地の価格を次のとおり試算した。
　　　○増価要因
　　　　三方路地　　＋５％（利用効率の優る程度を考量）
　　　○格差修正率
　　　　100％＋５％＝105％
　　　○一棟の敷地の価格

　　　　　（標準価格）　　　　（格差修正率）　　　　（単　価）
　　　　　468,000円／㎡　　×　　　105％　　　≒　491,000円／㎡

　　　　　（単　価）　　　　　（評価数量）　　　　　（総　額）
　　　　　491,000円／㎡　　×　3,390.51㎡　　≒1,660,000,000円

2）一棟の敷地の付帯費用

　対象建物の建築期間を1.5年と査定し、当該期間中の土地の公租公課相当額を一棟の敷地の付帯費用として、以下のとおり査定した。

　　（1年間の公租公課）　　（建築期間）　　（付帯費用）
　　13,700,000円　　×　　1.5年　　≒　20,600,000円

3）一棟の敷地の再調達原価

　　1）＋2）＝1,680,600,000円

（b）一棟の建物の再調達原価

1）一棟の建物の建築費

　建物の再調達原価を求めるに当たっては、対象建物と類似の建物の建築費を参考として、新規に再調達する場合の建築費を以下のとおり査定した。

　　（単　価）　　　　（延面積）　　　　（建築費）
　　280,000円／㎡　×　10,318.80㎡　≒　2,890,000,000円

2）一棟の建物の付帯費用

　建物の設計監理料、建築確認時の手続費用等を考慮して、付帯費用比率を一棟の建物の建築費の4％と査定した。

　　（建築費）　　　　（付帯費用比率）　　（付帯費用）
　　2,890,000,000円　×　　4％　　≒　116,000,000円

3）一棟の建物の再調達原価

　　1）＋2）＝3,006,000,000円

（c）付帯費用（資金調達費用、開発リスク相当額、販売費・一般

管理費等)

　開発業者へのヒアリング等により、一棟の敷地及び一棟の建物に係る付帯費用を以下のとおり査定した。

　　一棟の敷地の再調達原価　　：1,680,600,000 円
　　一棟の建物の再調達原価　　：3,006,000,000 円
　　土地建物再調達原価に対する付帯費用の割合
　　　　　　：30％（事業者に対するヒアリング等により査定）
　　付帯費用：(1,680,600,000 円 + 3,006,000,000 円) × 30％
　　　　　　≒ 1,406,000,000 円

（d）一棟の建物及びその敷地の再調達原価

　一棟の敷地の再調達原価、一棟の建物の再調達原価、付帯費用を加算して、一棟の建物及びその敷地の再調達原価を以下のとおり査定した。

$$\underset{\begin{pmatrix}一棟の敷地の\\再調達原価\end{pmatrix}}{1,680,600,000 円} + \underset{\begin{pmatrix}一棟の建物の\\再調達原価\end{pmatrix}}{3,006,000,000 円} + \underset{(付帯費用)}{1,406,000,000 円}$$

$$= \underset{\begin{pmatrix}一棟の建物及び\\その敷地の再調達原価\end{pmatrix}}{6,092,600,000 円}$$

b．減価修正額の査定

　減価の要因に基づく減価修正額を以下のとおり査定した。

（a）一棟の敷地

　特に減価の必要はないと判断した。

（b）一棟の建物

　建物の現況及び地域の特性から判断して、耐用年数に基づく定

額法と観察減価法を併用し、減価率を10％と査定した。

　　新築年月日：平成○年○月○日

　　経過年数：3年

　　躯体割合：40％

　　仕上割合：40％

　　設備割合：20％

　　残価率：0％

　　経済的残存耐用年数

　　　・躯体部分：47年

　　　・仕上部分：27年

　　　・設備部分：12年

　　観察減価：観察減価法による減価修正は不要と判断した。

（c）付帯費用

　　本件においては、その他の付帯費用は建物の減価率に合わせて減価修正することが妥当と判断した。

　　　（付帯費用）　　　（減価率）　　　（減価額）
　　1,406,000,000円　×　　10％　　＝　140,600,000円

c．一棟の建物及びその敷地の減価修正及び積算価格の査定

　　一棟の建物及びその敷地の再調達原価に減価修正を行ったが、敷地と建物は適応していることから、一体としての減価は認められないものと判断し、一棟の建物及びその敷地の積算価格を**図表6-16**のとおり試算した。

② 配分率の査定

　　対象不動産の階層別・位置別効用比**（注10）**に着目の上、評価対象部分の配分率を**図表6-17**のとおり査定した。

図表6-16 積算価格の試算

	再調達原価	減価修正額	積算価格	価格割合
一棟の敷地	1,680,600,000 円	0 円	1,680,600,000 円	29.74%
一棟の建物	3,006,000,000 円	300,600,000 円	2,705,400,000 円	47.87%
付帯費用	1,406,000,000 円	140,600,000 円	1,265,400,000 円	22.39%
一棟の建物及びその敷地	6,092,600,000 円	441,200,000 円	5,651,400,000 円	100%

> (注10)
> 【階層別効用比率・位置別効用比率・配分率とは】
> ・「階層別効用比率」とは、階層別にみた場合の価値の格差を指します。居住用マンションの場合は、下層階より上層階の方が日照等の良さを反映して価値が高くなる傾向があります。
> ・「位置別効用比率」とは、同じ階の各部屋の間での価値の格差を指します。南向きの角部屋と北向きの部屋とでは、快適性が異なります。
> ・「配分率」とは、階層別効用比率に位置別効用比率を乗じたものであり、一棟の建物及びその敷地に占める対象不動産の価値割合を指します。

③ 積算価格

以上により求めた一棟の建物及びその敷地の積算価格に階層別、位置別効用比に基づく配分率を乗じて、対象不動産の積算価格を以下のとおり試算した。

$$\begin{pmatrix} 一棟の建物及び \\ その敷地の積算価格 \end{pmatrix} \quad (配分率) \quad \begin{pmatrix} 対象不動産 \\ の積算価格 \end{pmatrix}$$
$$5,651,400,000 円 \quad \times \quad 1.19\% \quad ≒ \quad 67,300,000 円$$

図表 6-17 408 号室の配分率

階層別効用比率試算表

階層	用途	A 専有面積合計 (㎡)	B 階層別効用比	C (A×B) 階層別効用積数	D 階層別効用比率
1 F	居宅	320.00	95	30,400	0.051
2 F	居宅	1,023.65	85	87,010	0.146
3 F	居宅	1,110.15	96	106,574	0.179
4 F	居宅	1,095.08	100	109,508	0.184
5 F	居宅	1,008.00	102	102,816	0.173
6 F	居宅	601.15	104	62,520	0.105
7 F	居宅	519.24	106	55,039	0.093
8 F	居宅	372.65	110	40,992	0.069
合計		6,049.92	—	594,859	1.000

位置別効用比率試算表

部屋番号	用途	A 専有面積 (㎡)	B 位置別効用比	C (A×B) 位置別効用積数	D 位置別効用比率
401	居宅	100.00	95	9,500	0.0873
402	居宅	85.08	95	8,083	0.0742
403	居宅	70.00	100	7,000	0.0645
404	居宅	70.00	100	7,000	0.0645
405	居宅	70.00	100	7,000	0.0645
406	居宅	70.00	100	7,000	0.0645
407	居宅	70.00	100	7,000	0.0645
408	居宅	70.00	100	7,000	0.0645
409	居宅	70.00	100	7,000	0.0645
410	居宅	70.00	100	7,000	0.0645
411	居宅	70.00	100	7,000	0.0645
412	居宅	70.00	100	7,000	0.0645
413	居宅	70.00	100	7,000	0.0645
414	居宅	70.00	100	7,000	0.0645
415	居宅	70.00	100	7,000	0.0645
合計	—	1,095.08	—	108,583	1.000

配分率試算表

部屋番号	階層別効用比率	位置別効用比率	配分率
408	0.184	× 0.0645	= 0.0119

（2）取引事例比較法

取引事例比較法の適用に当たっては、近隣地域及び周辺類似地域に所在する中古分譲マンションの取引事例の中から比準すべき適切な取引事例を選択し、これに対して事情補正・時点修正、地域格差と一棟の建物としての構造、意匠、外装、設備等の状況、専有部分の位置、階層、間取り、面積、日照、通風等の品等比較による標準化補正を行い、基準階標準住戸の比準価格を885,700円/㎡と試算した（試算過程の掲載は省略します）**(注11)**。

> **(注11)**
> 　ここでは、収集した各取引事例を基に、基準階標準住戸（本件では4階408号室）との間で、居住環境、最寄駅への接近性等の地域要因の比較を行うとともに、一棟の建物の構造、意匠、築年数、専有面積、専有部分の位置、日照、通風等の個別的要因の良否を比較検討して、基準階標準住戸の比準価格を求めています。

次に、図表6-17に基づき査定した階層別、位置別効用比による格差に基づく個別格差率を乗じ、評価数量を乗じて対象不動産の比準価格の総額を次のとおり試算した。

$$\begin{pmatrix} 基準階標準住戸 \\ （単価） \end{pmatrix} \quad （階層別格差） \quad （位置別格差） \quad \begin{pmatrix} 対象不動産 \\ （単価） \end{pmatrix}$$

885,700円/㎡ × 100/100 × 100/100 ＝ 885,700円/㎡

（単価）　　　（数量）　　（比準価格）
885,700円/㎡ × 70.00㎡ ≒ 62,000,000円

（3）収益還元法

収益還元法の適用に当たっては、対象不動産を新規に賃貸に供した場合を想定し、当該正常実質賃料相当額に基づく純収益を適正な還元利回りで還元して、対象不動産の収益価格を以下のとおり試算した。

① 総収益

　月額支払賃料　：　266,000円（3,800円／㎡・月）
　敷金運用益　　：　5,320円（266,000円×2ヶ月×1％）
　年間総収益　　：　3,197,320円（266,000円／月×12月＋5,320円）

② 総費用

　維持管理費　：　319,730円（年間総収益×10％と査定）
　修繕費　　　：　　63,950円（年間総収益×2％と査定）
　公租公課　　：　120,000円（固定資産税、都市計画税の査定額）
　損害保険料　：　 20,000円（実額を基に査定）
　貸倒引当金　：　　　　0円（敷金により担保されているため計上しない）
　空室等による損失相当額：133,220円（年間総収益×1／24）
　年間総費用　：　656,900円

③ 純収益

総収益から総費用を控除して、純収益を下記のとおり査定した。

　　（総収益）　　　　（総費用）　　　　（純収益）
　3,197,320円　－　656,900円　＝　2,540,420円

④ 還元利回り

金融市場において最も一般的な投資の利回りを標準に、対象不動産の個別性を勘案して、還元利回りを5.0％と査定した。

⑤ 収益価格

以上により、求めた対象不動産に帰属する純収益を還元利回りで還元して、対象不動産の収益価格を以下のとおり試算した。

（純収益）　　　　（還元利回り）　　　（収益価格）
2,540,420 円　÷　　5%　　≒　50,800,000 円

2．試算価格の調整及び鑑定評価額の決定

以上の過程を経て、対象不動産の試算価格が次のとおり求められた。

積算価格　67,300,000 円
比準価格　62,000,000 円
収益価格　50,800,000 円

試算価格間には開差が生じたため、採用した資料及び手法の特徴に応じた斟酌を加え、鑑定評価の手順の各段階について客観的・批判的に再吟味を行い、試算価格の調整を行って鑑定評価額を決定する**（注12）**。

> **（注12）**
> 積算価格＞比準価格＞収益価格の順に求められ、かつ、相互間に開差が生じたため、その分析を行うとともに、最終結論に導くための根拠付けを以下で行っています。

（1）各試算価格の性格と本件鑑定評価における位置付け

① 積算価格

積算価格は、対象不動産の費用性に着目した価格である。

再調達原価の査定に当たっては、一棟の敷地の価格の査定に関しては複数の取引事例により比準し、公示価格との均衡にも留意した。また、一棟の建物価格の査定に関しては、対象建物と品等の類似する建物の標準的な建築費を基に対象建物の個別性を加味して再調達原価を査定したものである。さらに、付帯費用に関しても、最終需要者である一般消費者と

建築業者との間に介在する開発業者の利潤及び開発費用等について、開発業者へのヒアリング結果を踏まえて再調達原価に反映させている。

次に、減価修正に当たっては、対象建物の経済的な残存耐用年数を躯体・仕上・設備の各部分ごとに査定し、経済的耐用年数を基に、定額法及び観察減価法を併用して適切に実施している。

上記の手順を経て試算した一棟の建物及びその敷地の積算価格に対し、階層別・位置別の効用比率を基に査定した対象不動産（408号室）への価値配分率を乗じて対象不動産の積算価格を求めたが、その内訳も適切であったと思料される。

しかしながら、積算価格は供給者価格としての性格を有するとともに、費用性の観点から求めた価格であり、市場における売買価格という面では実証性に欠ける面がある。

② 比準価格

比準価格は、同一需給圏内の類似地域内において、居住の用に供されている区分所有建物の専有部分にかかる取引事例を基に試算したものである。本件鑑定評価において採用した取引事例は、地域要因（最寄駅からの距離、居住環境等）、個別的要因（築年数及び専有面積等）が対象不動産と類似していることから規範性が高く、かつ、価格形成要因の比較も適切に行われている。よって、比準価格は実証的で説得力を有すると思料される。

③ 収益価格

収益価格は対象不動産の収益性に着目した価格であり、対象不動産を賃貸に供することにより期待される純収益を還元利回りで還元して求めたものである。

総収益に関しては、近隣地域及び同一需給圏内の類似地域における標準的な賃貸条件を基に査定したものであり、価格時点における対象不動産の収益性を適正に反映したものである。

また、総費用に関しては、対象不動産の賃貸借を継続していくため

に必要な諸経費について対象不動産に即した適切な割合が査定され、経費率も近隣地域において標準的なものと思料される。さらに、還元利回りについても、対象不動産の個別性が反映されている。

しかしながら、対象不動産の属する地域は、収益性よりも居住の快適性を重視する地域であり、かつ、対象不動産の需要者もこのような観点から購入の意思決定を行う傾向にある。そのため、収益価格は他の試算価格に比べて低位に求められた。

（2）試算価格間における諸要因の整合性

本件鑑定評価においては、建物の経年等に伴う減価の程度は、原価法においては減価修正に反映させ、収益還元法においては修繕費等の査定や還元利回りに反映させており、整合性が図られている。

また、本件においては対象不動産に類似する区分所有建物の専有部分の規範的な取引事例が収集できたが、これらを比準する際の考え方は、原価法における一棟の敷地価格の査定、収益還元法における建物の賃貸事例の選択等に反映されている。

（3）各試算価格の説得力に係る判断と鑑定評価額の決定

すでに述べたとおり、対象不動産に係る典型的な市場参加者は、対象不動産の用途・品等・間取り等から判断し、自己居住目的で購入を検討する最終需要家と判断される。そのため、市場参加者の特性に最も適合した手法は取引事例比較法であり、本件においては当該手法を適用して試算した比準価格が市場性を反映して実証的であり、最も説得力が高いものと判断する。よって、本件鑑定評価においては比準価格を採用し、積算価格及び収益価格は参考に留め、対象不動産の鑑定評価額を 62,000,000 円と決定した **(注13)**。

なお、上記鑑定評価額には、譲渡につき課されるべき消費税等の額を含まない。

(注13)
　本件鑑定評価においては、前記の理由により比準価格の説得力が最も高いと判断したため、比準価格そのものをもって鑑定評価額と結論付けています。同一マンションの中に取引事例が複数存在し、双方とも規範性が高いと判断された場合、比準価格はこれを反映して求められる傾向が強いといえます。

［付　記］〈附属資料〉（省略）

以　上

ポイント

○「区分所有建物及びその敷地の鑑定評価書」に特有の事項
　主に、以下の４つが特有の事項としてあげられます。
・一棟の建物の表示、敷地権の目的たる土地の表示、専有部分の建物の表示、敷地権の表示（敷地権の割合）
・登記上の専有面積（内法面積）と壁芯面積
・一棟の建物及びその敷地の状況、専有部分の状況
・一棟の建物及びその敷地の積算価格、階層別効用比率、位置別効用比率、配分率

○マンションの取引事例は比較的収集しやすい
　取引事例比較法が適用しやすく、かつ、比準価格が高い規範性をもって求められるケースが多い傾向があります。

第7章

不動産鑑定評価書の実際例と読み方・留意点
～賃料編～

第7章　不動産鑑定評価書の実際例と読み方・留意点～賃料編～

本章の狙い

　本章では、賃料の鑑定評価書について取り上げますが、その前に賃料の特徴を理解しておく必要があります。それとともに、現実に賃料の鑑定評価が実施される場合として、どのようなケースが多いのかについて事前に知っておくことが、賃料の鑑定評価書に接する際の手助けとなります。

1　土地の賃料と建物（敷地を含む）の賃料

　土地の賃料は地代とも、建物（敷地を含む。以下、特段の断りなく「建物」と呼ぶ場合は敷地も含む）の賃料は家賃とも呼ばれます。家賃といっても、賃料算定の対象となっているのは建物の部分だけでなく、その敷地も含まれている点に留意する必要があります。建物を借用すれば、当然のことながらその敷地も使用することになるからです。
　ただし、建物を賃借する人に生ずるのはあくまでも「借家権」であり、土地の利用権を地主に直接主張できる「借地権」は法的にも生じません。

　ちなみに、地代という場合、他人の土地を賃借してその上に自分の建物を建てることを目的に支払う賃料を意味します。借地借家法のうち、借地に関する規定が適用されます。
　次に、家賃という場合、他人の建物を賃借してそこに居住する（事業を

291

営む）ことを目的に支払う賃料を意味します。借地借家法のうち、借家に関する規定が適用されます。

なお、不動産鑑定評価基準では地代や家賃という用語は一切用いておらず、地代や家賃を指す場合でも「賃料」という用語で統一して使用していることに留意する必要があります。

2 新規賃料と継続賃料の相違

賃料の鑑定評価書を読む場合、いつの時点の賃料を問題とするかを最初に区別しておかなければなりません。

例えば、これから新たに土地や建物を賃貸する場合と、従来から契約が継続している状態で地代や家賃を改定しようとする場合とでは、とらえ方が異なってきます。

前者の場合を「新規賃料」、後者の場合を「継続賃料」と呼んで区別しています。

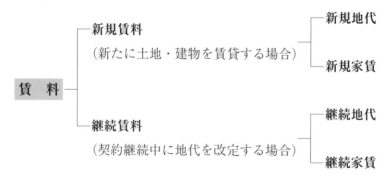

実際に、新規地代をいくらにすればよいかが問題とされるケースは、定期借地権のように期間満了とともに確実に土地が返還されることが法律で保証されている場合や親族間または親子会社間の土地賃貸借、置場や一時使用等の利用目的を除けば、それほど数はないといってよいでしょう。なぜなら、建物の所有を目的とする新規の借地供給（普通借地権^(※)）は、現在、極めて稀にしか行われていないためです。借地借家法による借主保護により、普通借地権を設定した場合には、契約期間が満了しても建物が存在する限り、貸主に正当な事由がなければ、土地の返還を受けることはできません。そのため、地代をめぐって実際に問題となるのは、継続地代（賃料改定の目安とする地代）のケースが圧倒的に多いといえます。

（※）普通借地権とは、旧借地法の時代から規定されていた「建物の所有を目的とする地上権または土地の賃借権」を意味します。新しい借地借家法では期間の定めがない場合の存続期間が30年とされ、期間満了時に地主に更新を拒絶する正当な事由がなければ、契約は更新されてしまいます。

家賃の場合も、地代とは性格は異なりますが、新規家賃をめぐって当事者が鑑定評価を依頼するケースはそれほど多くはありません。その理由は、例えば、建物を借りようとしている人が、募集家賃（提示家賃）に対して自分の支払える範囲を超えていると感じた場合には、不動産鑑定士に鑑定評価を依頼してその結果を交渉材料にする前に、条件の類似する他の物件を探すことを考えるためです。

参考までに、仮に新規賃料を鑑定評価によって求めることを依頼された場合には、不動産鑑定士は依頼内容を検討し、正常賃料を求めればよいのか、限定賃料を求めればよいのかを判断することになります。

鑑定評価で求める新規賃料 ─┬─ 正常賃料を求める場合
　　　　　　　　　　　　 └─ 限定賃料を求める場合

正常賃料とは、特定の当事者間だけでなく、誰と貸し借りする場合でも等しく当てはまる賃料であるといえます。市中における募集賃料が一つのイメージです。

　これに対して、限定賃料とは、特定の人との間でのみ少々割高でも経済合理性をもって成り立つ賃料であるといえます。例えば、隣地を借地したいという場合、対象地や相手先が限定されることもありますが、それ以上に隣地を借地することにより一体地の効用が高まるためです。

3　継続賃料の評価をめぐって

　新規に借地権を設定する際の地代や新規に建物賃貸借を行う場合の家賃は、貸主・借主間の任意の取り決めによりますが、その後の賃料改定は、借地借家法の制約を受けることに留意が必要です。借地借家法では、地代や家賃の額については何らの規定を置いていませんが、当事者同士で地代や家賃の改定について話し合いがつかない場合は、その解決は裁判に委ねられるのが実情です。その過程で、改定後の賃料をめぐり鑑定評価書が提出されますが、当事者間の直近合意時点**(注1)**における賃料がいくらであったかに制約を受ける部分が多く、継続賃料の場合は、新規賃料の決定とは考え方が大きく異なってきます。

> **（注1）**
> 　直近合意時点とは、現行賃料を現実に合意した時点を意味します。例えば、賃料自動改定特約があり、自動的に賃料改定がされている場合、直近合意時点は自動的に賃料が改定した時点ではなく、賃料自動改定特約を設定した契約時点ということになります（図表7-1）。

第7章 不動産鑑定評価書の実際例と読み方・留意点〜賃料編〜

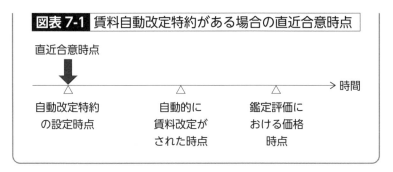

ちなみに、不動産鑑定評価基準では継続賃料を次のとおり定義しています。

●不動産鑑定評価基準
　3．継続賃料
　　継続賃料とは、不動産の賃貸借等の継続に係る特定の当事者間において成立するであろう経済価値を適正に表示する賃料をいう。
　　　　　　　　　　　　　　　　　　　　　（総論第5章第3節Ⅱ3．）

上記のとおり、継続賃料は継続中の賃貸借契約等に基づく賃料改定を前提とするものであり、正常賃料の場合とは異なり、賃貸借等の当事者は特定されています。また、継続賃料と限定賃料との関係ですが、限定賃料が新規賃料を前提とし、特定の当事者間でのみ成り立つ賃料であるという点で、継続賃料は限定賃料とも異なっています。

また、不動産鑑定評価基準では、継続賃料を求める際に留意すべき点として、以下の事項を掲げています。

●不動産鑑定評価基準
　4．継続賃料を求める場合
　　継続賃料の鑑定評価額は、現行賃料を前提として、契約当事者間で現行賃料を合意しそれを適用した時点（以下「直近合意時点」という。）以降において、公租公課、土地及び建物価格、近隣地域若しく

> は同一需給圏内の類似地域等における賃料又は同一需給圏内の代替競争不動産の賃料の変動等のほか、賃貸借等の契約の経緯、賃料改定の経緯及び契約内容を総合的に勘案し、契約当事者間の公平に留意の上決定するものである。
>
> (総論第7章第2節Ⅰ4.)

　この規定は、最近における最高裁判例の傾向を踏まえてのものであり、契約当事者間の公平に留意の上、鑑定評価額を決定するという考え方も継続賃料に特有のものです。

　以下、本章では実際にニーズの多い家賃に関する継続賃料の評価手法を最初に紹介し、その後でこれに係る鑑定評価書の一部を抜粋して読み方を解説します。

　次に、地代に関する継続賃料についてですが、その評価手法は家賃の場合と異なるものはないため、この部分の解説は簡単に済ませ、その後で鑑定評価書の一部を抜粋して読み方を解説します。なお、地代の鑑定評価書の構成も家賃の場合と共通するものが多いため、重複を避けるために記載内容を省略（あるいは簡略化）する箇所があります。

第 7 章 不動産鑑定評価書の実際例と読み方・留意点〜賃料編〜

2 建物及びその敷地の継続賃料（家賃の鑑定評価）

1 継続賃料（継続家賃）の評価手法

　不動産鑑定評価基準では、継続賃料の評価手法として次の 4 つの手法を規定しています（図表 7-2）。
　（1）差額配分法
　（2）利回り法
　（3）スライド法
　（4）賃貸事例比較法

図表 7-2 継続賃料の評価手法

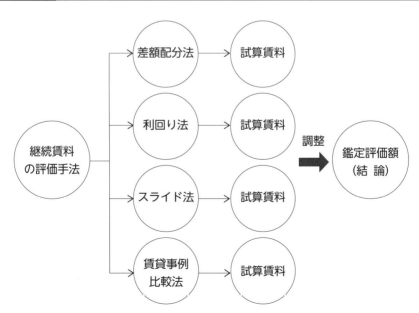

297

(1) 差額配分法
　① 意　義
　　差額配分法は、対象不動産の経済価値に即応した適正な実質賃料、または支払賃料と実際実質賃料、または実際支払賃料との間に発生している差額について、契約の内容、契約締結の経緯等を総合的に勘案して、当該差額のうち貸主に帰属する部分を適切に判定して得た額を実際実質賃料または実際支払賃料に加減して試算賃料を求める手法です（図表7-3）。

図表7-3 差額配分法の仕組み

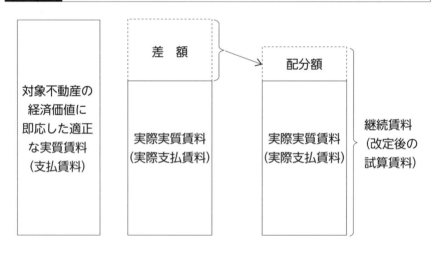

　② 適用方法
　　対象不動産の経済価値に即応した適正な実質賃料は、価格時点において想定される正常賃料であり、積算法、賃貸事例比較法等により求めます（図表7-4）。

図表 7-4 対象不動産の経済価値に即応した適正な実質賃料

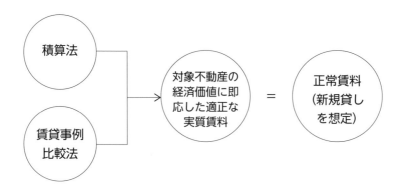

また、対象不動産の経済価値に即応した適正な支払賃料は、契約に当たって一時金が授受されている場合については、実質賃料から権利金の運用益及び償却額、敷金、保証金の運用益を控除することにより求めます（図表 7-5）。

図表 7-5 対象不動産の経済価値に即応した適正な支払賃料

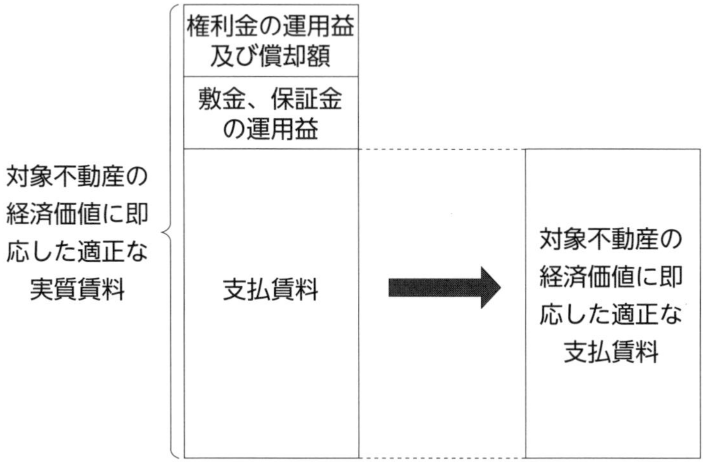

貸主に帰属する部分については、一般的要因の分析及び地域要因の分析により差額発生の要因を広域的に分析し、さらに対象不動産について、次に掲げる契約の事項等に関する分析を行うことにより適切に判断します（図表7-6）。

・契約上の経過期間と残存期間
・契約締結及びその後現在に至るまでの経緯
・貸主または借主の近隣地域の発展に対する寄与度

図表7-6 貸主に帰属する部分の判定

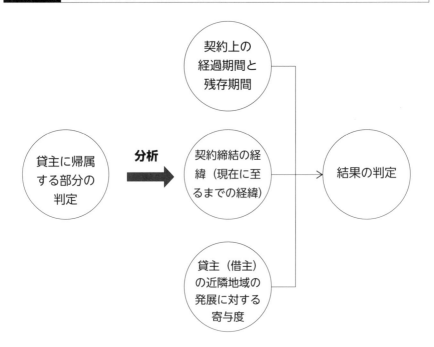

③ 鑑定評価書を読む際の留意点

差額配分法の説得力は、価格時点における対象不動産の経済価値に相応した適正な実質賃料と現行賃料との差額の判定、そして、その差額に占める貸主に帰属する部分の判定等によるところが大きいといえます。

(2) 利回り法
　① 意　義
　　利回り法は、基礎価格に継続賃料利回りを乗じて得た額に必要諸経費等を加算して試算賃料を求める手法です（図表 7-7）。

図表 7-7 利回り法の仕組み

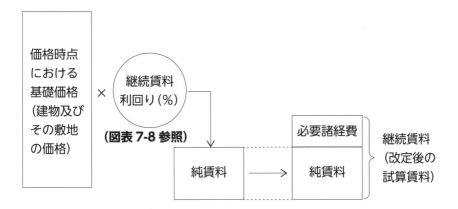

　② 適用方法
　　継続賃料利回りは、直近合意時点の賃料を定めた時点における基礎価格に対する純賃料の割合 **（注 1）** を標準とし、契約締結時及びその後の各賃料改定時の利回り、基礎価格の変動の程度、近隣地域もしくは同一需給圏内の類似地域等における対象不動産と類似の不動産の賃貸借等の事例または同一需給圏内の代替競争不動産の賃貸借等の事例における利回りを総合的に比較考量して求めます。

(注1)
継続賃料利回りのイメージは、図表7-8のとおりです。

図表7-8 継続賃料利回りのイメージ

```
直近合意時点における
純賃料（年額）(A)
                    ┐
                    ├→  (A)/(B) ＝ 継続賃料利回り
直近合意時点における  ┘              （年当たり％）
基礎価格 (B)
```

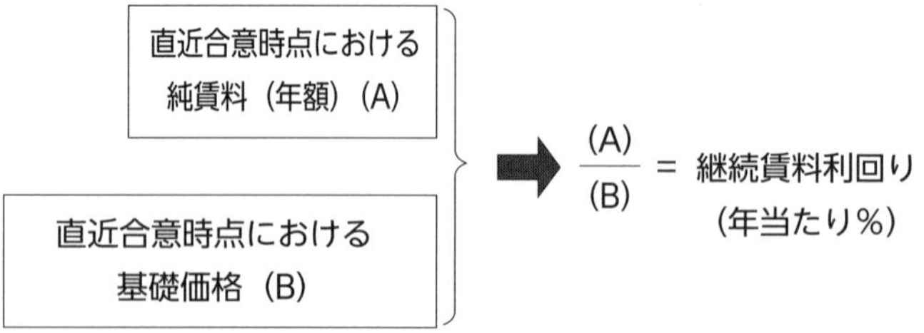

③ 鑑定評価書を読む際の留意点

利回り法は、直近合意時点における継続賃料利回りを求めることからスタートし、以下の算式を適用します。

○利回り法による試算賃料
　＝価格時点における基礎価格×継続賃料利回り＋必要諸経費等

○継続賃料利回り
　＝直近合意時点における純賃料÷直近合意時点における基礎価格

(3) スライド法

① 意　義

スライド法は、現行賃料を定めた時点における純賃料に変動率を乗じて得た額に、価格時点における必要諸経費等を加算して試算賃料を求める手法です（図表7-9）。

図表7-9 スライド法の仕組み

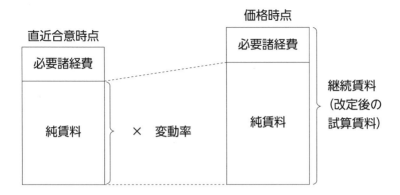

　なお、直近合意時点における実際実質賃料または実際支払賃料に即応する適切な変動率が求められる場合には、当該変動率を乗じて得た額を試算賃料として直接求めることもできます。

② 適用方法

　変動率は、直近合意時点における賃料から価格時点までの間における経済情勢等の変化に即応する変動分を表すものであり、土地及び建物価格の変動、物価変動、所得水準の変動等を示す各種指数等を総合的に勘案して求めます（図表7-10）。

図表 7-10 変動率を示す指数

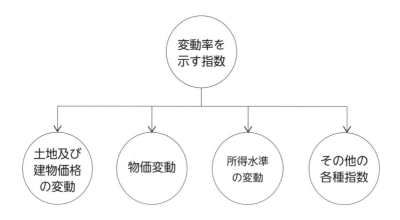

③ 鑑定評価書を読む際の留意点

　この方法は、以下の算式によって表されます。

　　○スライド法による試算賃料
　　　＝直近合意時点における純賃料×変動率＋必要諸経費等

　なお、変動率を求めるための指数には、次のようなものがあります。
　　○変動率を求めるための指数（例示）
　　　家賃指数、消費者物価指数、企業物価指数、GDP、市街地価格指数、企業向けサービス指数、賃金指数、建設物価指数等。

（4）賃貸事例比較法

　継続賃料を求める際に適用する賃貸事例比較法は、新規賃料に係る賃貸事例比較法に準ずるものとされています。ただし、この手法を適用するためには、継続中の賃貸借に係る事例の収集が必要です。

　加えて、継続中の賃貸借に係る事例の収集は困難な場合が多く、仮に収集できたとしても個別性が強く、これとの比較による適切な賃料

（比準賃料）を求めることは難しいのが実情です。そのため、この手法が継続賃料の鑑定評価書に登場する機会は少ないといえます。鑑定評価書に賃貸事例比較法についての記載がある場合には、この点に留意が必要です**（図表 7-11）**。

図表 7-11 継続賃料の評価における賃貸事例比較法

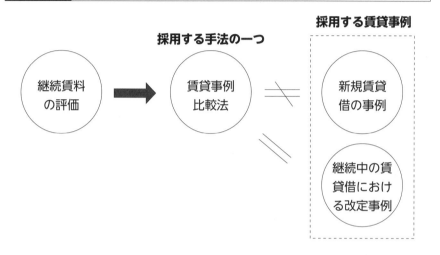

2 継続賃料（継続家賃）の鑑定評価書例

次項は、継続賃料（継続家賃）に係る鑑定評価書の一部を抜粋したものです。なお、ここで記載を省略した部分は、今まで掲げてきた様々な類型の鑑定評価書と、ほとんど共通する内容となっています。

次項では、継続賃料特有の評価手法の具体的な適用部分に焦点を当て、継続家賃の鑑定評価書の読み方を解説していきます。

継続賃料（継続家賃）の鑑定評価書例

不動産鑑定評価書

令和〇年〇月〇日発行

〇〇〇〇〇　殿

所属鑑定業者の名称　〇〇〇〇〇
不動産鑑定士　〇〇〇〇〇

〔1〕鑑定評価額

　　月額支払賃料　　金 2,130,000 円

　（月額実質賃料　　金 2,150,000 円）

　（既掲載例と同文）

〔2〕対象不動産の表示

区 分	所在及び地番・家屋番号・階層・位置	地目、建物の構造・用途、使用目的	評価数量
土 地	（一棟の敷地） 東京都〇〇区〇〇町〇丁目〇〇番〇	宅　地	登記簿　　700.00㎡
建 物	【一棟の建物】 東京都〇〇区〇〇町〇丁目〇〇番地〇 家屋番号　〇〇番〇	鉄筋コンクリート造 陸屋根9階建 店舗・事務所	登記簿 1 階　　　492.00㎡ 2〜9 階各階 　　　　　466.00㎡ 延床面積 4,220.00㎡
	【対象不動産】 1 階東側部分	店　　舗	契約数量　210.00㎡

〔3〕鑑定評価の基本的な事項　　（省略）

〔4〕対象不動産の確認　　（省略）

〔5〕鑑定評価額の決定の理由の要旨
Ⅰ．価格形成要因の分析　　（省略）

Ⅱ．評　価
　本件は、継続賃料の評価であるため、差額配分法、利回り法、スライド法、賃貸借契約継続中における家賃改定事例に基づく賃貸事例比較法の4手法の適用を検討したが、継続賃料の性格上、規範的な事例を収集することが困難なことから、賃貸事例比較法は適用しない。
　差額配分法、利回り法、スライド法の適用と試算賃料の調整及び鑑定評価額の決定に至る過程は以下のとおりである。

1．鑑定評価の手法の適用
（1）差額配分法
　　価格時点（令和〇年〇月〇日）における正常実質賃料と実際実質賃料との間に生じている差額のうち、賃貸人に帰属する適正な部分を実際実質賃料に加減**（注1）**して、差額配分法による試算賃料を求める。

> **（注1）**
> 　本件では近隣における賃料が上昇傾向にあるため、賃料差額のうち賃貸人に帰属する適正な部分を加算するという評価をしていますが、不動産鑑定評価基準では、賃料が下降傾向にある場合に行う評価も視野に入れて「加減」するという表現をしています。

　① 正常実質賃料
　　価格時点における対象不動産の正常実質賃料を積算法及び新規の賃

貸事例に基づく賃貸事例比較法により査定した。
a．積算法による積算賃料
　　価格時点における基礎価格を査定し、これに期待利回りを乗じて得た額に必要諸経費等を加算して対象不動産の積算賃料を試算した。
（a）基礎価格
　　近隣地域及び同一需給圏内の類似地域において、複合不動産（一棟の建物及びその敷地）として規範性のある取引事例は収集できなかったため、複合不動産としての取引事例比較法の適用は断念し、原価法を適用して基礎価格を求める。
１）一棟の敷地の再調達原価
　　一棟の敷地は既成市街地内にあり、原価法による再調達原価を求めることができないため、土地については取引事例比較法を適用する**(注2)**。

> **(注2)**
> 土地は再生産できないため、土地については原価法に替えて取引事例比較法を適用し価格を査定しています。

ⅰ）近隣地域の標準的使用における標準価格の査定
　　幅員○mの区道に一面が沿い、一画地の規模が600㎡程度の高層の店舗付事務所の敷地の標準価格を下記（ア）の価格との均衡に留意の上、（イ）の価格を重視して2,800,000円／㎡と査定した。
　　（ア）公示価格を規準とした価格
　　　　2,600,000円／㎡　（別表A）（省略）
　　（イ）取引事例比較法を適用して求めた価格
　　　　2,730,000円／㎡〜2,870,000円／㎡（別表B）（省略）

ⅱ）対象地（一棟の敷地）の価格の査定

　前記ⅰ）の標準的な画地と比べ、対象地には特段の増減価要因はないため、標準的な画地の価格をもって対象地（一棟の敷地）の価格と査定した。

○増減価要因

　なし

○格差修正率

　100％

○対象地の更地価格

　　　（標準価格）　　　（格差修正率）　　　（単　価）
　　2,800,000円／㎡　×　　100％　　＝　2,800,000円／㎡

　単価に面積を乗じ、対象地（一棟の敷地）の総額を1,960,000,000円と査定した。

　　　（単　価）　　　　（評価数量）　　　（一棟の敷地の価格）
　　2,800,000円／㎡　×　700.00㎡　＝　1,960,000,000円

ⅲ）一棟の敷地の付帯費用

　対象建物の建築期間を1.5年と査定し、当該期間中の土地の公租公課相当額を一棟の敷地の付帯費用として以下のとおり査定した。

　　（1年間の公租公課）　（建築期間）　（一棟の敷地の付帯費用）
　　　15,960,000円　　×　1.5年　　＝　　23,940,000円

ⅳ）一棟の敷地の再調達原価

　　ⅱ）＋ⅲ）＝1,983,940,000円

2）一棟の建物の価格時点における再調達原価

対象建物と類似の建物の建築費を参考に、価格時点において一棟の建物を新規に再調達する場合の再調達原価（設計監理料等の建物の付帯費用を含む）を 250,000 円/㎡と査定し、総額を以下のとおり査定した。

$$\underset{(再調達原価)}{250,000\,円/㎡} \times \underset{(延床面積)}{4,220.00\,㎡} = \underset{\left(\begin{array}{c}一棟の建物の\\再調達原価\end{array}\right)}{1,055,000,000\,円}$$

3）土地建物一体の付帯費用

開発業者へのヒアリング及び各種資料等を参考に、開発に伴うリスク、開発中の金利相当額、開発利益相当額等を考慮して、付帯費用比率を土地及び建物の再調達原価の合計額の 15％とし、付帯費用を以下のとおり査定した。

$$(\underset{(土\ 地)}{1,983,940,000\,円} + \underset{(建\ 物)}{1,055,000,000\,円}) \times \underset{(付帯費用比率)}{15\%}$$

$$\underset{(付帯費用)}{\fallingdotseq 455,800,000\,円}$$

4）一棟の建物及びその敷地の再調達原価

　　1）＋2）＋3）＝ 3,494,740,000 円

5）減価修正

ⅰ）土　地

土地についての減価の発生は認められない。

ⅱ）建　物

建物の現況及び地域的特性の推移・動向から判断して、対象建物は築後約 10 年が経過していること等から、躯体部分、

仕上部分及び設備部分について定額法を適用（残価率0）して、建物の減価額を以下のとおり査定した。なお、一棟の建物は経年以上の特段の減価は認められないことから、観察減価は不要と判断した。

$$\begin{pmatrix}一棟の建物の\\再調達原価\end{pmatrix} \quad \begin{pmatrix}減価率\\（注3）\end{pmatrix} \quad （減価額）$$
$$1,055,000,000 円 \quad × \quad 40\% \quad = \quad 422,000,000 円$$

（注3）
【減価率の査定根拠】
　建物全体に占める躯体割合を40％、仕上割合を30％、設備割合を30％と査定し、それぞれに定額法を適用して求めた減価率を加重平均して、40％と査定しました。なお、経済的残存耐用年数は躯体部分40年、仕上部分15年、設備部分10年です。

ⅲ）付帯費用

建物と同様の考え方で、建物全体の減価修正率により査定した。

$$\begin{pmatrix}土地に帰属\\する付帯費用\end{pmatrix} \quad \begin{pmatrix}土地建物に帰属\\する付帯費用\end{pmatrix} \quad （付帯費用）$$
$$23,940,000 円 \quad + \quad 455,800,000 円 \quad = \quad 479,740,000 円$$

$$（付帯費用） \quad （減価率） \quad （減価額）$$
$$479,740,000 円 \quad × \quad 40\% \quad ≒ \quad 191,900,000 円$$

ⅳ）減価修正額

以上により、減価修正額を以下のとおり査定した。

$$（土地） \quad （建物） \quad （付帯費用） \quad （減価修正額）$$
$$0 円 + 422,000,000 円 + 191,900,000 円 = 613,900,000 円$$

6）一棟の建物及びその敷地の積算価格（価格時点）

① 再調達原価	② 減価修正	③ 一棟の建物及びその敷地 （①－②）
3,494,740,000 円	613,900,000 円	2,880,840,000 円

　一棟の建物は敷地と適応し、環境とも適合している。そのため、土地・建物一体としての減価の発生は認められないことから、上記金額をもって価格時点における一棟の建物及びその敷地の積算価格と査定した。

7）配分率

　階層別効用比及び位置別効用比に基づく対象不動産への配分率を以下のとおり14.96％と査定した。直近合意時点も同等と判定した。（※）1階119.00㎡と2階～9階は評価対象外。

階層	① 専用面積	② 階層別 効用比	③ 位置別 効用比	④ 総効用比 ②×③÷100	⑤ 総効用積数 ①×④	⑥ 配分率 ⑤÷（a）
1階	210.00㎡ （対象不動産）	100	100	100	21,000	14.96%
1階	119.00㎡	100	100	100	11,900	8.47%
2階	336.00㎡	40	100	40	13,440	9.57%
3階	336.00㎡	40	100	40	13,440	9.57%
4階	336.00㎡	40	100	40	13,440	9.57%
5階	336.00㎡	40	100	40	13,440	9.57%
6階	336.00㎡	40	100	40	13,440	9.57%
7階	336.00㎡	40	100	40	13,440	9.57%
8階	336.00㎡	40	100	40	13,440	9.57%
9階	336.00㎡	40	100	40	13,440	9.57%
合計	3,017.00㎡	－	－	－	140,420（a）	99.99%

8）対象不動産の基礎価格（価格時点）

　一棟の建物及びその敷地の積算価格に配分率を乗じ、価格時点における対象不動産の基礎価格を以下のとおり査定した。

$$\begin{pmatrix} 一棟の建物及び \\ その敷地の積算価格 \end{pmatrix} \quad （配分率） \quad \begin{pmatrix} 価格時点における \\ 基礎価格 \end{pmatrix}$$
$$2,880,840,000 \text{ 円} \times 14.96\% \fallingdotseq 431,000,000 \text{ 円}$$

（b）期待利回り

　期待利回りとは、賃貸借に供する不動産を取得するために要した資本相当額に対して期待される純収益の資本相当額に対する割合をいう。それは金融市場における利子率と密接な関連を有し、地方別・用途別・品等別によっても異なる傾向を持つが、本件においてはJ-REITの公表事例に基づく取引利回り等を参考に、対象不動産の投資対象としての危険性・流動性・管理の困難性・資産としての安全性等を考慮し、期待利回りを5％と査定した。

（c）価格時点における必要諸経費等

　価格時点における必要諸経費等を以下のとおり査定した。

必要諸経費等		査定根拠	査定額
公租公課	土地	（一棟全体の査定額）　（配分率） 15,960,000 円 × 14.96％	2,388,000 円
	建物	（一棟全体の査定額）　（配分率） 12,120,000 円 × 14.96％	1,813,000 円
修繕費		過年度実績を勘案して査定した。	1,700,000 円
維持管理費		同　　上	1,000,000 円
損害保険料		同　　上	250,000 円
貸倒れ準備費		保証金により担保されているため計上しない。	0 円
空室等による 損失相当額		年額実質賃料 X 円 （注4） × 4％ （注5）	0.04X 円
必要諸経費等		－	7,151,000 円 ＋ 0.04X 円

> **(注4)**
> ここでは、年額実質賃料そのものがまだ求められていないため、X円としています。

> **(注5)**
> 家賃の半月分を空室損失分として織り込んでいます。年額家賃から計算すれば、年額家賃×1／24ヶ月（≒4％）となります。

（d）対象不動産の積算賃料

基礎価格に期待利回りを乗じて得られた純賃料に、価格時点における必要諸経費等を加算して積算賃料を以下のとおり査定した。

1）積算賃料（年額）

$$\underset{\text{基礎価格}}{\underset{\text{価格時点における}}{431,000,000 \text{円}}} \times \underset{\text{（期待利回り）}}{5.0\%} + \underset{\text{必要諸経費等}}{\underset{\text{価格時点における}}{(7,151,000 \text{円} + 0.04X \text{円})}}$$

　＝　積算賃料（年額）X

　∴　積算賃料（年額）X　＝　29,896,875 円

2）積算賃料（月額）

　29,896,875 円　÷　12ヶ月　≒　2,490,000 円

b．新規の賃貸事例に基づく賃貸事例比較法による比準賃料

新規の賃貸事例を多数収集して適切な事例の選択を行い、これに係る実際実質賃料に必要に応じて事情補正、時点修正を行い、かつ地域要因の比較及び個別的要因の比較を行って、比準賃料を11,500円／㎡・月と査定した。（明細表は省略）

$$
\underset{(単\ 価)}{11,500\ 円/㎡\cdot 月} \times \underset{(契約数量)}{210.00㎡} ≒ \underset{\begin{pmatrix}比準賃料\\(月額)\end{pmatrix}}{2,420,000\ 円}
$$

　c．正常実質賃料の査定 **(注6)**

　　以上により、

　　　積算賃料　　2,490,000 円

　　　比準賃料　　2,420,000 円

を得たが、ほぼ近似した結果が得られた。以下、各試算賃料の有する性格や採用した資料の有する特徴に応じた斟酌を加え、各手法の手順の各段階について客観的・批判的に再吟味の上、説得力に係る判断を行って対象不動産の正常実質賃料を査定する。

　積算賃料は、対象不動産に対して投資家が期待する純賃料に、賃貸借を継続する上で必要な諸経費等を加算した賃料である。ここで査定した基礎価格、期待利回り、必要諸経費等はいずれも豊富な資料に裏付けられており、合理性が認められる。

　比準賃料は、現実の賃貸市場で成立した賃料を基に対象不動産の賃料を求めたものであり、事例資料の信頼度は高く、実証性に富む。

　以上の検討結果を踏まえ、上記積算賃料をもって比準賃料の妥当性を検証し得たと判断し、比準賃料月額2,420,000円をもって対象不動産の正常実質賃料と査定した。

> **(注6)**
> 　ここで査定する賃料は、貸主に帰属するすべての経済的利益を含んだ実質賃料となります。預り金の運用益等も含まれます。

② 実際実質賃料

　a．月額支払賃料　　2,000,000 円

b．保証金の運用益

$$\underset{24,000,000\,円}{(保証金)} \times \underset{1.0\%}{\genfrac{(}{)}{0pt}{}{運用利回り}{（注7）}} = \underset{240,000\,円}{\genfrac{(}{)}{0pt}{}{保証金の運用益}{（年額）}}$$

> **（注7）**
> 運用利回りについては、国債・公社債等の利回り、金融機関の貸出金利等を比較考量して、年当たり1.0％と査定しました。また、直近合意時点も同様と査定しました。

$$\underset{240,000\,円}{\genfrac{(}{)}{0pt}{}{保証金の運用益}{（年額）}} \div 12ヶ月 = \underset{20,000\,円}{\genfrac{(}{)}{0pt}{}{保証金の運用益}{（月額）}}$$

c．月額実際実質賃料（注8）

$$\underset{2,000,000\,円}{(月額支払賃料)} + \underset{20,000\,円}{\genfrac{(}{)}{0pt}{}{保証金の運用益}{（月額）}} = \underset{2,020,000\,円}{(月額実際実質賃料)}$$

> **（注8）**
> 月額実際実質賃料を求めるため、保証金の運用益も加算しています。

③　差額部分の配分額

a．差額部分

$$\underset{2,420,000\,円}{(正常実質賃料)} - \underset{2,020,000\,円}{(月額実際実質賃料)} = \underset{400,000\,円}{(差額部分)}$$

b．配分率の査定

賃貸借当事者間における契約締結の経緯及び価格時点に至るまで

の経緯等を分析した結果、本件賃料差額は一般的要因及び地域要因の変化により賃料水準が上昇したことから生じたものと判断されるため、差額の50%を賃貸人に配分することが妥当と判断した**(注9)**。

(差額部分)　　　(配分率)　　　(差額部分の配分額)
400,000円　×　50%　=　200,000円

> **(注9)**
> 　差額全部を賃貸人に配分するという考え方は採用しないのが通常です。その理由として、賃借人が当該建物を有効利用していることにより、地域の発展に寄与しているという見解があります。

④ 差額配分法による試算賃料

　実際実質賃料に差額部分の配分額を加算して、差額配分法による試算賃料を以下のとおり2,220,000円と試算した。

(月額実際実質賃料)　　(差額部分の配分額)　　(差額配分法による試算賃料)
2,020,000円　＋　200,000円　＝　2,220,000円

(2) 利回り法

　価格時点における基礎価格に継続賃料利回りを乗じて得た額に、価格時点における必要諸経費等を加算して利回り法による試算賃料を求める。

① 価格時点における対象不動産の基礎価格
　　431,000,000円 **(注10)**

> **(注10)**
> 積算法の適用過程で求めたものです。

② 継続賃料利回り
　a．直近合意時点（令和△年△月△日）における再調達原価
　　i　一棟の敷地
　（a）時点修正率

　　同一需給圏内の類似地域に所在する公示地・○○5－8の価格の地価変動率により、直近合意時点における一棟の敷地の価格を求めるに当たっての時点修正率を以下のとおり査定した**(注11)**。

公示地・○○5-8	公示価格	地価変動率
令和○年1月1日	2,260,000円/㎡	87.6%
令和○年1月1日	2,580,000円/㎡	100.0%

> **(注11)**
> 直近合意時点（過去時点）での価格を求めるために、変動率を採用します。

　（b）直近合意時点における一棟の敷地の価格

$$\underset{\substack{\text{（価格時点における}\\\text{一棟の敷地の価格）}}}{1,960,000,000\text{円}} \times \underset{\text{（時点修正率）}}{87.6\%} \fallingdotseq \underset{\substack{\text{（直近合意時点における}\\\text{一棟の敷地の価格）}}}{1,720,000,000\text{円}}$$

　（c）土地の付帯費用

　　対象建物の建築期間を1.5年と査定し、当該期間中の土地の公

租公課相当額を土地の付帯費用として以下のとおり査定した。

（1年間の公租公課）　　（建築期間）　　（土地の付帯費用）
15,120,000 円 (注12) × 　1.5 年 　 ≒ 　22,700,000 円

> **（注 12）**
> 直近合意時点と価格時点では、公租公課の金額が異なります。

（d）土地の再調達原価

（b）+（c）= 1,742,700,000 円

ⅱ 一棟の建物の価格

価格時点における再調達原価を国土交通省総合政策局が発表した建設工事費デフレーターにより時点修正を施すことを妥当と判断し、直近合意時点における再調達原価（建物付帯費用を含む）を以下のとおり査定した**（注 13）**。

時　点		建設工事費デフレーター RC 造非住宅	再調達原価
価格時点	R○.○.○	○○○.○	1,055,000,000 円
直近合意時点	R△.△.△	○○○.○	1,040,200,000 円 (注14)

> **（注 13）**
> 建物価格についても直近合意時点（過去時点）のものを求めるため、デフレーターを用いて修正しています。

> **（注 14）**
> これを求める算式は、次のとおりです。
>
> $$\text{価格時点の再調達原価} \times \frac{\text{直近合意時点における建設工事費デフレーター}}{\text{価格時点における建設工事費デフレーター}}$$

iii 土地建物一体の付帯費用

開発業者からのヒアリング及び各種資料等を参考に、開発に伴うリスク、開発中の金利相当額、開発利益相当額等を考慮して、付帯費用比率を土地及び建物の合計額の15%とし、付帯費用を以下のとおり査定した。

$$(土\ 地) \qquad (建\ 物) \qquad (付帯費用比率) \quad (付帯費用)$$
$$(1,742,700,000 円 + 1,040,200,000 円) \times \quad 15\% \quad ≒ \ 417,000,000 円$$

iv 直近合意時点の再調達原価

i + ii + iii = 3,199,900,000 円

b．減価修正

i 土 地

土地についての減価の発生は認められない。

ii 建 物

建物の現況及び地域的特性の推移・動向から判断して、対象建物は直近合意時点まで築後約〇年が経過していること等から、躯体部分、仕上部分及び設備部分について定額法を適用（残価率0）して建物の減価額を次のとおり査定した。なお、一棟の建物は経年以上の特段の減価は認められないことから、観察減価は不要と判断した。

$$\begin{pmatrix} 一棟の建物の \\ 再調達原価 \end{pmatrix} \begin{pmatrix} 減価率 \\ (注15) \end{pmatrix} \qquad (減価額)$$
$$1,040,200,000 円 \times \quad 30\% \quad ≒ \ 312,000,000 円$$

> **(注15)**
> 減価率は、躯体割合40％、仕上割合30％、設備割合30％により、それぞれに定額法を適用して加重平均し、減価率を30％と査定しました。

iii 付帯費用

建物の維持される期間において配分すべき費用と判断し、建物と同様の考え方で建物全体の減価修正率により査定した。

$$\begin{pmatrix} 土地に帰属 \\ する付帯費用 \end{pmatrix} \quad \begin{pmatrix} 土地建物に帰属 \\ する付帯費用 \end{pmatrix} \quad （付帯費用）$$
22,700,000 円 ＋ 417,000,000 円 ＝ 439,700,000 円

（付帯費用）　　（減価率）　　（減価額）
439,700,000 円 × 30％ ＝ 131,910,000 円

iv 減価修正額

以上より、減価修正額を次のとおり査定した。

（土地）　　（建物）　　　　（付帯費用）　　　（減価修正額）
0 円 ＋ 312,000,000 円 ＋ 131,910,000 円 ＝ 443,910,000 円

c．一棟の建物及びその敷地の積算価格（直近合意時点）**(注16)**

① 再調達原価	② 減価修正	③ 一棟の建物及びその敷地 （①－②）
3,199,900,000 円	443,910,000 円	≒ 2,760,000,000 円

一棟の建物は敷地と適応し、環境とも適合している。そのため、土地・建物一体としての減価の発生は認められないことから、上記金額をもって直近合意時点における一棟の建物及びその敷地の積算価格と査定した。

> **(注16)**
> 一棟の建物及びその敷地の積算価格を、直近合意時点に遡って査定しています。

d．直近合意時点における対象不動産の基礎価格

　一棟の建物及びその敷地の積算価格に配分率を乗じ、直近合意時点における対象不動産の基礎価格を以下のとおり査定した。

　なお、直近合意時点の配分率は、価格時点で求めた効用比等が同じであることから、価格時点の配分率を適用した。

$$\begin{pmatrix} 一棟の建物及び \\ その敷地の積算価格 \end{pmatrix} \quad (配分率) \quad \begin{pmatrix} 直近合意時点 \\ における基礎価格 \end{pmatrix}$$
$$2,760,000,000 \text{円} \times 14.96\% ≒ 412,900,000 \text{円}$$

e．直近合意時点における必要諸経費等

　直近合意時点（令和△年△月△日時点）における必要諸経費等を以下のとおり査定した**(注17)**。

必要諸経費等		査定根拠	査定額
公租公課	土地	（一棟全体の査定額）　（配分率） 15,120,000 円　×　14.96%	2,262,000 円
	建物	（一棟全体の査定額）　（配分率） 12,600,000 円　×　14.96%	1,885,000 円
修繕費		過年度実績を勘案して査定した。	1,700,000 円
維持管理費		同　上	1,000,000 円
損害保険料		同　上	250,000 円
貸倒れ準備費		保証金により担保されているため計上しない。	0 円
空室等による損失相当額		年額実質賃料 24,240,000 円　×　4%	969,600 円
必要諸経費等 （令和△年△月△日時点）		—	8,066,600 円

> **(注17)**
> 必要諸経費等を直近合意時点に遡って査定しています。価格時点における必要諸経費等の査定と異なり、年額実際実質賃料はすでに確定しているため、算式の中に「Ｘ円」は登場しません。

f ．直近合意時点における純賃料

$$\underset{(月額支払賃料)}{2,000,000 円} \times 12ヶ月 + \underset{\binom{保証金の運用益}{(年額)}}{240,000 円} = \underset{\binom{年額実際}{実質賃料}}{24,240,000 円}$$

$$\underset{\binom{年額実際}{実質賃料}}{24,240,000 円} - \underset{(必要諸経費等)}{8,066,600 円} = \underset{\binom{直近合意時点における純賃料}{}}{16,173,400 円}$$

g ．継続賃料利回り

　直近合意時点における実績純賃料利回りを以下のとおり3.9％と試算し、これをもって継続賃料利回りと査定した**(注18)**。

$$\underset{\binom{直近合意時点における純賃料}{}}{16,173,400 円} \div \underset{\binom{直近合意時点における基礎価格}{}}{412,900,000 円} \fallingdotseq \underset{\binom{実績純賃料利回り}{}}{3.9\%}$$

> **(注18)**
> ここで査定した実績純賃料利回りが継続賃料利回りとなり、次の③ａのとおり、これを価格時点における基礎価格に乗じたものが価格時点における対象不動産の純賃料となります。

③ 利回り法による試算賃料

　価格時点における対象不動産の基礎価格に継続賃料利回りを乗じて得られた純賃料に、価格時点における必要諸経費等を加算して、利回り法による試算賃料を以下のとおり査定した。

a．利回り法による試算賃料（年額）

$\begin{pmatrix}価格時点における\\基礎価格\end{pmatrix}$　　$\begin{pmatrix}継続賃料\\利回り\end{pmatrix}$　　$\begin{pmatrix}価格時点における\\必要諸経費等\end{pmatrix}$

431,000,000 円　×　3.9%　+　(7,151,000 円 + 0.04X 円)

= 利回り法による試算賃料（年額）X

∴ 利回り法による試算賃料（年額）X ≒ 24,958,333 円

b．利回り法による試算賃料（月額）

24,958,333 円 ÷ 12ヶ月 ≒ 2,080,000 円

（3）スライド法

　　直近合意時点における純賃料に変動率を乗じて得た額に、価格時点における必要諸経費等を加算してスライド法による試算賃料を求める。

① 変動率の査定 **(注 19)**

指　数　等	価格時点	直近合意時点	変動率
	R○.○.○	R△.△.△	
a．消費者物価指数・総合 （総務省統計局発表 2020 年＝100）	○○○.○	○○○.○	102.5%
	R○.○	R○.○	
b．企業向けサービス価格 指数・不動産賃貸・店舗 （日本銀行調査統計局 2020 年＝100）	○○○.○	○○○.○	104.7%
	R○.○	R○.○	
c．基礎価格の変動率	431,000,000 円	412,900,000 円	104.4%

(注 19)
　変動率は、それを把握する時点（価格時点、直近合意時点）により、それぞれ異なります。

本年においてはa、b、cの各指標を考慮して、直近合意時点から価格時点までの変動率を104％と査定した。

② スライド法による試算賃料
　a．スライド法による試算賃料（年額）

$$\underset{\substack{\text{直近合意時点に}\\\text{おける純賃料}}}{16,173,400 \text{円}} \times \underset{\text{変動率}}{104\%} + (\underset{\substack{\text{価格時点における}\\\text{必要諸経費等}}}{7,151,000 \text{円} + 0.04X \text{円}})$$

　　＝　スライド法による試算賃料（年額）X
　∴　スライド法による試算賃料（年額）X ≒ 24,970,142 円

　b．スライド法による試算賃料（月額）
　　24,970,142 円 ÷ 12ヶ月 ≒ 2,081,000 円

2．試算賃料の調整及び鑑定評価額の決定

以上のとおり、

差額配分法による試算賃料	2,220,000 円
利回り法による試算賃料	2,080,000 円
スライド法による試算賃料	2,081,000 円

の３つの試算賃料が得られた。

　試算賃料間には開差が生じたため、採用した資料の適否、要因分析の適否、各手法の適用段階で行った補正の適否、各手法の特徴等を踏まえて再吟味し、最も説得力の認められる試算賃料を中心に調整の上、鑑定評価額を決定する。

　差額配分法は、価格時点における正常実質賃料と実際実質賃料との間に発生している差額を、契約締結の経緯等も考慮して調整する手法であり、賃貸借当事者が賃料改定を通じてその差額の縮小に努めるという観点から

妥当性を有する方法である。本件正常実質賃料の査定においては、積算法及び新規家賃の賃貸事例比較法の２つを適用し、資料の精度も高い。

利回り法は、基礎価格と賃料との間に元本と果実の相関関係を見い出し、その関係に着目して賃料を求める手法であり、理論的な性格を有する。しかし、現実には、建物及びその敷地の使用の対価である家賃は必ずしも基礎価格に連動して推移するとは限らない。

スライド法は、過去の純賃料を基に、その間の経済情勢の変化を賃料に反映する手法であり、直近合意時点における純賃料を各種の指数等から求めた変動率によってスライドさせる点に特徴がある。本件では、近時の景気動向や一般的な物価水準の動向等に加え、基礎価格変動率を踏まえて変動率を査定している。

以上、各手法の有する特徴を総合的に比較検討した結果、本件においては、直近合意時点から価格時点までの事情変更を適切に考慮している差額配分法及びスライド法による試算賃料が利回り法による試算賃料に比べ、相対的に説得力が高いと判断した**(注20)**。

> **(注20)**
> 本件においては、利回り法による試算賃料もスライド法による結果と近似していますが、ここでは各手法の性格に着目して説得力の程度を判断しています。

よって、本件においては差額配分法及びスライド法による試算賃料を重視し、利回り法による試算賃料を参酌した結果、対象不動産の月額実質賃料を 2,150,000 円と決定した。

○月額支払賃料

月額実質賃料から保証金の運用益（月額）を控除して、月額支払賃料を以下のとおり 2,130,000 円と決定した**(注21)**。

なお、本件鑑定評価額には消費税を含まない。

（月額実質賃料）　（保証金の運用益（月額)）　（月額支払賃料）
2,150,000 円　－　　20,000 円　＝　2,130,000 円

（注21）
月額実質賃料が最初に求められるため、月額支払賃料を求める際には、上記算式のとおり保証金の運用益（月額）を控除することになります。

以　上

> 参考　宅地の新規賃料の考え方
>
> 　宅地の新規賃料（新規地代）についての考え方や手法は不動産鑑定評価基準に規定されていますが、実際に鑑定評価の依頼を受けるケースは極めて少ないのが実情です。
> 　したがって、ここでは、不動産鑑定評価基準における宅地の新規賃料（正常賃料）の規定を掲げ、仮に正常賃料の鑑定評価を行う場合は、どのような手法を主として適用するかについて解説します。

●**不動産鑑定評価基準**
2　宅地の正常賃料を求める場合
　宅地の正常賃料を求める場合の鑑定評価に当たっては、賃貸借等の契約内容による使用方法に基づく宅地の経済価値に即応する適正な賃料を求めるものとする。
　宅地の正常賃料の鑑定評価額は、積算賃料、比準賃料及び配分法に準ずる方法に基づく比準賃料を関連づけて決定するものとする。この場合において、純収益を適切に求めることができるときは収益賃料を比較考量して決定するものとする。また、建物及びその敷地に係る賃貸事業に基づく純収益を適切に求めることができるときには、賃貸事

> 業分析法（建物及びその敷地に係る賃貸事業に基づく純収益をもとに土地に帰属する部分を査定して宅地の試算賃料を求める方法）で得た宅地の試算賃料も比較考量して決定するものとする。
>
> （各論第2章第1節Ⅰ2．）

　不動産鑑定評価基準には、上記のとおりいくつかの手法が列挙されていますが、実務的に適用可能な手法は制約されるのが実情です。例えば、比準賃料を求めようとしても新規貸しの事例がほとんどないため、適用が難しくなります。そのため、積算賃料すなわちその宅地の価格（基礎価格）を求め、これに期待利回りを乗じた額に必要諸経費等（公租公課等）を加算して求める方法が最も適用しやすい方法です。

　以下、建物所有を目的とする土地賃貸借契約（契約期間30年）を前提に、積算法により正常賃料を試算した例を掲げます。

〈積算法の適用例〉

A．地代算定の基礎価格（更地価格）

（1）近隣地域の標準的な画地の価格

　　近隣地域の状況欄に掲げた地域要因を備え、幅員4mの市道沿いで、一画地の規模が180㎡程度の標準的な画地の価格を、下記a．の価格との均衡に留意の上、b．の価格を比較検討し、67,000円／㎡と査定した。

　　a．公示価格を規準とした価格
　　　66,000円／㎡（別表A）（省略）
　　b．取引事例比較法を適用して求めた価格
　　　64,200円／㎡〜69,700円／㎡（別表B）（省略）

（2）対象地の基礎価格の査定

　　上記（1）の標準的な画地と比べ、対象地には以下の増価要因

があるため、これらを反映させて対象地の基礎価格を査定した。

　○増価要因
　　　幅員がやや優る　　　＋1％
　　　幹線道路に近い　　　＋3％
　○格差修正率
　　　（100％＋1％）×（100％＋3％）≒ 104.0％
　○対象地の価格
　　　（標準価格）　　　（格差修正率）　　（対象地の単価）
　　　67,000 円／㎡　×　104.0％　≒　69,700 円／㎡
　○総　額
　　　（対象地の単価）　（評価数量）　　　（総　額）
　　　69,700 円／㎡　×　230㎡　≒　16,000,000 円

B．積算法による正常賃料の試算

　前記Aで査定した価格時点における基礎価格（対象地の単価）に期待利回りを乗じて得た額（＝純賃料）に、賃貸借を継続するために通常必要とされる諸経費（公租公課相当額）を加算して、月額正常実質賃料を次のとおり試算した。

　　（基礎価格）　　　（期待利回り[※1]）　　　　　（公租公課（月額[※2]））
　　（69,700 円／㎡　×　3.0％）×　1／12月 ＋　58 円／㎡・月
　　　（月額実質賃料）
　≒　232 円／㎡・月

　○月額実質賃料総額
　　　232 円／㎡・月　×　230㎡　＝　53,360 円

(※1) 期待利回りの査定根拠
　　　近隣地域で供給されている事業用定期借地権の純賃料利回り（年当たり3％、公租公課分除く）の水準を比較検討の上、妥当と判断し、これを適用した。
(※2) 公租公課の査定根拠
　　　年額実額を採用し、これを月額に換算した。

ポイント

○継続賃料の鑑定評価書は記載が煩雑
　特に差額配分法と利回り法において、その傾向が顕著です。

○継続賃料評価のポイント
・差額配分法は対象不動産の経済価値を求めることから評価する
・利回り法は過去の利回り（実績）を重視して評価する
・スライド法は諸物価の変動率に着目して評価する

第7章　不動産鑑定評価書の実際例と読み方・留意点〜賃料編〜

宅地の継続賃料（地代の鑑定評価）

1　継続賃料（継続地代）の評価手法

宅地の継続賃料の評価手法も家賃と同じく、次の4つとなります。
（1）差額配分法
（2）利回り法
（3）スライド法
（4）賃貸事例比較法

それぞれの手法の考え方や基本的な計算式は家賃の場合と共通していますが、家賃の場合は建物及びその敷地が評価対象となるのに対し、地代の場合は宅地のみが評価対象となる点で異なっています。

（1）差額配分法
　① 意　義
　　家賃の項（第7章2項）を参照してください。
　② 適用方法
　　家賃の項（第7章2項）を参照してください。
　③ 鑑定評価書を読む際の留意点
　　継続地代の場合、家賃に比べて特徴的な点は、契約締結後の期間が経過していればいるほど、宅地の経済価値（時価）に相応する地代と実際の地代との乖離が著しくなっている傾向が強いところにあります。そのため、差額配分法の適用結果に大きく影響します。
　　また、継続地代について差額配分法を適用する際の基礎価格は、宅

地のみが対象となります。これに対して、家賃の場合の基礎価格は、建物及びその敷地が対象となります。

　その他の点は、家賃の項（第7章2項）を参照してください。

（2）利回り法

　① 意　義

　　家賃の項（第7章2項）を参照してください。

　② 適用方法

　　家賃の項（第7章2項）を参照してください。

　③ 鑑定評価書を読む際の留意点

　　利回り法は、価格時点における基礎価格に継続賃料利回りを乗じて得た額に必要諸経費等を加算して試算賃料を求める手法ですが、その際の基礎価格は宅地のみが対象となります。これに対して、家賃の場合の基礎価格は建物及びその敷地が対象となります。

　　その他の点は、家賃の項（第7章2項）を参照してください。

（3）スライド法

　① 意　義

　　家賃の項（第7章2項）を参照してください。

　② 適用方法

　　家賃の項（第7章2項）を参照してください。

　③ 鑑定評価書を読む際の留意点

　　スライド法による試算賃料を試算する過程で、直近合意時点における純賃料（年額実際実質賃料から必要諸経費等を控除したもの）を算定しますが、その対象は宅地のみとなります。これに対して、家賃の場合は建物及びその敷地が算定の対象となります。

　　その他の点は、家賃の項（第7章2項）を参照してください。

(4) 賃貸事例比較法

　家賃の場合と同様に、地代の場合も継続中の賃貸借に係る事例の収集は困難な場合が多いといえます。また、仮に収集できたとしても個別性が強く、これとの比較による適切な賃料（比準賃料）を求めることは難しいのが実情です。そのため、この手法が継続地代の鑑定評価書に登場する機会は少ないといえます。

2　継続賃料（継続地代）の鑑定評価書例

　次項は、継続賃料（継続地代）に係る鑑定評価書の一部を抜粋したものです。なお、ここで記載を省略した部分は、継続家賃の鑑定評価書だけでなく、今まで掲げてきた様々な類型の鑑定評価書とほとんど共通する内容となっています。

　そこで次項では、継続賃料特有の評価手法の具体的な適用部分に焦点を当てて、継続地代の鑑定評価書の読み方を解説していきます。

　なお、継続家賃の鑑定評価書例の末尾に付した「ポイント」については、継続地代の場合についてもそのまま当てはまるため、これに関する記載は割愛します。

継続賃料(継続地代)の鑑定評価書例

不動産鑑定評価書

令和○年○月○日発行

○○○○○ 殿

所属鑑定業者の名称 ○○○○○
不動産鑑定士 ○○○○○

〔1〕対象不動産の表示及び鑑定評価額

所在及び地番	地目	数量	鑑定評価額
(土地) ○○県○○市○○町8丁目33番	宅地	(契約数量) 200.00㎡	(月額支払賃料) 総額 75,700 円 (月額実質賃料は月額支払賃料に同じ) **(注1)**

(既掲載例と同文)

(注1)
　本件契約では敷金等の一時金の授受は行われていないため、その運用益は考慮することなく、月額支払賃料がそのまま月額実質賃料となります。

〔2〕鑑定評価の基本的な事項
1. 対象不動産の種別・類型　　地代
2. 鑑定評価の条件

（1）対象確定条件　　同一使用目的で継続中の宅地の賃貸借契約に基づく実際支払賃料を改定する場合における月額支払賃料の鑑定評価**(注2)**

> **(注2)**
> ここの部分は継続賃料に特有の記載です。

（2）地域要因または個別的要因についての想定上の条件　　なし
（3）調査範囲等条件　　なし
（4）その他の条件　　なし

3．価格時点及び直近合意時点

（1）価格時点　　令和〇年〇月〇日

　　賃貸人から令和〇年〇月〇日付の賃料改定通知書により、賃料増額請求する通知がなされていることから、当該通知書の改定賃料の適用時点を価格時点とした。

（2）直近合意時点　　令和△年△月△日**(注3)**

　　依頼者提示資料である令和△年△月△日付「賃料改定に関する覚書」による前回改定賃料の適用時点を直近合意時点とした。

> **(注3)**
> 継続賃料においては直近合意時点がいつであったかにより、鑑定評価額に影響を与えるため、直近合意時点の確定とその記載は重要です。

4．賃料の種類　　継続賃料
5．鑑定評価の依頼目的　　支払賃料の改定
6．依頼者以外への提出先等　　なし
7．鑑定評価の依頼目的及び依頼目的に対応した条件と価格または賃料の種類との関連
　　本件鑑定評価は、上記依頼目的及び依頼目的に対応した条件により、不

動産の賃貸借等の継続に係る特定の当事者間において成立するであろう経済価値を適正に表示する賃料を求めるものであり、求める賃料は継続賃料である。

8．鑑定評価を行った年月日　　　令和〇年〇月〇日
9．鑑定評価書の利用者の範囲等　　（既掲載例と同文）
10．関与不動産鑑定士及び関与不動産鑑定業者に係る利害関係等
（既掲載例と同文）

〔3〕対象不動産の確認
1．物的確認
（1）実地調査日　　　令和〇年〇月〇日
（2）実地調査を行った不動産鑑定士　　　〇〇〇〇
（3）立会者　　〇〇〇〇様（賃貸人）
（4）実地調査を行った範囲　　土地について賃貸借の対象範囲及び隣接地との境界部分の調査を行った。
（5）実地調査の一部を実施できなかった場合にあってはその理由
　　　上記のとおり実地調査を行った。
（6）確認に用いた資料　　登記事項証明書、公図、地積測量図、土地賃貸借契約書
（7）確認資料との照合事項及び照合結果
　　① 照合事項
　　　位置・形状・規模
　　② 照合の結果
　　　現地踏査の結果、確認資料と照合して、概ね一致を確認した。また、隣地及び道路との境界については境界石の存在を確認した。
（8）評価上採用した数量
　　　上記照合の結果、登記記録数量と契約数量は同じであり、評価上採用した数量は契約数量とする。

2．権利の態様の確認

（1）所有権

①　所有者　　○○○○様（個人）

②　確認に用いた資料及び確認日

　a．確認に用いた資料

　　登記事項証明書

　b．確認日

　　令和○年○月○日

（2）賃貸借契約内容の確認

①　契約の目的　　非堅固建物の所有を目的とした土地の賃貸借 **(注4)**

> **(注4)**
> 　借地上の建物が堅固か非堅固かは、旧借地法においては借地権の存続期間に影響を及ぼします。本件は、後掲のとおり旧借地法下の契約です。

②　確認に用いた資料及び確認日

　a．確認に用いた資料

　　平成○年○月○日付土地賃貸借契約書、令和△年△月△日付「賃料改定に関する覚書」

　b．確認日

　　令和○年○月○日

③　契約当事者

　賃貸人：○○○○（個人）

　賃借人：□□□□（個人）

④　契約数量

　200.00㎡

⑤　契約の経緯

　　賃借人からの聴取によれば、昭和40年代後半に先代が対象地を

賃借し（書面はなく口頭）、その後、平成〇〇年に現在の賃借人が相続によりその地位を継承している。さらに、平成〇〇年〇月〇日に建物を建て替えたことにより土地賃貸借契約（現行契約）を新たに締結している。

⑥ 現行契約の期間　　平成〇〇年〇月〇日から 20 年間 **(注5)**（令和〇〇年〇月〇日まで）

> **(注5)**
> 　本件契約は、当初の書面は存在せず口頭によるものですが、賃貸借契約の始期が昭和 40 年代前半であることから旧借地法の適用対象となります。そのため、現行契約の期間は非堅固建物所有目的の 20 年間となっています。
> 　また、契約書上の記載は「平成〇〇年〇月〇日から 20 年間」となっていますが、本件鑑定評価書では令和の表示も付記しています。

⑦ 月額支払賃料　　72,000 円
⑧ 直近合意時点　　令和△年△月△日

　令和△年△月△日付の賃料改定覚書により、直近合意時点（賃貸借当事者間で現行賃料を合意し、それを適用した時点）を上記のとおりと判断した。

⑨ 一時金の有無とその内容

　平成〇〇年〇月〇日の建替え時に建替承諾料が授受されているが、手数料的性格のものである。これ以外の一時金の授受はなし。

⑩ 特約その他　　第三者への借地権の譲渡・転貸の禁止。増改築時における賃貸人の事前承諾。契約更新時における更新料の支払い（更地価格の 5％相当額）。

3．当事者間で事実の主張が異なる事項　　特になし

〔4〕鑑定評価額の決定の理由の要旨
Ⅰ．価格形成要因の分析
1．一般的要因の分析　　（省略）
2．地域分析
　対象不動産に係る市場の特性、近隣地域の状況、借地権及び底地固有の地域要因等が記載されていますが、その読み方は第5章6項を参照してください。
3．個別分析
　この項目の全体的な記載内容の例と読み方は第5章6項を参照してください。以下は一部のみの抜粋です。
（対象不動産の価格形成に影響を持つ個別的要因）**(注6)**
・第1種低層住居専用地域、第1種高度地区（最高高さ10m）、指定建蔽率50％、指定容積率100％、準防火地域。
・幅員6mの市道に一面が接する（近隣地域の標準的画地と同じ条件）。
・面積200㎡（間口約16.5m、奥行約12m）
・形状　長方形地
・最有効使用　低層住宅の敷地
・その他　特段の増減価要因はなし。

> **(注6)**
> 本件の場合、直近合意時点における個別的要因は、価格時点における個別的要因と比較して格別の変動要因がないことを前提としています。

（対象不動産上の建物の概要）
平成○○年○月○日新築（建替）、木造瓦葺2階建居宅、延面積180㎡
（敷地との適応及び環境との適合の状態）
建物は敷地と適応し、環境とも適合している。

Ⅱ．評　価

　本件は同一使用目的で継続して賃貸借する場合の月額支払賃料（地代）の鑑定評価であり、差額配分法、利回り法、スライド法を適用して求めた試算賃料を調整の上、鑑定評価額を決定する。なお、賃貸事例比較法については、同一需給圏内の類似地域等に存する対象不動産と契約内容等が類似する賃貸事例が収集困難であったため、適用を断念した**(注7)**。

> **(注7)**
> 　継続中の土地賃貸借に係る契約内容や契約締結後の経過期間は個々に異なり、規範性を有する（＝標準的な条件を備えた）事例の収集が困難なケースが一般的です。

1．差額配分法（要旨のみ。以下同様）

（1）価格時点の基礎価格の査定

　　本件鑑定評価においては、次のとおり対象不動産の更地価格を査定し、これをもって価格時点の基礎価格**(注8)**とした。

> **(注8)**
> 　本件の場合、契約による利用条件等の制約がないことから、更地価格に対する減価要因はないものと判断しました。利用条件等の制約がある場合には、それに相応する分だけ減価の対象となります。

①　近隣地域の標準的使用における標準価格の査定

　　近隣地域の状況欄に掲げた地域要因を備え、幅員6mの市道に沿う一画地の規模が200㎡程度の戸建住宅の敷地（中間画地）の標準価格を、下記ａ．の価格との均衡に留意の上、下記ｂ．の価格を採用して220,000円/㎡と査定した。

　　　　ａ．公示価格を規準とした価格　　200,000円/㎡（過程省略）
　　　　ｂ．取引事例比較法を適用して求めた価格（比準価格）

220,000 円/㎡（過程省略）

② 対象不動産の更地価格の査定

　対象不動産は標準的な画地と比較して増減価要因はないため、標準価格をもって対象不動産の1㎡当たりの単価とし、これに評価数量を乗じて端数を整理のうえ、以下のとおり更地価格を査定した。

$$\begin{pmatrix}対象不動産\\の単価\end{pmatrix}^{(注9)} \quad （評価数量） \quad\quad （更地価格）$$
$$220,000 円/㎡ \quad × \quad 200.00㎡ \quad = \quad 44,000,000 円$$

> **（注9）**
> 標準価格である220,000円/㎡を適用しています。

③ 基礎価格の査定

　対象不動産は近隣地域の標準的使用と一致している。また、近隣地域における借地権の契約形態も戸建住宅の敷地としての利用を前提とする非堅固建物所有目的のものが多い。

　よって、上記で査定した更地価格に対し、契約条件等による減価は生じていないと判断した。そのため、更地価格と同額の44,000,000円をもって基礎価格と査定した。

（2）価格時点における正常実質賃料相当額の査定

　価格時点における対象不動産の経済価値に即応する正常実質賃料相当額を、積算法を適用して、以下のとおり月額118,750円と査定した。

① 基礎価格	② 期待利回り （注10）	③ 純賃料 （①×②）	④ 価格時点の 必要諸経費 等（注11）	正常実質賃料相当額	
				⑤ 年　額 （③+④）	⑥ 月　額 （⑤÷12）
44,000,000 円	3.0%	1,320,000 円	105,000 円	1,425,000 円	＝ 118,750 円

> **(注10)**
> 期待利回りに関しては、第5章6項及び第5章7項で解説しましたが、本件の場合、地域の特性、対象不動産の個別性等のほか、近隣地域における定期借地権の純賃料利回りの水準等も総合的に比較考慮の上、査定したものです。

> **(注11)**
> 価格時点における固定資産税・都市計画税額の査定によります。

（3）差額配分法による賃料の試算

　以下のとおり、価格時点における対象不動産の経済価値に即応する正常実質賃料相当額を求め、これから現行の実際実質賃料を控除した差額部分について賃貸人に帰属する配分率を判定し、この額を実際実質賃料に加算して差額配分法による月額実質賃料を以下のとおり95,380円と試算した。

　なお、本件鑑定評価においては、直近合意時点から価格時点まで当事者間に係る諸般の事情の変化はなく、経済的要因を主とする一般的要因及び地域要因の変化により賃料差額が発生していると判断されることから、賃貸人に帰属する割合は公平性の観点から2分の1が妥当と判断した。

① 月額正常実質賃料相当額	② 月額実際実質賃料	③ 賃料差額 (①－②)	④ 配分率	⑤ 試算実質賃料 (②＋(③×④))
118,750 円	72,000 円	46,750 円	1/2	≒ 95,380 円

2．利回り法
（1）直近合意時点の基礎価格の査定

　　直近合意時点の基礎価格については、まず当該時点における対象不動産の更地価格を査定し、これをもって直近合意時点の基礎価格を査定する。

　　本件鑑定評価においては、直近合意時点の基礎価格を、当該時点における近隣地域及び周辺類似地域の公示価格、基準地価格及び取引事例等を基に更地価格と同額の 41,800,000 円と査定した（過程省略）**(注12)**。

> **(注12)**
> 　差額配分法の項に掲げた基礎価格の査定方法を過去時点に遡及して適用しますが、この他に、当時の取引事例の収集が困難な場合には、直近合意時点から価格時点までの地価変動率を用いて、価格時点における基礎価格を修正するケースも見受けられます。

（2）直近合意時点における実績純賃料利回りの査定

　　直近合意時点における基礎価格に対する実績純賃料利回りを以下のとおり 1.83％と査定した。

① 年額実際 実質賃料	② 直近合意時点の 必要諸経費等 **(注13)**	③ 年額実際 純賃料 (①－②)	④ 直近合意時点 の基礎価格	⑤ 実績純賃料 利回り (③÷④)
864,000 円	99,500 円	764,500 円	41,800,000 円	≒1.83％

> **(注13)**
> 　直近合意時点の固定資産税額及び都市計画税額を計上しています。

（3）継続賃料利回りの査定

本件鑑定評価においては、当事者間の契約事情に特段の変化はないこと等を踏まえ、直近合意時点から価格時点までの継続賃料利回りを、直近合意時点の実績純賃料利回りと同率の1.83％と査定した。

（4）利回り法による賃料の試算

価格時点の基礎価格に継続賃料利回りを乗じて純賃料を求め、価格時点の必要諸経費等を加算して、利回り法による月額実質賃料を75,850円と試算した。

① 価格時点の 基礎価格	② 継続賃料 利回り	③ 純賃料 （①×②）	④ 価格時点の 必要諸経費等	試算実質賃料	
				⑤ 年　額 （③+④）	⑥ 月　額 （⑤÷12）
44,000,000円	1.83％	805,200円	105,000円	910,200円	＝ 75,850円

3．スライド法

（1）変動率の査定

直近合意時点から価格時点までの間における経済情勢等の変化に即応する変動率として、以下のものを参考にして105％を採用した（詳細は省略）。

　　a．消費者物価指数
　　　直近合意時点から価格時点までの変動率　　102.00％
　　b．企業向けサービス価格指数
　　　直近合意時点から価格時点までの変動率　　103.40％
　　c．近傍の標準地価格
　　　直近合意時点から価格時点までの変動率　　107.00％　**(注14)**

> **(注14)**
> 月割換算で変動率を査定しました。

　　d．土地の公租公課（固定資産税・都市計画税）
　　　　直近合意時点から価格時点までの変動率　　105.5％
　　e．その他　　（省略）

（2）スライド法による賃料の試算

　　　直近合意時点における年額実際純賃料に価格時点までの変動率を乗じて得た額に価格時点における必要諸経費等を加算し、スライド法による月額実質賃料を以下のとおり75,640円と試算した。

① 年額実際純賃料	② 変動率	③ 純賃料 (①×②)	④ 価格時点の必要諸経費等	試算実質賃料	
				⑤ 年額 (③+④)	⑥ 月額 (⑤÷12)
764,500円	105％	≒ 802,700円	105,000円	907,700円	≒ 75,640円

4．試算賃料の調整及び鑑定評価額の決定

　以上により、
　　　差額配分法による月額実質賃料　　95,380円
　　　利回り法による月額実質賃料　　　75,850円
　　　スライド法による月額実質賃料　　75,640円
を得た。

　上記のとおり試算賃料に開差が生じたため、採用資料及び要因分析の適否、各手法の適用において行った補修正の適否、手法相互の価格形成要因に関する判断の整合性等から試算賃料を再吟味し、最も説得力の認められる試算賃料を中心に調整を行って鑑定評価額を決定する。

差額配分法は、正常実質賃料相当額と実際実質賃料との間に発生している差額部分について、直近合意時点から価格時点までの事情変更に係る要因と契約締結の経緯、賃料改定の経緯、契約内容等の諸般の事情に係る要因を総合的に分析し、さらに賃貸借当事者間の公平性を考慮して求めた賃貸人に帰属する配分額を実際実質賃料に加算して試算賃料を求めたものである。しかし、本件の場合、直近合意時点から価格時点までの経済的要因を主とする一般的要因及び地域要因の変化により賃料差額が発生していると判断されることに加え、契約締結時からの期間の経過等を起因として借地人に借り得部分が生じていることを踏まえれば、上記試算賃料のみならず当該借り得部分も考慮する必要があるものと思料する**(注15)**。

> **(注15)**
> 　松田佳久『新版 判例と不動産鑑定 借地借家法理と鑑定実務』(プログレス、2021年2月)では、適正地代の算定に当たり、「元本価格の算出において自然発生的に発生している借地権価格相当額の減価を見込むことは、地価の一部が実質的に地主から借地人に帰属しており、それだけ対象地が底地として市場性に乏しくなっていることからも妥当であると判断している」旨の金沢地裁昭和38年9月18日判決(下民集14・9・1840)を紹介しています。
> 　本件鑑定評価においては、基礎価格の査定の段階では借地権価格相当額の減価を見込んでいないため、当該事情を試算価格の調整の考え方に反映させています。

利回り法は、基礎価格と賃料との間にいわゆる元本と果実との間にみられる相関関係を認め、この関係に着目した手法である。継続賃料利回りの査定に当たっては、基礎価格の変動の程度、直近合意時点における利回り等を考慮のうえ査定している。

スライド法は、直近合意時点における純賃料を、各種物価指数の推移、地価水準の推移等を考慮して適切に求めた変動率でスライドさせる手法であり、採用した変動率は地代改定の変動を示す資料を重視したものであり

客観性を有する（省略）。

　以上、本件鑑定評価においては、利回り法及びスライド法による試算賃料が差額配分法による試算賃料と比較してより説得力が高いものと判断し、利回り法及びスライド法による試算賃料を重視し、差額配分法による試算賃料は参考に留めて**（注16）**、月額実質賃料を 75,700 円と決定した。

　なお、本件においては運用益を計上すべき一時金の授受はないため、月額実質賃料と月額支払賃料は同額の 75,700 円をもって鑑定評価額（月額支払賃料）と決定した。

> **（注16）**
> 　本章3項においては、差額配分法の適用結果が相対的に説得力に優るものとして求められています。その理由として、本章3項で対象となった不動産（建物）の場合、現行家賃の水準が近隣相場に比べて著しい乖離を生じていないこと等が考えられます。
> 　これに対し、本項で対象としている不動産（借地契約）の場合、現行の地代水準が土地価格から期待される（＝経済合理性に見合う）水準に比べて著しく乖離している（低い）ものが多く、しかも著しい差額が生じていても借地借家法の制約からストレートにこれを地代改定に結びつけるのが困難なケースが多いのが実情です。借地契約の場合、当初の契約締結時から長期間経過している間に乖離が生じたものも多く、過去の経緯を踏まえると差額配分法の試算結果だけでは説明が難しいケースにも遭遇します。

（以下、省略）

第8章

不動産鑑定評価書の活用方法

本章の狙い

　本書では、第1章「鑑定評価とはどのようなものか」に始まり、第5章以降で「不動産鑑定評価書の実際例と読み方・留意点」を類型別に取り上げてきました。

　鑑定評価書には、対象不動産の価格（または賃料）だけでなく、対象不動産の属する地域の状況、都市計画法や建築基準法等に関連する利用規制、前面道路の性格や幅員、対象不動産の接道状況、供給処理施設の整備状況等をはじめ、様々な情報が記載されています。また、一つの鑑定評価書を作成するためには、対象不動産の価格を試算する作業だけでなく、その前段には、上記のような基本的な調査の結果が集約されています。このような過程を経て鑑定評価書が依頼者の手元に届けられるため、依頼者としては価格（または賃料）だけに目を通して終わることなく、これを何らかの形で活用することができれば、さらに有益であると思われます。

　以下、利用者からみた鑑定評価書の活用の仕方について考えていきます。

利用者からみた鑑定評価書の活用の仕方

　鑑定評価書の利用者は、鑑定評価額だけでなく、その中に記載されている対象不動産の様々な情報を読み取ることにより、他の業務にも活用することができます。以下、主なものを解説します。

1 対象不動産の確認に用いた資料

　鑑定評価書の中には、対象不動産の確認（物的な確認、権利の態様の確認）に用いた資料の名称が記載されています。また、公図、地積測量図、実測図、建物図面・各階平面図等の図面のうち、当該案件に関連する資料が添付されています。これらの資料は対象不動産を特定するとともに、そのとおり実在するかを確認するために極めて重要です。

　日常ではあまり意識しない図面が鑑定評価書に添付されているため、個人・法人に関係なく所有不動産の管理に役立てることができます。

2 登記数量と実測数量の把握

　対象不動産（土地）の実測が終了しており（前提として隣接土地所有者との境界立会いが済んでいること）、精度の高い実測図が作成されている場合、登記面積との相違を把握することができます。このような状況で鑑定評価が行われていれば、実測図も添付されているため、登記面積と大きな相違があれば、その原因を探るヒントとなります。

　鑑定評価書は、このような意味でも有用であり、上記1と同様の理由で所有不動産の管理に役立つといえます。

3 地域の状況や類似不動産の市場動向の把握

　鑑定評価書には、対象不動産と利用状況の類似する不動産に関する地域分析の結果や市場動向が記載されています（価格時点現在のもの）。

　鑑定評価書の利用者は、官公庁、税務署、裁判所、地方公共団体等をはじめとする公的機関から、民間企業、金融機関、建設会社、弁護士、公認会計士、税理士等、個人に至るまで様々ですが、対象不動産の売買を検討する際には、市場動向の分析が購入者の属性を探る上でのヒントとなります。

4 供給処理施設の整備状況

　鑑定評価書には、水道（上水道）、下水道、都市ガスの整備状況（＝処理施設の有無）が記載されています。このような供給処理施設の整備状況は、対象不動産の属する地域（近隣地域）の価格水準に影響を与える一因ともなっています。鑑定評価書の利用者は、これらの整備状況を他の類似地域と比較することにより、所有不動産と整備状況に相違があれば、価格水準を比較する際のヒントとなります（図表8-1）。

図表8-1 供給処理施設の整備状況

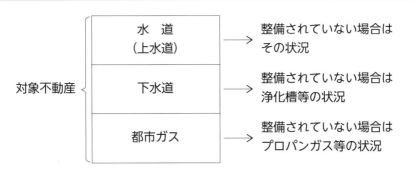

5　その他の環境条件

　鑑定評価書には、対象地が土壌汚染対策法上の要措置区域または形質変更時要届出区域に指定されているか、対象地内に水質汚濁防止法の有害物質使用特定施設が存在するか等の公的資料による調査結果も記載されています。また、建物及びその敷地の鑑定評価においては、アスベスト使用資材の有無、PCBの使用及び保管の有無（届出状況も含む）についても記載されています。これらの記載内容は、不動産鑑定士が所轄官庁にて調査を行った結果を基にしています。

　鑑定評価書の利用者にとっては、所有不動産が大きな減価要因を含んでいるかどうかを判断する資料となります（図表8-2）。

図表8-2　不動産価格の減価要因

対象不動産	
評価額	
汚染物質	減価要因（※）
アスベスト	
PCB	

（※）ただし、現状のまま建物及びその敷地を継続使用することが最有効使用と判断された場合には、アスベストの影響を価格に織り込まずに評価するケースが多いといえます。

6 閉鎖登記簿謄本や古地図等の調査結果

　不動産鑑定士は、鑑定評価に際し、地下埋設物の存在や土壌汚染の可能性（端緒）を探るため、閉鎖登記簿謄本や古地図等の調査を行い、その結果を鑑定評価書に記載しています。鑑定評価の利用者は、これらの記載に目を通すことにより、過去に対象地がどのような用途で利用されてきたのかを把握することができます。例えば、戸建住宅の敷地か、共同住宅の敷地か、あるいは事務所、店舗、工場の敷地かという点です。

7 都市計画法、建築基準法等による規制の内容

　これらの公法上の制限は、対象不動産の価格に影響を与える重要な要因となります。そのため、鑑定評価書の利用者としては価格だけでなく、制限の内容を知っておく必要があります。鑑定評価書には、対象不動産が指定を受けている用途地域（第1種低層住居専用地域、商業地域、工業地域等）、建蔽率、容積率、その他の利用規制の内容が記載されています。そのため、対象不動産の指定されている用途地域を知ることにより、対象地にどのような建物が建築できるか、どれくらいの床面積を確保できるか、建築物の高さ制限はどれくらいか等の重要な情報をつかむことが可能となります。

　公法上の制限はこれだけでなく、用途（事務所、店舗、工場、倉庫等）に応じた様々なものが考えられます。また、制限の内容は、地方公共団体の条例により緩和されたり、強化されたりすることもあるため、これらに関する鑑定評価書の記載から極めて有用な情報を得ることができます（図表8-3）。

図表 8-3 公法上の制限

都市計画法					建築基準法					その他の法律
用途地域	建蔽率	容積率	高さ制限	その他の規制	建蔽率	容積率	防火地域準防火地域	建築確認の有無	その他の規制	規制内容に応じて適用される項目

鑑定評価書

8 最有効使用について

　価格時点現在、対象不動産が近隣地域の利用状況とのバランスを踏まえた場合、最も効用を発揮することのできる方法で使用されているか（＝最有効使用の状態にあるか）についての判断結果が鑑定評価書に記載されています。この情報は、対象不動産の有効利用を検討・見直す際に極めて有用であると思われます。

ポイント

○鑑定評価書の有効活用

　依頼者は価格以外に関心を示さない傾向がありますが、鑑定評価書には、価格以外にもたくさんの情報が織り込まれています。鑑定評価書を有効に活用することにより、例えば、次のような有益な情報が得られます。
- 対象不動産の管理に役立つ資料や登記簿数量等の分析結果
- 対象不動産の属する地域の状況
- 都市計画法や建築基準法等の利用規制
- 対象不動産の最も効用を発揮する使用方法　など

【索　引】

DCF 法　252, 263
DCF 法による収益価格　256, 260
PCB の使用及び保管の有無　354
PCB の処分及び保管の届出　225

【ア】

アスベスト使用資材　354
維持管理の状態　224
維持管理費　239
一時金　165
位置別効用比　276, 312
位置別効用比率　281
一棟の敷地　273
一棟の敷地及び一棟の建物に係る付帯費用　279
一棟の敷地の価格　277, 309
一棟の敷地の再調達原価　277
一棟の敷地の付帯費用　278, 309
一棟の建物　274
一棟の建物及びその敷地　274
一棟の建物及びその敷地の再調達原価　279
一棟の建物及びその敷地の最有効使用　276
一棟の建物及びその敷地の積算価格　277, 312, 321
一棟の建物の再調達原価　278
一棟の建物の表示　266
一棟の建物の付帯費用　278
一般定期借地権　169
一般的要因　44, 45
一般的要因の分析　83
内法　67
内法面積　266, 270
運営収益（総収益）　254
運営費用（総費用）　254

越境物等の状況　72

【カ】

開差　101
階層別効用比　312
階層別効用比率　281
概測数量　66
開発法　95
開発法による価格　100, 114, 120, 121
開発法を適用して求めた価格　99, 116, 120
家屋番号　66
価格形成要因　44
価格形成要因の比較　286
価格形成要因の分析　83
価格時点　68, 80, 335
価格時点における基礎価格　302
価格時点の基礎価格　340
価格の三面性　50, 51
価格の種類　68, 81
画地条件　91
確認に用いた資料　127
貸家及びその敷地　213, 245
貸家及びその敷地の鑑定評価額　252
借り得部分　175, 346
還元利回り　53, 58, 210, 241, 256, 263, 284
還元利回りと期待利回りの関係　176
慣行的借地権割合　174, 179, 192
慣行的借地権割合により求めた価格　176, 177, 179
観察減価　55, 311
観察減価法　233
鑑定評価額の決定　73, 100, 120, 198, 242, 262, 285, 287, 325
鑑定評価額の決定の理由の要旨

索引

69, 83
鑑定評価書　6
鑑定評価書から読み取れる情報　63
鑑定評価書の構成　24
鑑定評価書の利用者の範囲等　81
鑑定評価と課税評価の主な相違点　9
鑑定評価と固定資産税の評価、相続税の
　財産評価との主な相違点　11
鑑定評価と固定資産税の評価、相続税の
　財産評価との主な類似点　10
鑑定評価によって求めるべき価格または
　賃料の種類　32
鑑定評価の依頼目的　81
鑑定評価の基本的事項　31
鑑定評価の手法の適用　72
鑑定評価の条件　68, 104
鑑定評価を行った日付　81
元本と果実との間にみられる相関関係
　346
元本と果実の相関関係　326
官民境界　108
管理規約　270
元利逓増償還率　205
期間損益計算　55
企業向けサービス価格指数　344
基礎価格　176, 193, 301, 308, 314, 317,
　326
期待利回り　176, 193, 313, 328
機能的要因　233
基本利率　201, 208
共益費　237
共益費収入　237
境界標識　38
境界プレート　83
供給処理施設　88
供給処理施設の整備状況　353
行政的要因　45
均衡の原則　226
近隣地域の状況　85, 109

近隣地域の範囲　130, 136
躯体部分　205, 232
区分所有建物及びその敷地　213, 268
経済的残存耐用年数　226, 280
経済的耐用年数　226
経済的要因　45, 234
経済的利益　166
形質変更時要届出区域　90, 132
継続地代　292, 331
継続賃料　32, 292, 295
継続賃料（継続地代）　333, 334
継続賃料利回り　301, 302, 317, 323, 332,
　344
継続家賃　292, 297
契約期間満了時の復帰価格　256, 260
契約条件等による減価　341
契約数量　185
契約による減価　176
月額実際実質賃料　316
減価修正　52, 54, 232, 286, 310, 320
減価修正額　235, 279, 311, 321
減価修正と減価償却の相違　55
減価修正と減価償却の目的の相違　56
減価償却費　54
原価法　54, 134, 263, 276, 308
原価方式　50, 52
原価法による積算価格　252, 262
減価要因　354
現況測量図　66
現況床面積　68
堅固建物（鉄筋コンクリート造等）への
　構造変更や用途変更　170
堅固建物所有目的　169
堅固建物所有目的での取引上の借地権割
　合　178
堅固建物所有目的の借地権割合　179
堅固建物所有を目的とする土地賃貸借
　164
現在価値　59

359

検査済証　225, 248, 270
建設工事費デフレーター　319
建築確認通知書　219, 225, 248, 270
建築計画概要書　226
建築物の遵法性　226
建築面積　95
限定価格　124, 126, 129, 142, 190
限定賃料　32, 293
権利金　186, 299
権利の態様の確認　37, 42, 162, 271
公共財産の処分　25
公共事業の実施に伴う立退き補償　25
公共用地の取得に伴う損失補償　25
公示価格　14
公示価格を規準とした価格　15, 94, 229
更新料　165, 166, 170, 190
公図　106, 162, 248
公租公課　240
公法上の規制　87, 109
固定資産課税台帳（固定資産課税明細書）　219
固定資産課税台帳記載事項証明書　183
個別的要因　44, 49, 90
個別的要因格差率　144
個別的要因の比較　314

【サ】

最終還元利回り　256, 263
再調達原価　53, 230, 285
最有効使用　17, 92, 111, 131, 133, 137, 188, 221, 224, 356
最有効使用の判定　138, 189
差額配分法　297, 307, 325, 331, 340
差額配分法による試算賃料　317, 325
差額配分法を適用する際の基礎価格　331
差額部分の配分額　316

更地　77
更地として　36, 79
仕上部分　205, 232
敷金　165, 250
敷金、保証金の運用益　299
敷金の運用益　239
敷地権の表示　268
敷地権の目的たる土地の表示　267
敷地利用権　268
事業用定期借地権　169
試算価格間における諸要因の整合性　263
試算価格の説得力　264
試算価格の調整　73, 100, 120, 198, 242, 262, 285
試算賃料の調整　325
市場価値　17
市場限定に基づく市場価値　126
市場参加者　17, 92, 242
市場参加者の属性　92, 113, 133, 138, 149, 167, 189, 219, 271
市場の需給動向　149
市場の特性　84, 167
事情補正　57, 58, 314
自然的要因　45
実際実質賃料　253, 298, 307, 315
実際支払賃料　175, 193, 197, 298
実際支払賃料に基づく純収益　191
実績純賃料利回り　323, 343
実測図　66, 127, 352
実測数量　66, 128
実測面積　66
実地調査日　82
時点修正　314, 319
時点修正率　143
支払賃料　250, 298
資本的支出　239, 241
社会的要因　45
借地権　291

索引

借地権価格　192
借地権価格算定の基礎となる更地価格　180
借地権価格の基礎となる更地価格　177
借地権価格を構成する要素　171
借地権固有の地域要因　168
借地権者　163, 164, 190
借地権者の経済的利益　179
借地権設定者　163, 164, 190
借地権付建物　169, 213
借地権付建物（自用）　160
借地権に関する権利意識　169
借地権のあり方　169
借地権の譲渡・転貸の禁止　166, 338
借地権の取引慣行　168, 195
借地権の取引慣行の成熟の程度が高い地域　180
借地権の取引慣行の成熟の程度の高い地域　173, 195
借地権の名義書換料　170
借地権割合　169, 180
借地借家法　163, 291
借地借家法の制約　294
借地条件の変更　170
借地条件変更承諾料　170
借地人に帰属する経済的利益　195
借家権　291
収益価格　197, 242, 285
収益還元法　58, 134, 236, 276, 284
収益還元法（土地残余法）　93, 114, 177, 229
収益還元法による収益価格　252, 262
収益性　50, 286
収益方式　50, 52
住居表示　64
住居表示に関する法律　64
修繕計画及び管理計画の良否　227
修繕費　239

純収益　53, 197, 241, 284, 286
純収益の現在価値の総和　58, 263
純収益の変動率　204
純賃料　302
償却前純収益　254
証券化対象不動産の鑑定評価　27
条件の設定　35, 36
条件変更承諾料　164, 190
自用の建物及びその敷地　213, 214
消費者物価指数　344
新規地代　292
新規賃料　32, 292, 295
新規家賃　292
新規家賃の賃貸事例比較法　326
新耐震基準　224
水質汚濁防止法の有害物質使用特定施設　354
スライド法　297, 302, 307, 324, 326, 332, 344
スライド法による試算賃料　304, 324, 325
正常価格　16, 104, 129, 134-136, 139, 190
正常実質賃料　307, 315, 325
正常実質賃料相当額　175, 193, 284, 341
正常賃料　293, 295
積算価格　235, 242, 281, 285
積算賃料　308, 314, 315, 328
積算法　326
積算法による正常賃料の試算　329
積算法の適用例　328
設備部分　205, 232
専有部分の建物の表示　267
総収益　239
想定分譲計画　95
総費用　239
増分価値　141
増分価値の配分　129, 142
底地　182

底地価格　184
底地価格の基礎となる土地価格（更地価格）　191
底地の価格形成要因　191
底地の収益価格　197
損害保険料　240

【タ】

対象確定条件　80, 104, 216, 247
対象不動産の確認　36, 68, 82, 216, 247
対象不動産の確認に用いた資料　352
対象不動産の基礎価格　313
対象不動産の経済価値に即応した適正な実質賃料　298, 299
対象不動産の経済価値に即応した適正な支払賃料　299
対象不動産の市場分析　72
代替競争関係にある不動産　227
耐用年数　55, 205
建替承諾料　170
建付地　182
建物及びその敷地　213
建物譲渡特約付借地権　169
建物図面・各階平面図　217, 218, 248
建物賃貸借契約書　249
建物賃貸借変更契約書　249
建物等に帰属する純収益　204
建物等に帰属する純収益の現在価値の総和　205
建物とその敷地との適応の状態　226
建物の構造・用途　66
担保不動産の時価把握　27
地域的特性　86, 109
地域の状況や類似不動産の市場動向の把握　353
地域要因　44, 46
地域要因格差修正率　144
地価公示法　14

地下埋設物　146
地積測量図　105, 107
地代　291
地代算定の基礎価格　328
調査範囲等条件　80, 90, 104, 125, 132, 133, 182
直接還元法　252, 263
直接還元法による収益価格　254
直近合意時点　294, 295, 303, 318, 335
直近合意時点における再調達原価　319
直近合意時点における純賃料　323, 326, 332, 346
直近合意時点における対象不動産の基礎価格　322
直近合意時点における必要諸経費等　322
直近合意時点の基礎価格　343
直近合意時点の再調達原価　320
賃貸事例比較法　297, 298, 304, 307, 333
賃貸事例比較法による比準賃料　314
賃貸人に帰属する配分額　346
賃貸人に帰属する配分率　342
賃貸用不動産　264
賃料　292
賃料差額　346
賃料差額還元法　174, 175, 196
賃料自動改定特約　294
賃料の変動率　208
通常の付帯費用　230
定期借地権　169, 293
適合の原則　226
テナントの入替え率　241
テナント募集費　240
典型的な市場参加者　264, 287
同一需給圏　69, 85, 219, 271
同一需給圏内の代替競争不動産　275
同一需給圏内の類似地域　286
投下資本収益率　97, 100, 117

登記事項証明書　64, 162, 248, 249, 271
登記上の地番と住居表示の相違　65
登記上の地目と現況地目　65
登記上の土地面積　66
登記数量と実測数量の把握　352
登記簿数量　83, 162, 219
投資用不動産の利回り　256
独立鑑定評価　78
都市計画法、建築基準法等による規制の内容　355
土壌汚染対策法上の要措置区域　354
土壌汚染の有無及びその状態　72
土壌汚染物質　146
土地残余法（借地権残余法）　173
土地建物一体の付帯費用　231, 310, 320
土地賃貸借契約書　184
土地の最有効使用　223, 251
土地の付帯費用　230, 318
土地面積　66
都道府県の基準地価格を基に求めた価格　135, 139, 143
取引事例　53, 286
取引事例比較法　56, 191, 276, 283
取引事例比較法による比準価格　100, 114, 121
取引事例比較法を適用して求めた価格　94, 115, 120, 135, 139, 144, 229

【ナ】

延床面積　96

【ハ】

配分率　276, 280, 281, 316
比較方式　50, 52
非堅固建物　170
非堅固建物所有目的　338
非堅固建物所有を目的とする土地賃貸借契約　184
非堅固建物の所有　337
非堅固建物の所有を目的　164
比準価格　285-288
比準賃料　315
必要諸経費等　301, 302, 313, 314, 317, 324, 328
標準宅地の価格　25
標準地　15
標準的使用　71, 89, 111, 131, 137, 188, 221, 272
標準的な画地　89, 94, 113, 131, 137, 187, 221
標準的な画地と比較した場合の増減価要因　72, 134, 138, 223
費用性　50, 285
複利現価率　100
付帯費用　231, 234, 278
付帯費用比率　231
普通借地権　169, 293
普通建物（堅固建物）所有を目的とする土地の賃貸借　162
復帰価格　256, 263
物的確認　36, 39, 247
物理的要因　233
不動産鑑定業　4, 7
不動産鑑定評価基準　6, 292
不動産投資家調査　256
不動産投資の期待利回り　194
不動産に対する投資額　176
不動産の価格に関する諸原則　7
不動産の鑑定評価　4
不動産の鑑定評価に関する法律　4
不動産の経済価値　7
不動産の収益性　263
不動産の費用性　262
部分鑑定評価　160, 161
古地図　90
プロパティマネジメントフィー　240

分譲可能床面積　96
併合鑑定評価　125
併合による増分価値　129, 141
閉鎖登記簿謄本　90
閉鎖登記簿謄本や古地図等の調査
　355
壁芯　67
壁芯面積　266, 271, 274
変動予測　257
変動率　302, 324, 326
法定耐用年数　55
保証金　250
保証金の運用益　316

【マ】

埋蔵文化財の有無及びその状態　72
埋蔵文化財包蔵地　91
未収入期間修正率　207, 208
民々境界　108
名義書換料　190
名義変更承諾料　171

【ヤ】

家賃　291
家賃の場合の基礎価格　332
有害な物質の使用及びその状態　224
有害物質使用特定施設　90, 132
有効床面積　236
用途地域と用途的地域　110, 111

【ラ】

利回り法　297, 302, 307, 326, 332, 343
利回り法による試算賃料　323-325
路線価図に記載された借地権割合
　178

【ワ】

割引率　59, 256, 263

■著者紹介

黒沢 泰（くろさわ・ひろし）

昭和25年、埼玉県生まれ。昭和49年、早稲田大学政治経済学部経済学科卒業。同年、NKK（日本鋼管株式会社）入社。平成元年、日本鋼管不動産株式会社出向（後に株式会社エヌケーエフへ商号変更）。平成16年、川崎製鉄株式会社との合併に伴い、4月1日付で系列のJFEライフ株式会社へ移籍。現在、JFEライフ株式会社不動産本部・部長、不動産鑑定士。

【役職等】不動産鑑定士実務修習修了考査委員、不動産鑑定士実務修習担当講師（行政法規総論）、公益社団法人日本不動産鑑定士協会連合会調査研究委員会判例等研究小委員会委員長、公益社団法人日本不動産鑑定士協会連合会「相続専門性研修」「財団の鑑定評価」「税務上の相当地代と公有財産の貸付基準」担当講師。日本土地環境学会常務理事。

【主著】『土地の時価評価の実務』（平成12年6月）、『固定資産税と時価評価の実務Q&A』（平成27年3月）、『税理士を悩ませる財産評価の算定と税務の要点』（平成29年10月）、『基準の行間を読む不動産評価実務の判断と留意点』（令和元年8月）、『記載例でわかる不動産鑑定評価書を読みこなすための基礎知識』（令和2年11月）、『土地利用権における鑑定評価の実務Q&A』（令和3年12月）、『新版実務につながる地代・家賃の判断と評価』（令和4年10月）、『新版税理士を悩ませる「財産評価」の算定と税務の要点』（令和5年8月）、『税理士が知っておきたい実務で役立つ不動産鑑定評価の常識』（令和6年8月）、以上清文社）、『新版逐条詳解・不動産鑑定評価基準』（平成27年6月）、『新版不動産の取引と評価のための物件調査ハンドブック』（令和3年4月）、『相続財産の税務評価と鑑定評価土地・建物の評価において《特別の事情》の認否が争点となった重要裁決例・裁判例』（令和3年8月）、『新版共有不動産の鑑定評価』（令和4年10月）、『不動産の鑑定評価・相続税の財産評価・固定資産税の評価における増減価要因』（令和5年5月）、『底地の鑑定評価と税務評価』（令和5年10月）、『新版すぐに使える不動産契約書式例60選』（令和5年12月）、『改訂増補版私道の調査・評価と法律・税務』（令和6年4月）、『新版雑種地の評価―裁決事例・裁判例から読み取る雑種地評価の留意点』（令和6年5月、以上プ

ログレス)、『事例でわかる不動産鑑定の物件調査Q&A（第2版)』（平成25年3月)、『不動産鑑定実務ハンドブック』（平成26年7月、以上中央経済社)、『まるごと知りたい不動産鑑定士（第2版)』（令和6年12月、税務経理協会)、『はじめての人にもわかる不動産登記簿の読み方・調べ方』（令和6年2月、ビジネス教育出版社）ほか多数。

新版　記載例でわかる！
不動産鑑定評価書を読みこなすための基礎知識

2025年4月30日　発行

著　者	黒沢　泰 ©
発行者	小泉　定裕
発行所	株式会社 清文社　東京都文京区小石川1丁目3－25（小石川大国ビル） 〒112-0002　電話 03(4332)1375　FAX 03(4332)1376 大阪市北区天神橋2丁目北2－6（大和南森町ビル） 〒530-0041　電話 06(6135)4050　FAX 06(6135)4059 URL https://www.skattsei.co.jp/

印刷：亜細亜印刷㈱

■著作権法により無断複写複製は禁止されています。落丁本・乱丁本はお取り替えします。
■本書の内容に関するお問い合わせは編集部までFAX（03-4332-1378）又はメール（edit-e@skattsei.co.jp）でお願いします。
■本書の追録情報等は、当社ホームページ（https://www.skattsei.co.jp/）をご覧ください。

ISBN978-4-433-77495-0